Birgit Jennerjahn-Hakenes

Kraichgau

Wandern für die Seele

20 Wohlfühlwege

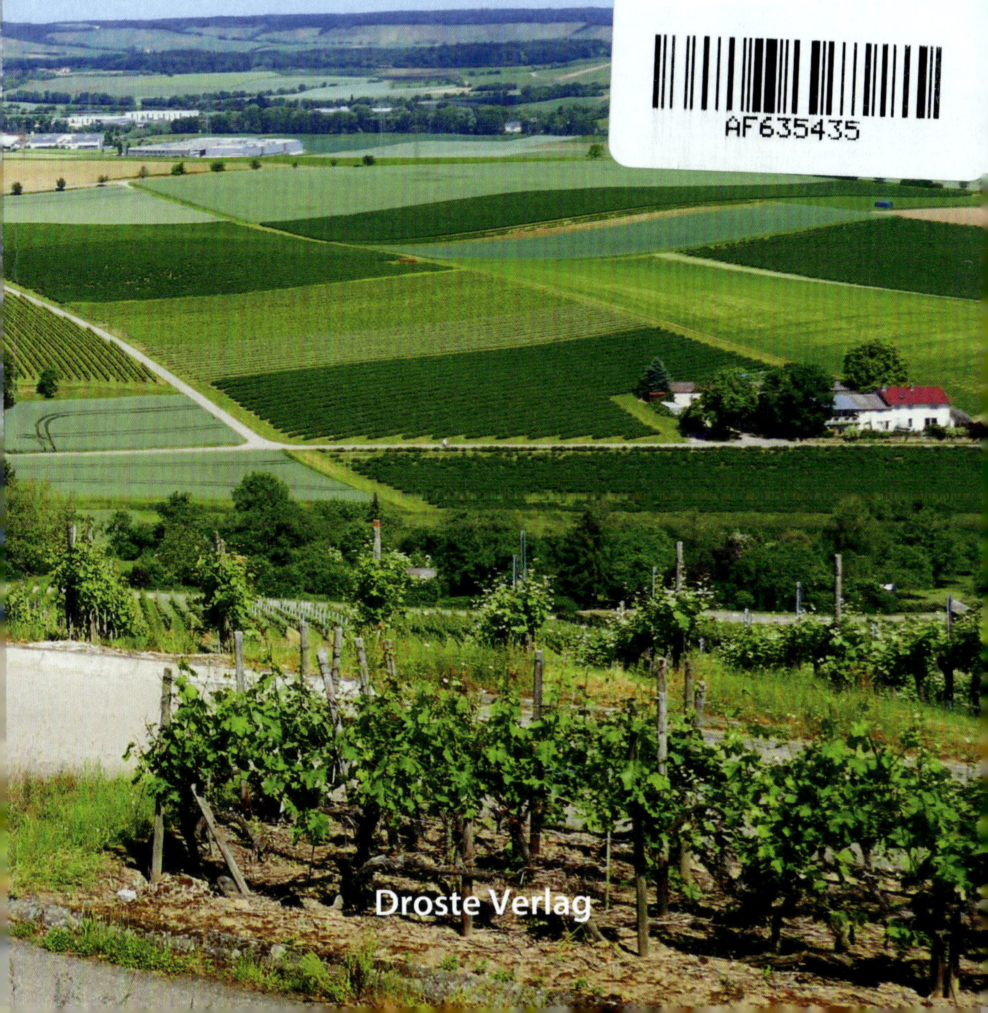

Droste Verlag

ALLE WANDERUNGEN AUF EINEN BLICK

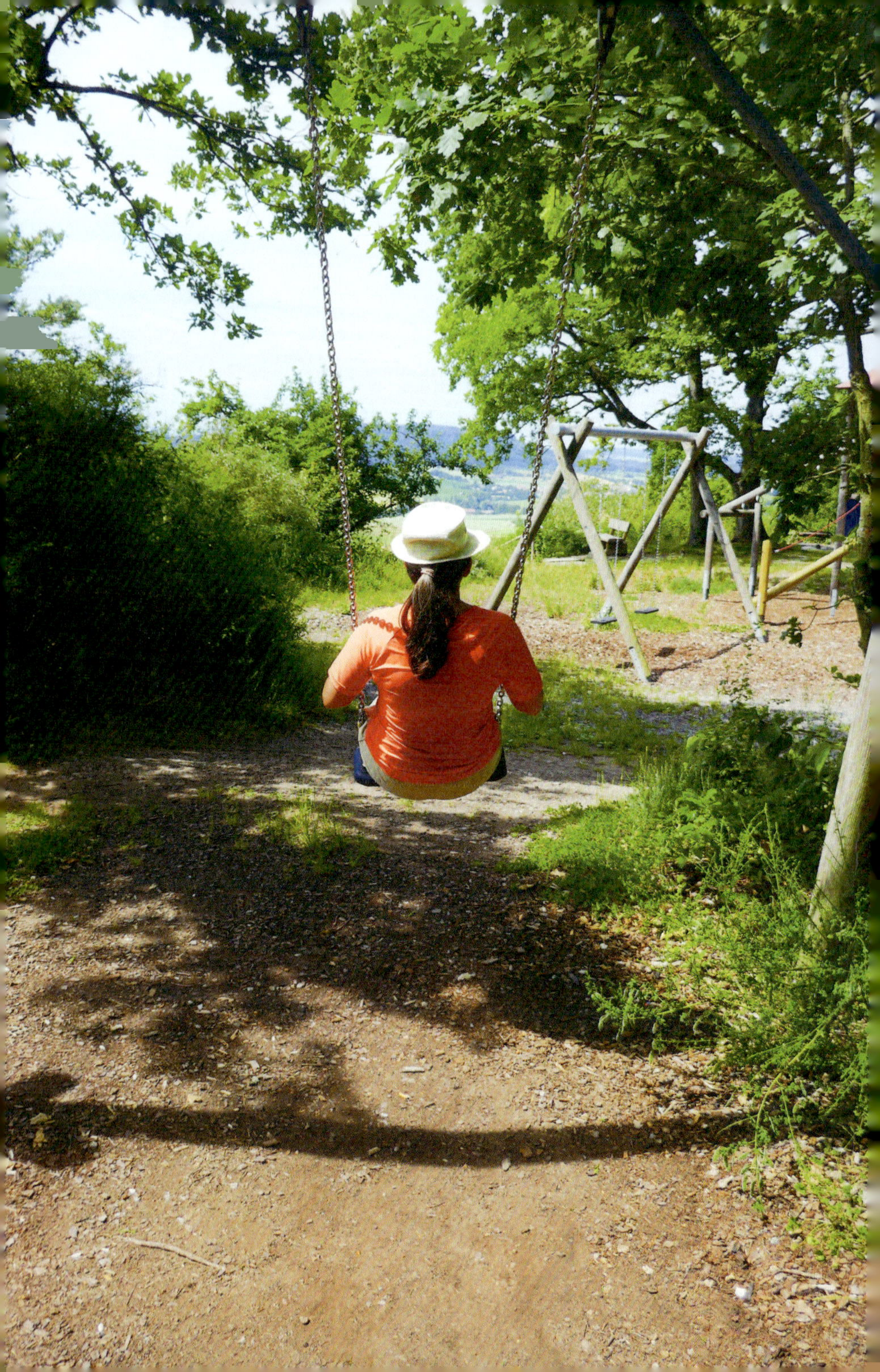

Liebe Wanderfreunde und Auszeitsucher,

ein Jahr lang war ich im Kraichgau unterwegs. Zur Mandelblüte in Diefenbach konnte ich Farben atmen, im Mai Hügel in Dürrenbüchig stürmen, im Juni einen Hauch Ägypten in Roßwag spüren oder im September durch die traumhaft schönen Weinberge von Oberderdingen und Sulzfeld spazieren. Burg Ravensburg, Burg Steinfels, die Wasserschlossruine Menzingen und die Eppinger Linien bringen dem Wanderer die Geschichte der Gegend nahe, nicht zu vergessen Kloster Maulbronn, das zum UNESCO-Weltkulturerbe gehört und an dem ich – immer in Begleitung meines Mannes – eine der 20 Rundwanderungen starte. Rund geht's mit den Sinnen im Naturpark Stromberg-Heuchelberg, der nicht umsonst Badische Toskana genannt wird. Im Land der 1000 Hügel gewinnen wir Abertausend Eindrücke, freuen uns über idyllische Ruheplätze an Seen in Zaberfeld oder Kürnbach, in den Weinbergen und im Wald, verlieben uns in die Altstadtstraße in Eppingen oder die pittoreske Altstadt Besigheim, in der Enz und Neckar sich vereinen. Besonders schöne Augenblicke genießen mein Mann und ich direkt nach einer Wanderung bei Gaumenschmaus, packen sie in den Rucksack zum Wein und wissen das ein oder andere Gläschen zu Hause beim Erinnern an Aufstiege, Ausblicke und Auftanken zu schätzen. Die unendlichen Weiten, durch die wir gut behügelt wandern, tun der Seele gut, sie sprechen von Freiheit.

Viel Freude wünscht Ihnen
Birgit Jennerjahn-Hakenes

NATUR-INFO

KULTUR-INFO

TOUREN-/EVENT-INFO

GENUSS-INFO

Wieder einmal hatte ich das große Glück, die Lektorin Kirsten Witte-Hofmann an meiner Seite zu haben. Sie sorgte dafür, dass ich auf dem Papier niemals falsch abbog. Vorarbeit leistete mein Mann Guido Hakenes, der die Karten mit großer Sorgfalt zeichnete.

* 8 Kilometer
* 180 Höhenmeter
* 2 Stunden
* Rundweg

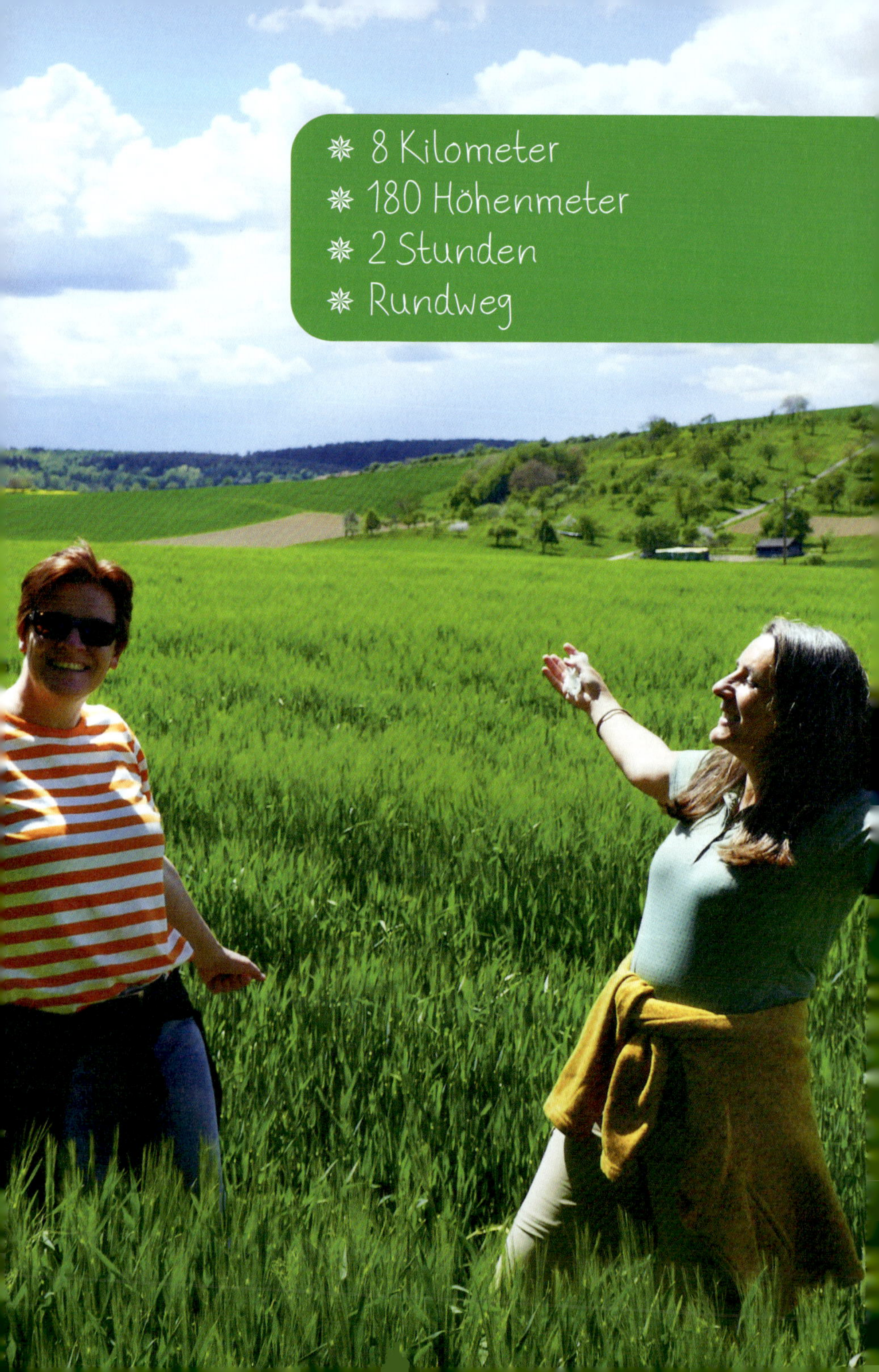

Wald, Wiese, Wonne

Über die Hügel in Dürrenbüchig

An der S-Bahn-Haltestelle Dürrenbüchig informieren wir uns auf der Wanderkarte „Bretten-Dürrenbüchig/Hügelstürmerwanderwege" über die möglichen Wege. Drei Rundwege werden uns angeboten. Sie sind gekennzeichnet durch ein blaues, rotes und gelbes spitzwinkliges Dreieck. Wir wählen Rundweg 2 (Erweiterung von 1), der gelbe Weg ist mit 8 Kilometern der längste. Wir biegen links in die **Kraichgaustraße,** folgen dem blauen Pfeil nach rechts in die **Lugenbergstraße** und orientieren uns weiter an dem blauen und dem gelben Pfeil. Rechter Hand sehen wir die evangelische Kirche.

Eine Besonderheit von Dürrenbüchig ist die zweimalige Gründung: Im 14. Jahrhundert als großes Hofgut zwischen Bretten und Wössingen, im 18. Jahrhundert siedelte der badische Markgraf Menschen an.

Blick auf Dürrenbüchig

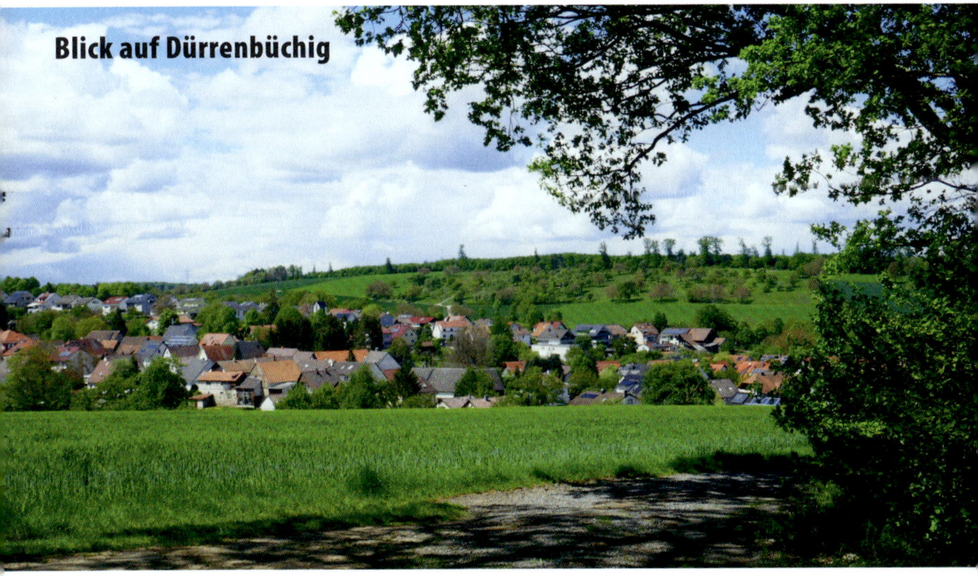

Der Weg ist bestens ausgeschildert. Keine 10 Minuten und die schöne Kraichgaulandschaft liegt vor unseren Augen. Schon jetzt genießen wir einen herrlichen Ausblick nach links. Hahnenfuß, Storchschnabel und Gänseblümchen harmonieren mit dem Maigrün. Bald kommt die erste Bank mit schönem Blick über die Kraichgauhügel. Dürrenbüchigs höchster Punkt ist mit 266 Meter über NHN der **Lugenberg.** Wir haben heute Glück, der Zeichner der Wege – Gerhard Rinderspacher – läuft uns hier über den Weg und erzählt uns viel über die Gegend. So erfahren wir zum Beispiel etwas über den **Judenweg** ❶.

Im Mittelalter waren Juden hier häufig als Viehhändler unterwegs. Das Stück Weg auf dem Hügelstürmerweg ist ein Teil des Judenweges, der von Bruchsal bis Dürrenbüchig auf verbindendem Höhenzug und weiter bis nach Pforzheim verläuft.

Beim Weiterwandern lassen wir die Gedanken schweifen. Wir freuen uns über die vielen Bänke und auf jeder lohnt es sich, Platz zu nehmen! Eine davon ist rot gestrichen und ruft sehr laut danach, sie zu nutzen. Wir kommen an eine Kreuzung und folgen dem blauen und gelben Dreieck nach rechts. Die Wiese ist gelb,

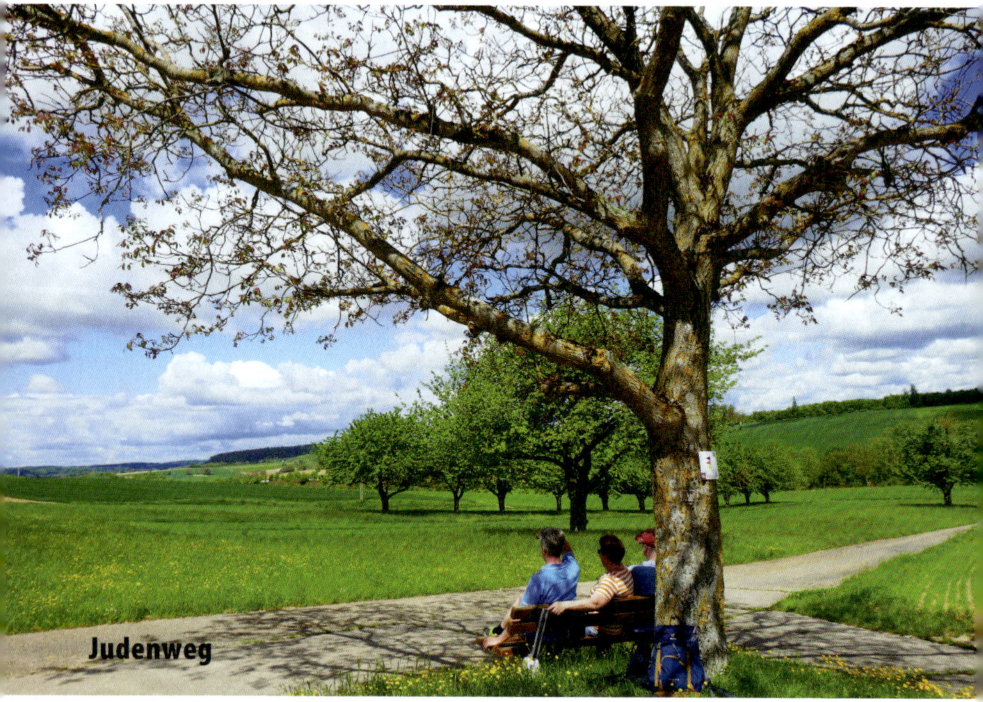

Judenweg

Für die Seele

Wir genießen bunte Blumenteppiche, die den Bäumen zu Füßen liegen und fühlen uns gut behügelt.

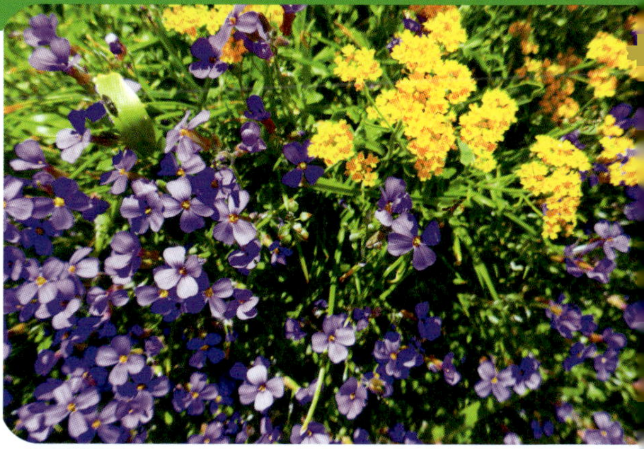

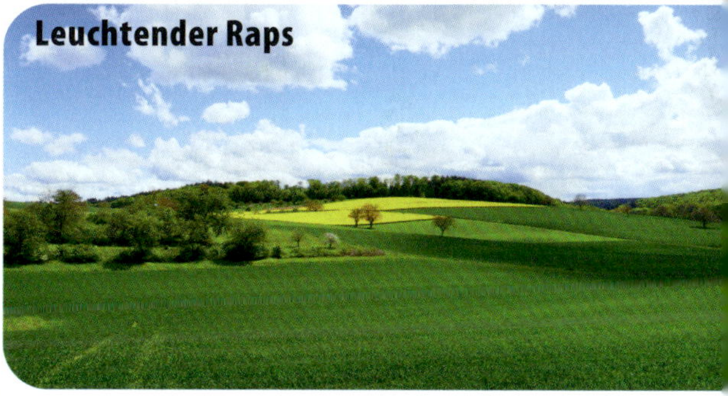

Leuchtender Raps

weiß und lila getupft, der Himmelmaler hat Kumuluswolken ins Blau gepinselt. Wunderbar. Es summt und zwitschert, blüht und leuchtet. Der asphaltierte Weg geht in einen Schotterweg über. Linker Hand sehen wir den Nordschwarzwald. Die Rapsfelder leuchten grandios, in Einklang mit den Wiesen sehen sie wie Spielfelder der Natur aus. Sind wir die Figuren, die in dieser traumhaften Landschaft bewegt werden? Denn es geht sich wie von selbst. Mohnblumen versehen das Saftgrün mit roten Tupfen, Obstbäume stehen auf bunten Blumenwiesen. Grillen zirpen sommerlich. Stehen. Schauen. Hören. Genießen. Wie gemalt, nur an den kreisenden Greifvögeln merken wir, dass diese Landschaft echt ist.

Rechts ragt das Zementwerk von Wössingen hervor. Am Steinbruch biegen wir links ein, danach wieder links. Aufgrund der perfekten Ausschilderung ist es einfach unmöglich, sich zu verlaufen. Den nächsten Hügel kommen die Radfahrer heruntergesaust, wir

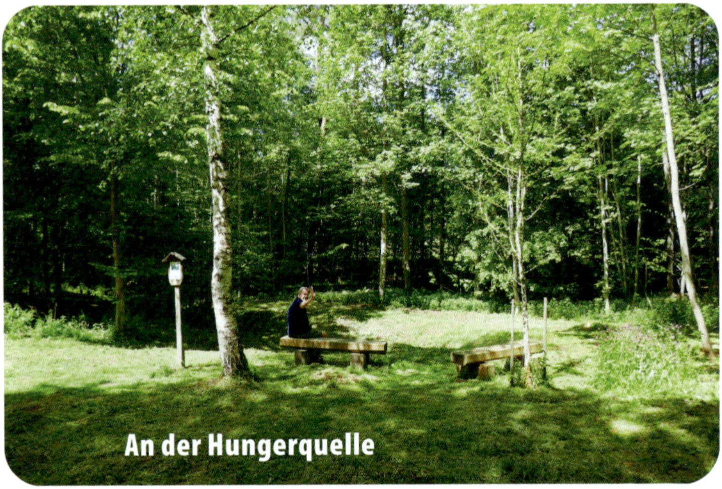

An der Hungerquelle

freuen uns, dass wir da nicht hinaufmüssen, sondern rechts steigungslos abbiegen dürfen. Es ist eine schöne Landschaft, an jeder Ecke entfährt uns ein Wow! Nach einer knappen Stunde sehen wir rechter Hand in der Ferne ein Windrad. Im Wald stößt rechts der Kuhbrunnenteichweg auf uns, den müssen wir zwar nicht gehen, aber der Name belustigt uns. Das Waldgrün wird von Pusteblumen und Löwenzahn aufgepeppt. Linker Hand ist der **Himmelsteich** ❷ im Landschaftsschutzgebiet Waldwiesen beschildert. Ein Teich, der nur von Regenwasser gespeist wird und dazu dient, dass gefährdete Amphibien wie Kröten, Frösche, Salamander ungestört laichen können.

Nur alle 7 bis 8 Jahre führt die Hungerquelle, die seit 1989 als flächendeckendes Naturdenkmal unter Schutz steht, für einige Monate Wasser. Sie wird schon Anfang des 16. Jahrhunderts als Hungerbrunnen, ein artesischer Quellkopf, erstmals erwähnt.

Statt unserem Weg bald darauf nach links zu folgen, machen wir einen kurzen Abstecher geradeaus zur **Hungerquelle** ❸, ein Schild am Baum weist uns darauf hin, dass es nur 200 Meter bis dorthin sind und erzählt uns etwas über die **Schiffleswiesen:** Es sind feuchte, zum Teil versumpfte Waldwiesen und Quellgebiet des Walzbaches, der den seit 1971 vereinigten Dörfern Jöhlingen und Wössingen den Namen Walzbachtal gab. Die Hungerquelle führt an diesen Tagen kein Wasser. Aber man kann dort gemütlich auf Bänken sitzen und ein mitgebrachtes Vesper genießen. Danach gehen wir wieder zurück zur Abzweigung und folgen unserem gelben Wegweiser Richtung Wald.

Nachdem wir uns seit Beginn unserer Tour eine Stunde bewegt haben, teilen sich blauer und gelber Weg. Wir nehmen wie geplant den gelb beschilderten Weg. Der **Wössingerweg** scheint heute die Hauptverkehrsroute der Waldameisen zu sein. Als wir ihren enormen von Brennnesseln umrahmten Bau entdecken, staunen wir. Bald biegen wir im Wald links ein, und laufen somit ein Teilstück des **Europäischen Fernwanderwegs.** Im Wald fällt das Licht wie ein Hoffnungsschimmer durch die frühlingsgrünen Bäume. Immer wieder begegnen uns jetzt Grenzsteine. Wenn wir links in den **Dammweg** einbiegen, müssen wir etwas genauer nach dem gelben Pfeil schauen, da die Sonne manchmal unseren Wegweiser ausblendet.

Halb rechts kommen wir nach einer Weile aus dem Wald heraus und sehen vor uns Dürrenbüchig. Kurz vor Ende der Tour können wir auf einer Bank Platz nehmen und die Aussicht genießen. „Do semmer dehoim und do isch's schee!“, sagen die Dürren-

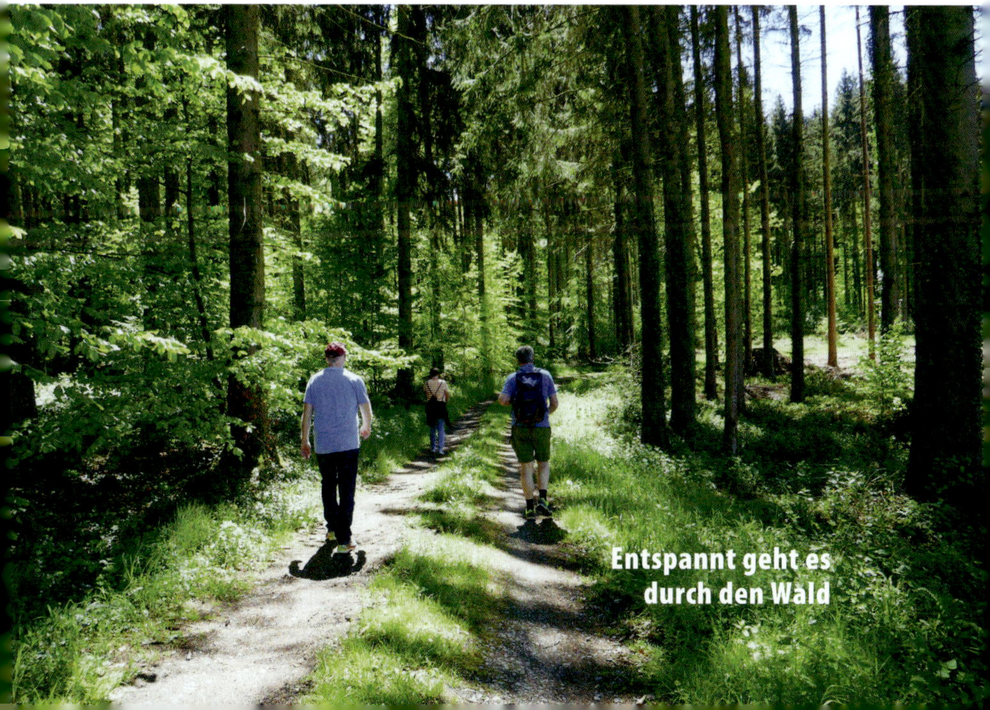

Entspannt geht es durch den Wald

Auszeittour 1

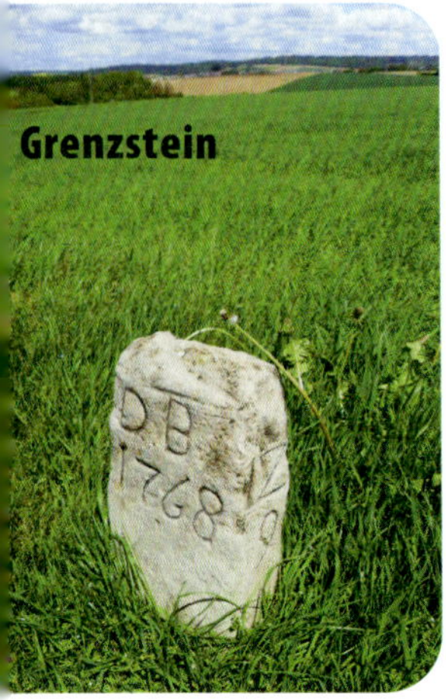

büchiger. Das verstehen wir jetzt. Hier steht auch der historisch bedeutende **Grenzstein 4** mit der Aufschrift D B 1768. Er trennt die Gemarkung Dürrenbüchig und Rinklingen und war im genannten Jahr ein Grenzstein zwischen der Kurpfalz und der Markgrafenschaft Baden-Durlach. Als wir wenig später die S-Bahn sehen, hat es den Anschein, als würde sie durch eine liebevoll gestaltete Spielzeuglandschaft fahren. Am Ende folgen wir der Beschilderung und passieren den **Panoramaweg,** die kleine Straße **Am Steinberg** und werden direkt zum **Clubhaus Dürrenbüchig 5** geführt, wo wir einkehren können. Wer sich nicht trennen kann, läuft am besten noch die blaue Route, die bietet in ihrer Kürze sehr schöne Aussichten.

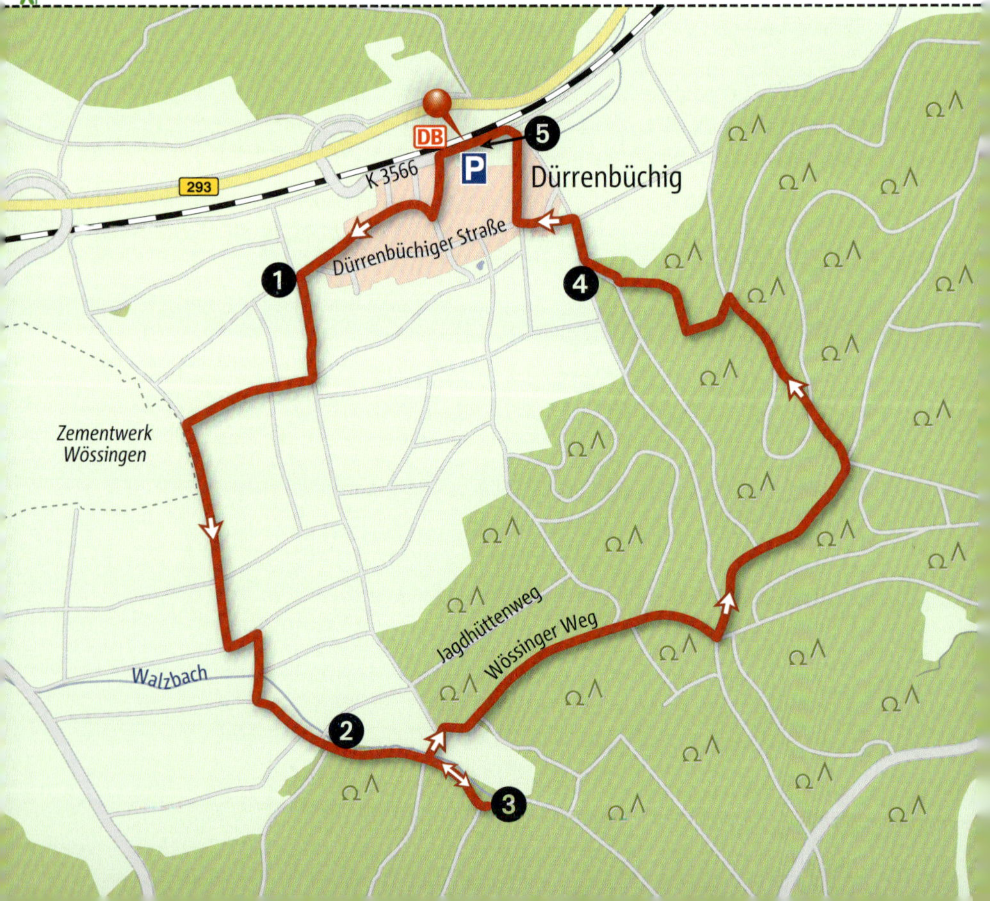

Alles auf einen Blick

Entspannung ✱✱✱✱✱

Genuss ✱✱✱✱✱

Romantik ✱✱✱✱✱

WIE & WANN:
Breite Teer- und Schotterwege, Waldwege und -pfade, beste Wanderzeit März bis November

HIN & WEG:
Auto: Parkplatz beim Clubhaus Dürrenbüchig, Am Turnplatz 1, 75015 Dürrenbüchig (GPS: 49.0239, 8.64885)
ÖPNV: Stadtbahn S4, Haltestelle Dürrenbüchig

ESSEN & ENTSPANNEN:
Clubhaus Dürrenbüchig ❺ Am Turnplatz 1, 75015 Dürrenbüchig, Tel. (0 72 52) 28 82

ENTDECKEN & ERLEBEN:
Judenweg ❶
Himmelsteich ❷
Hungerquelle ❸
Grenzstein Baden-Durlach ❹

- 9,9 Kilometer
- 200 Höhenmeter
- 2,25 Stunden
- Rundweg

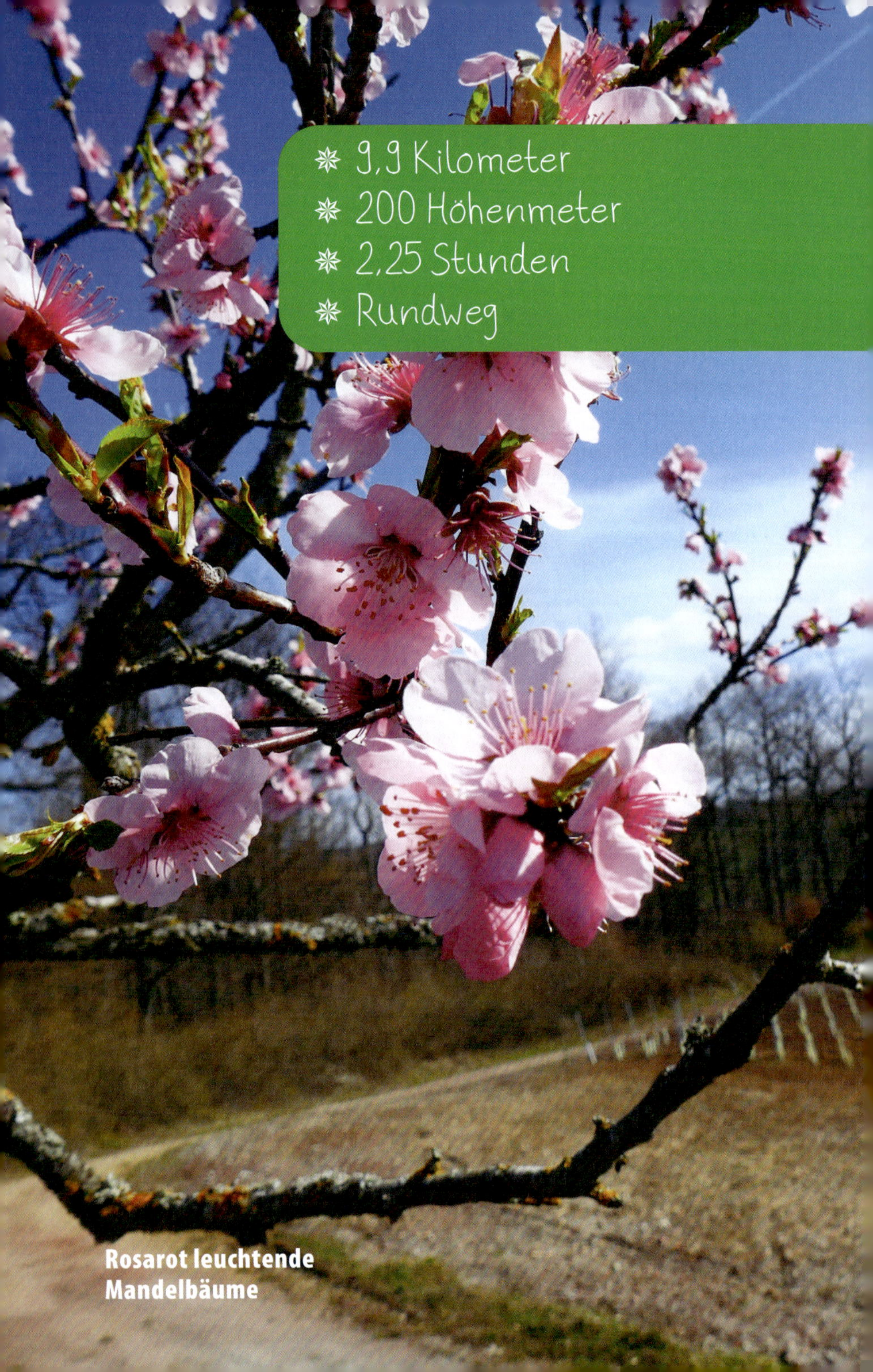

Rosarot leuchtende Mandelbäume

Farben atmen

Mandelblüte in Diefenbach

An einem sommerlichen Tag Ende März finden wir uns um 11.30 Uhr bei strahlendem Sonnenschein am Wanderparkplatz ein und spazieren sogleich links am Schild „Durchfahrt verboten“ vorbei in Richtung Weinberge. Wir ahnen, dass es die Sonntagsruhe hier täglich gibt, und freuen uns auf die Sicht vom **Aussichtspunkt König,** den wir von unterhalb der Weinberge sehen können. Die Frühaufsteher laufen bereits eine Etage über uns und bewundern die Mandelblüte. Uns erwartet nach wenigen Minuten zunächst die erste Sehenswürdigkeit rechter Hand, die **Sandsteinsteinskulpturen Vier Jahreszeiten ①,** die von der Weinbautradition erzählen. Der Steinbildhauer und Kunsttherapeut Jochen Gerst hat die Stelen 2008 erschaffen. Hier erfahren wir zudem etwas über die Artenvielfalt der Vögel und die Imkerei. Weiter geht's auf breitem Asphalt, den auch Radler und Jogger nutzen. Rechts erhebt sich der **Diefenbacher Wettenberg** und kurz darauf begrüßt uns der **Diefenbacchus ②,** der ebenfalls auf das Konto von Jochen Gerst geht. Wir tun es den vielen Eidechsen gleich und sonnen uns, bevor wir voller Energie diesen Ort verlassen und links aufwärts weiterwandern. Der Weg macht eine Linkskurve. Bevor wir am nächsten Wanderschild an der

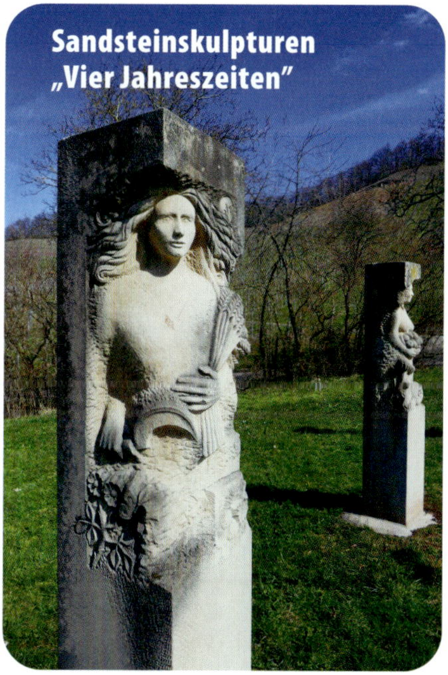
Sandsteinskulpturen „Vier Jahreszeiten“

Infotafel Geologisches Fenster **Wilder Fritz** ③ rechts einbiegen, gibt uns eine Infotafel darüber Auskunft, dass die Erdgeschichte in vier geologische Erdzeitalter unterteilt wird und was es damit auf sich hat. Eine Holzskulptur wirbt für die „Besenwirtschaft Zum Kuckuck" in Maulbronn. Bei einem Steintisch, bestückt mit Krug und Becher, ebenfalls aus Stein, können wir uns setzen und die Aussicht genießen. Unser weiterer Weg führt uns links hinauf auf einen Waldpfad. Wir orientieren uns am Schild SD 1. Da der Wald noch nicht grün ist, haben wir links eine gute Sicht ins Tal und auf rosarot leuchtende Mandelbäume. Sitzgelegenheiten laden ein, das zu genießen. Weicher Waldboden, wärmende Sonne – was eine Wonne!

Nach einer guten halben Stunde erreichen wir den **Aussichtspunkt König** ④, 385 Meter über NHN. Der Wind bläst uns ins Gesicht und ein fantastisches Panorama liegt vor uns. Der Blick schweift über die Pfälzer Berge, den Nordschwarzwald bis zur Schwäbischen Alb. Sogar den Fernsehturm Stuttgarts sehen wir linker Hand in etwa 30 Kilometern Entfernung.

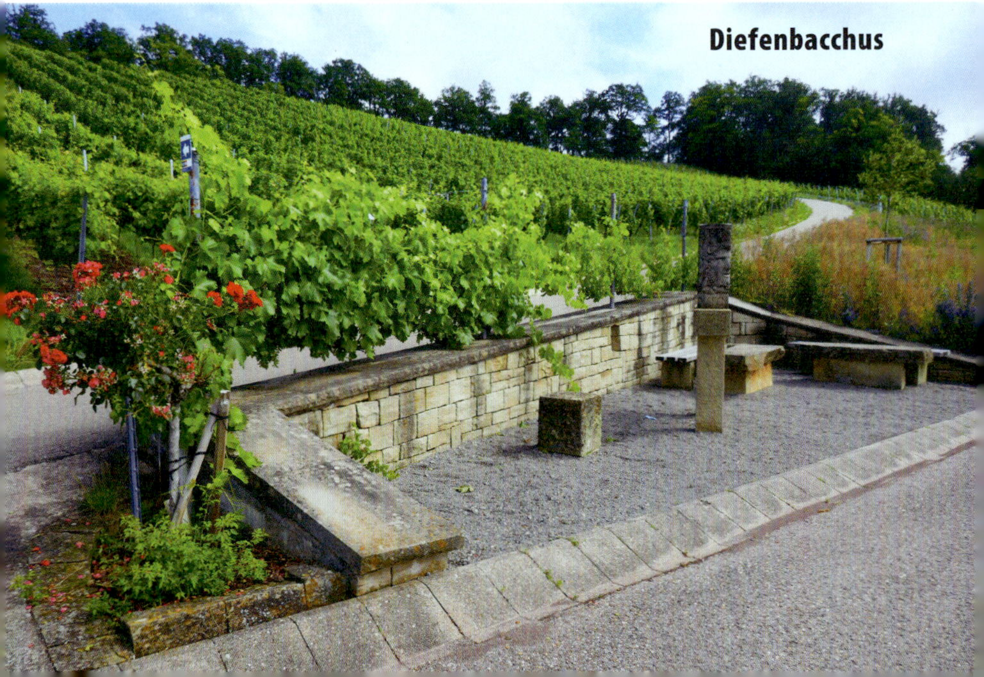

Diefenbacchus

Für die Seele

Wir lassen die rosa Brille zu Hause und wandern zur Mandelblüte durch die Weinberge, genießen rosarot und füllen den Farbrucksack auf.

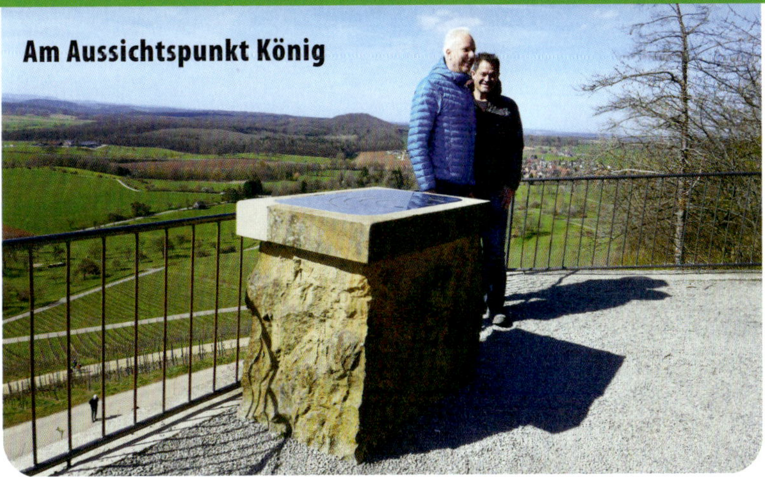

Am Aussichtspunkt König

Das und mehr verrät eine Bronzegusstafel auf heimischem Schilfsandsteinblock. Diefenbach liegt uns zu Füßen. Wir treffen auf nette Wanderer. Würden wir die 1000 Höhenmeter überschreiten, wäre es üblich, sich zu duzen. Im Land der 1000 Hügel werden wir sie jedoch nicht erreichen, aber wenn das Gespräch nett ist, spricht auch nichts gegen das Du.

Nach kurzer Plauderei marschieren wir weiter, wir biegen bei dem Hinweis SD 1 nach links ab. Zwar müssen wir nach rechts, machen aber diesen kleinen Abstecher zu den blühenden Mandelbäumen, die wir von hier aus schon sehen können. Danach gehen wieder zurück und laufen den Schotterweg in die andere Richtung weiter. Wenn der Wind plötzlich abflaut, ist es fast unheimlich still. Mit etwas Glück sieht man einen Hasen über den Weg hoppeln – Ostern steht

> *Oberhalb der Weinbergstraßen wurden Mandelbäume und Weinberg-Pfirsichbäume gepflanzt. Jährlich findet das Mandelblütenfest statt und bildet den Auftakt zur Veranstaltungsreihe Wein-Kultur-Natur in Diefenbach.*

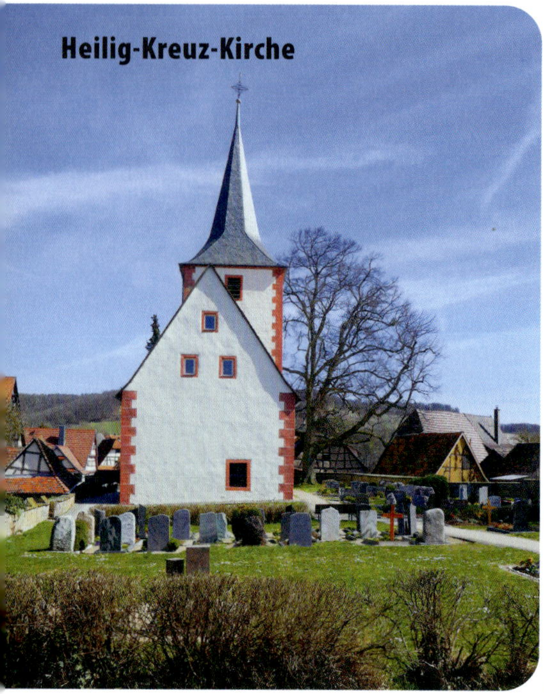

Heilig-Kreuz-Kirche

schließlich vor der Tür. Das noch Karge im Wald singen die Vögel bunt.

Der Weg verläuft in eine Rechtskurve, wir sind 1 Stunde unterwegs und orientieren uns aufwärts, auf einem Schild stehen die Wege 8, 11, 12 angeschlagen. Auf nun etwa 420 Metern über NHN befinden wir uns auf dem höchsten Punkt der Wanderung. Nach einer Linkskurve geht es leicht bergab. Wir laufen auf ein Schildermeer zu, hier entspringt die **Metterquelle** ❺. Der Bach durchfließt die Stromberglandschaft und mündet in Bietigheim in die Enz. Uns interessiert der Weg nach links, Am Stellensee 1,2 Kilometer, lesen wir. Das, was wir vorher bergauf gelaufen sind, gehen wir jetzt bergab. Der Wind bläst uns frisch entgegen, wir machen dic Jacken wieder zu und folgen dem Weg SD 2. Er gabelt sich, wir müssen rechts hinunter. Auch hier können wir uns am Hinweis SD 2 orientieren, es geht ganz schön abwärts. Rechts blühen Weidekätzchen. Wir laufen direkt auf den **Stellensee** ❻ zu. Nach knapp 1,5 Stunden haben wir etwas mehr als die Hälfte der Wanderung geschafft und setzen uns auf einen Baumstamm und genießen die Pause mit Seeblick. Den See und Weg SD 2 verlassen wir nach links. Es ist 13 Uhr und die Temperaturen angenehm frühlingshaft, also alles andere als erschreckend. Nach einigen Metern Schotterweg biegen wir rechts ein – als Orientierungshilfe dient die Abflussrinne im Schotterweg – und laufen über die Wiese ins Dorf Diefenbach. Dort müssen wir immer bergab, erst unten lesen wir, dass wir wieder den Weg SD 1 auf der

Haldenstraße gelaufen sind. Weiter geht's abwärts, dem SD 1 folgend und die Kirchturmspitze, die nett herausragt und uns den Weg weist, im Blick. Wir überqueren die Mühlacker Straße, laufen rechts an der **Speisekammer 7** vorbei in die **Sternenfelser Straße,** am Schild „Alte Krone" biegen wir rechts ab in die **Kirchstraße,** dann stehen wir direkt vor der **Heilig-Kreuz-Kirche 8,** die wir über den Friedhof nach rechts verlassen. Ein Schotterweg führt zu einem Spielplatz hinunter, links vom Spielplatz gehen wir über die kleine Brücke, den schmalen Weg verlassen wir nach links. Wenn wir das Straßenschild **Schwalbenstraße** links lesen, biegen wir rechts ab in die **Meisenstraße,** an der linker Hand ein Eierautomat steht. Vor uns sehen wir wieder Feld und Wald und gehen am Straßenende links aus dem Dorf hinaus. Am Wegesrand grüßen Hühner, sie haben viel Platz und machen einen glücklichen Eindruck. Es geht leicht bergan auf den Pferdehof Lisa Hirsch zu. An ihm vorbei präsentiert sich uns die Weite, heute blau von oben angestrahlt. Aus der Entfernung sehen wir einen Baum mit einer Rundbank – bei Rucksackverpflegung der ideale Ort zum Vespern. Ohne anstrengend gewesen zu sein, ist die Tour zu Drei Vierteln bewältigt. An dieser Stelle

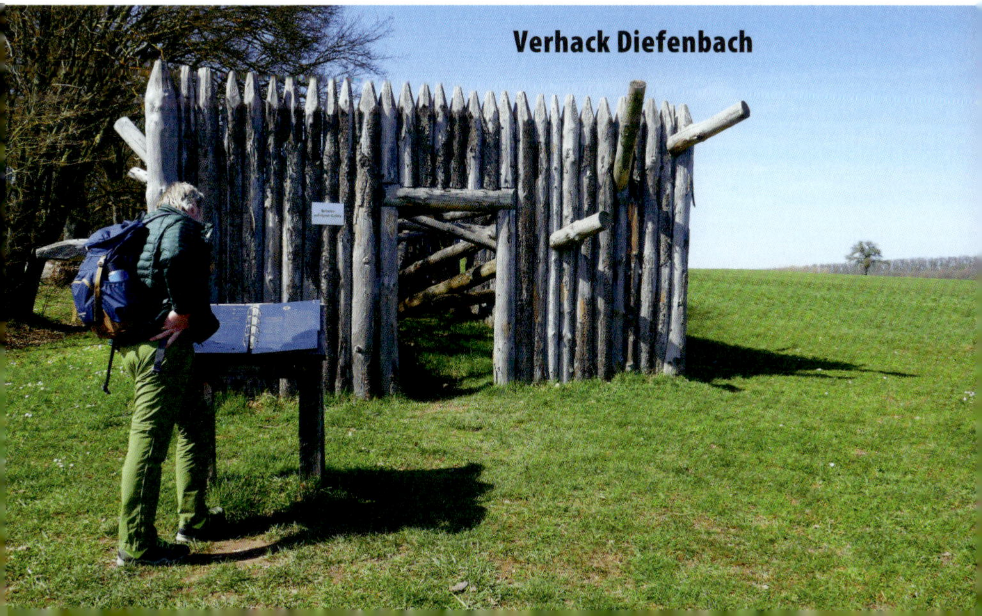

Verhack Diefenbach

Ein Verhack schützte im 17. und 18. Jahrhundert vor französischen Truppen. Der Künstler Hinrich Zürn erzeugt Bedrohung und Gefangensein, indem er Palisaden mit der Spitze gegen den Betrachter ausrichtet.

befinden wir uns auf einem Teil des **Eppinger Linienwegs** und besichtigen natürlich das **Verhack Diefenbach 9.**

Mit Blick auf die Bank spazieren wir die restlichen Meter nach links. Der Weg führt leicht bergab an Streuobstwiesen vorbei. Wir haben nach dem Richtungswechsel abermals die Heilig-Kreuz-Kirche im Blick. Am Gasthaus Ochsen biegen wir rechts in die **Zaiserweiher Straße,** überqueren die **Mühlacker Straße** und gelangen in die **Burrainstraße.** Am Ende können wir in der **Metter 10** die Füße kühlen, wie es uns die Kinder vormachen. Einkehren können wir am Sonntag in der Wengertstube des **Weinguts Häussermann 11** leider nicht. 3,25 Stunden nach Start sind wir wieder am Ausgangspunkt und froh, zu den frühen Besuchern gehört zu haben, denn jetzt ist der Parkplatz voll.

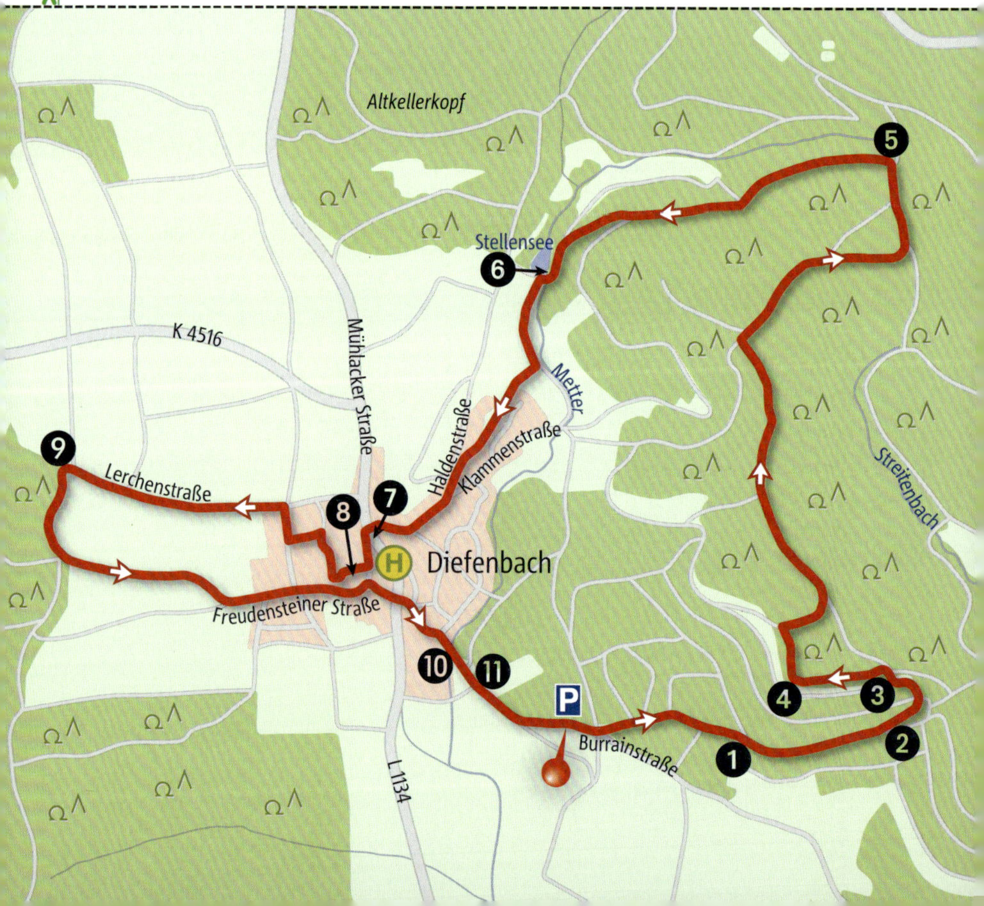

Entspannung ✱✱✱✱✱
Genuss ✱✱✱✱✱
Romantik ✱✱✱✱✱

WIE & WANN:
Breite geteerte und Schotterwege, schmaler Waldpfad, beste Wanderzeit zur Mandelblüte im März

HIN & WEG:
Auto: Wanderparkplatz, Burrainstraße, 75447 Sternenfels (GPS: 49.02209, 8.86088)
ÖPNV: Bus 702, 706, 902, Haltestelle Diefenbach Ortsmitte

ESSEN & ENTSPANNEN:
Die Speisekammer ❼ Sternenfelser Straße 14, 75447 Sternenfels, Tel. (0 70 43) 9 59 95 77, www.diespeisekammer-diefenbach.de
Weingut Häussermann ⓫ Burrainstraße 55, 75447 Sternenfels, Tel. (0 70 43) 84 49, www.weingut-haeussermann.de

ENTDECKEN & ERLEBEN:
Vier Jahreszeiten ❶
Diefenbacchus ❷
Wilder Fritz ❸
Aussichtspunkt König ❹
Metterquelle ❺
Stellensee ❻
Heilig-Kreuz-Kirche ❽
Verhack Diefenbach ❾
Metter ❿

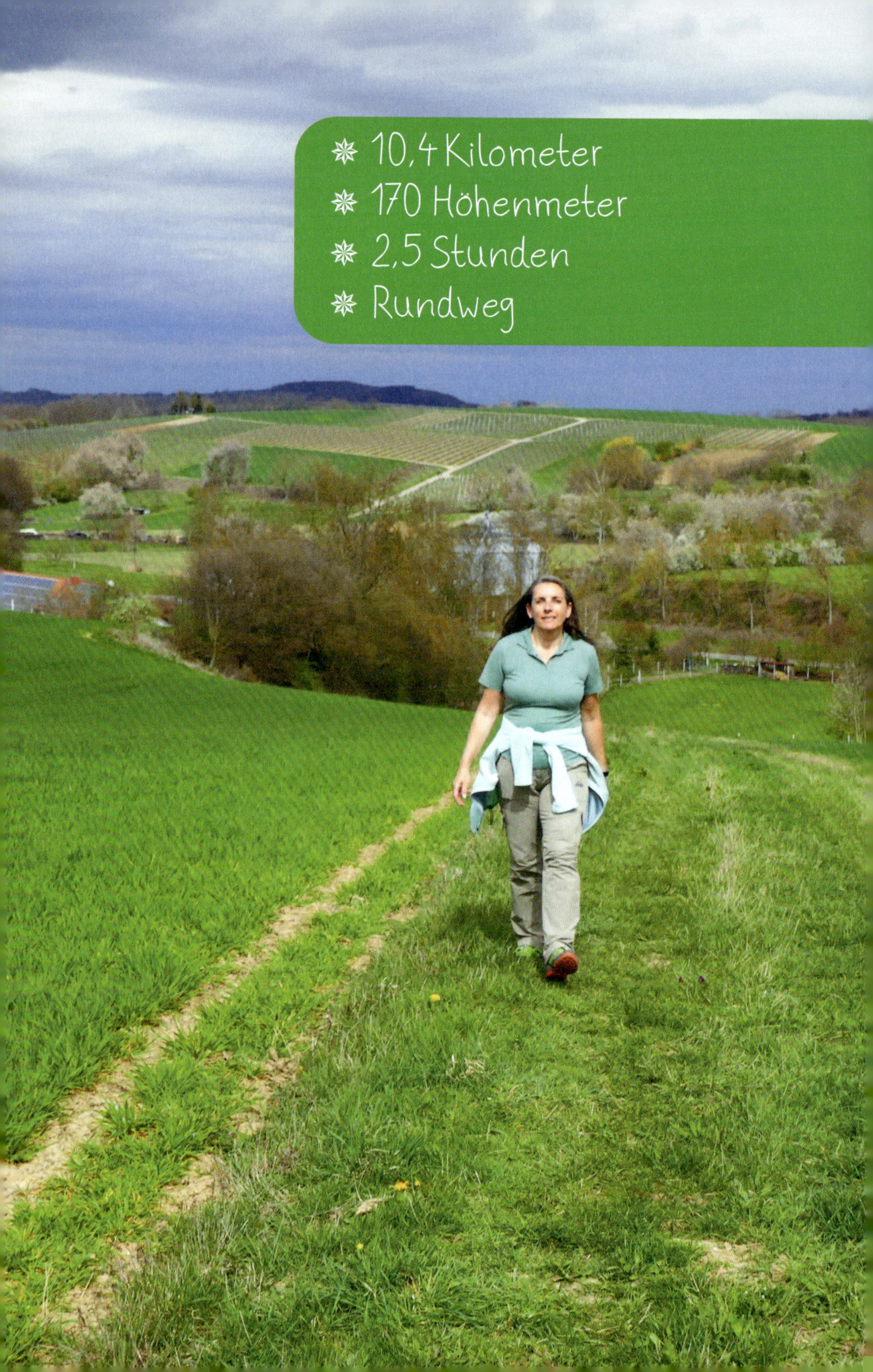
10,4 Kilometer
170 Höhenmeter
2,5 Stunden
Rundweg

Pittoreske Wege

Hügeliges Östringen

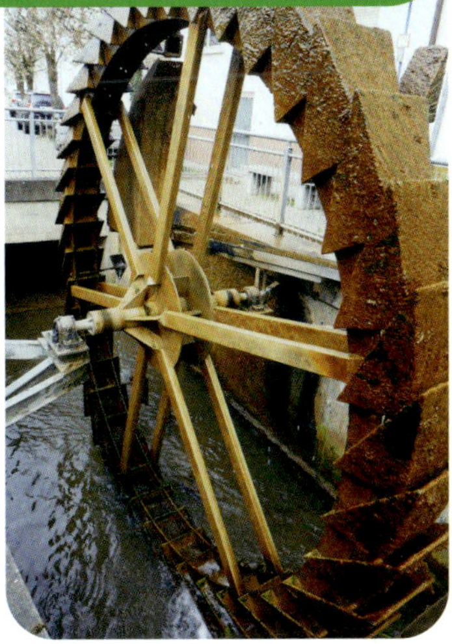

Wir stellen unser Auto kostenfrei auf dem öffentlichen Parkplatz ab und genießen die frühlingshaften Temperaturen an diesem Sonntagvormittag. Wir starten am Handarbeitsgeschäft Gramlich in Östringen, biegen rechts hinauf in die Straße **Leiberg II,** stoßen auf eine T-Kreuzung. Es geht nach links in das nette alte Gässchen **Leiberg III,** die nächste gleich wieder rechts und dann links in die Straße **Wallgraben.** Wir kommen auf die **Kuhngasse,** gehen rechts und kurz darauf links die Einbahnstraße aufwärts. An den Laternen steht ein blaues W angeschrieben, danach richten wir uns heute immer mal wieder. Vor dem nächsten Wohnhaus müssen wir links über die Wiese abwärts am Hang entlang. Vor uns liegt Östringen. Der Weg macht eine Rechtskurve und geht in einen Pfad über, am Ende des Pfades folgen wir links dem blauen W, stoßen auf die Straße, biegen rechts ab. Doch vorher machen wir einen Abstecher nach links zum **Mühlrad 1.** Früher gab es in Östringen viele Mühlen und demnach auch Mühlräder.

Dann gehen wir die **Alte Straße** in die entgegengesetzte Richtung, um an der Gabelung halb rechts in die **Mühl-Straße** einzubiegen. Von dort müssen wir links in den **Schwannweg,** das W verlassen und rechts dem Geopfad folgen. Es geht ins Grüne, wir sind um-

Zum Hochwasserschutz wurde der Freibach an vielen Stellen wieder freigelegt. Da er an der Alten Straße direkt unter der Fahrbahn verläuft, stellte man ein sogenanntes Bachfenster her und hängte ein Mühlrad ein, das von der Strömung bewegt wird.

brummt und umzwitschert, Gänseblümchenteppiche erfreuen das Auge – der Frühling hält Einzug und es wird warm. Wir kommen an einer Imkerei vorbei und wandern fröhlich an blühenden Hecken vorbei. An der Kreuzung biegen wir rechts ab, überqueren einen Bach und biegen nach links, dem Geopfadschild Tafel 2 folgend. Man hört die Hühner gackern, die Störche klappern und die Spechte klopfen. Nach 40 Minuten kommen wir an einen schönen Platz für eine Pause, einen **Fischteich mit wildem Brunnen** ②. Hier verläuft auch der **Östringer Brunnenweg.** Die Tafel 3 vermittelt uns Wissenswertes, wir erfahren zum Beispiel, dass Vögel den Laich einheimischer Fischarten in das Gewässer tragen. Manchmal kommen Östringer Eltern mit ihren Kindern an den Teich, um in der Natur zu spielen. Unser Weg führt uns nun am **Kleinen Bach** entlang. Späht man über das gelb blühende Feld auf der anderen Wegseite in den blauen Himmel, möchte man fast in diese Richtung wandern, um zu sehen, wie es dort aus-

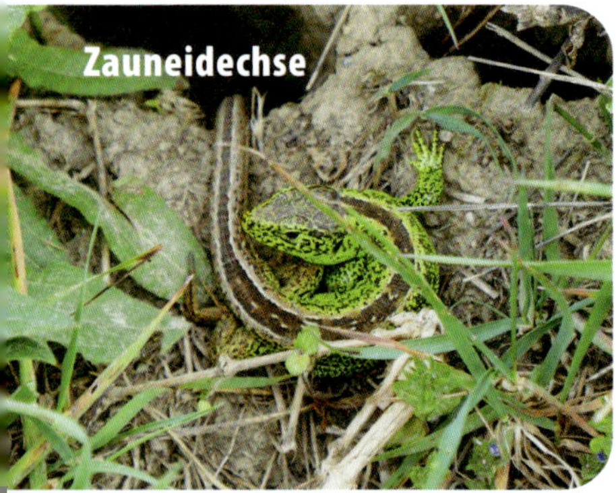
Zauneidechse

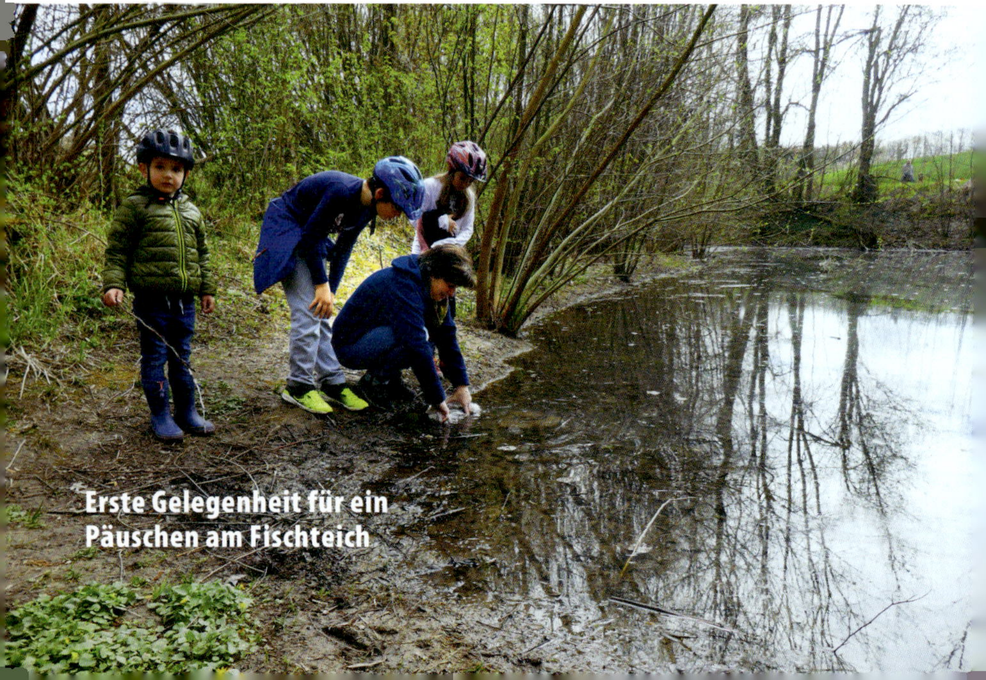
Erste Gelegenheit für ein Päuschen am Fischteich

Für die Seele

Stückweise folgen wir dem Europäischen Fernwanderweg, schauen uns die pittoreske Landschaft an, blicken dabei gerne auch mal zurück und hoffen auf eine farbenfrohe Zukunft

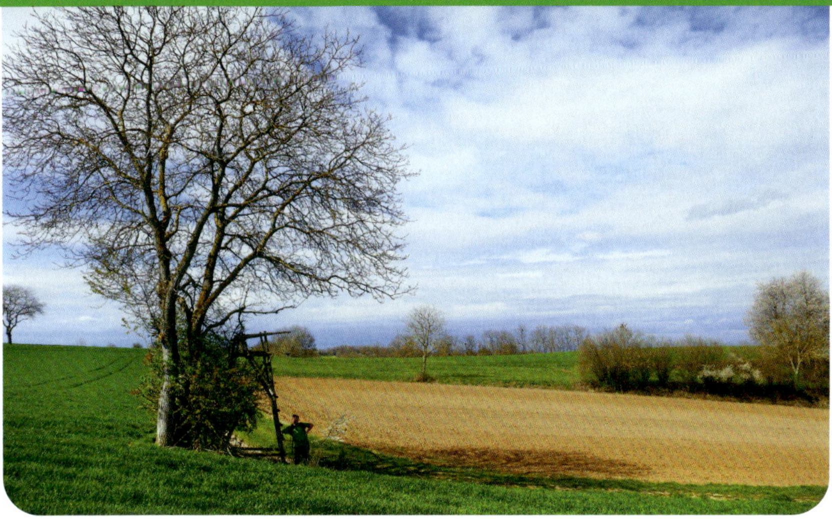

sieht, wo sich jetzt noch Landschaft und Himmel berühren. Kräftiges Grün harmoniert mit Himmelblau, wir sind begeistert und können uns viel Zeit nehmen, dazustehen und zu schauen. Wenn wir weitergehen, drehen wir uns immer wieder um, um den Anblick noch einmal zu genießen. Nach ein paar Metern durch den Wald biegen wir die erste Möglichkeit rechts ab. Eine Steigung steht uns bevor, aber das macht nichts, haben wir doch das Gefühl, direkt in den Himmel zu spazieren, dem wir uns zwar geerdet doch nah fühlen. Wenn wir linker Hand auf den Wein blicken, haben wir bereits 3,3 Kilometer zurückgelegt. Hübsche Hügel animieren, über Kuppen zu schauen. Am Hochsitz folgen wir der Rechtskurve. Radfahrer am Horizont sehen von hier aus, als würden sie direkt in den Himmel fahren. Im Hintergrund sehen wir Östringen und den Malschberg. Wenn wir wieder auf Wein stoßen, biegen wir rechts ab, einem Geopfadschild folgend, und laufen durch die Weinberge. Vor uns liegt die **Ulrichbruchs Siedlung.** Vor dem ersten Gebäude biegen wir links ein.

Warum Gemälde anschauen, wenn man es sich in Natur ansehen kann, fragen wir uns. Die Landschaft ist mehr als pittoresk. Am Straßenende müssen wir nach rechts, überqueren kurz darauf eine Hauptstraße, biegen danach sofort links ab und folgen der nächsten Straße nach rechts. Narzissenköpfe nicken im leichten Wind. Der Hühnerstall rechter Hand bedeutet für uns, links auf einen Wiesenweg einzubiegen, dem wir aufwärts folgen. Bevor wir oben nach rechts weiterwandern, genießen wir den grandiosen Blick zurück auf den Malschberg. Der Schotterweg

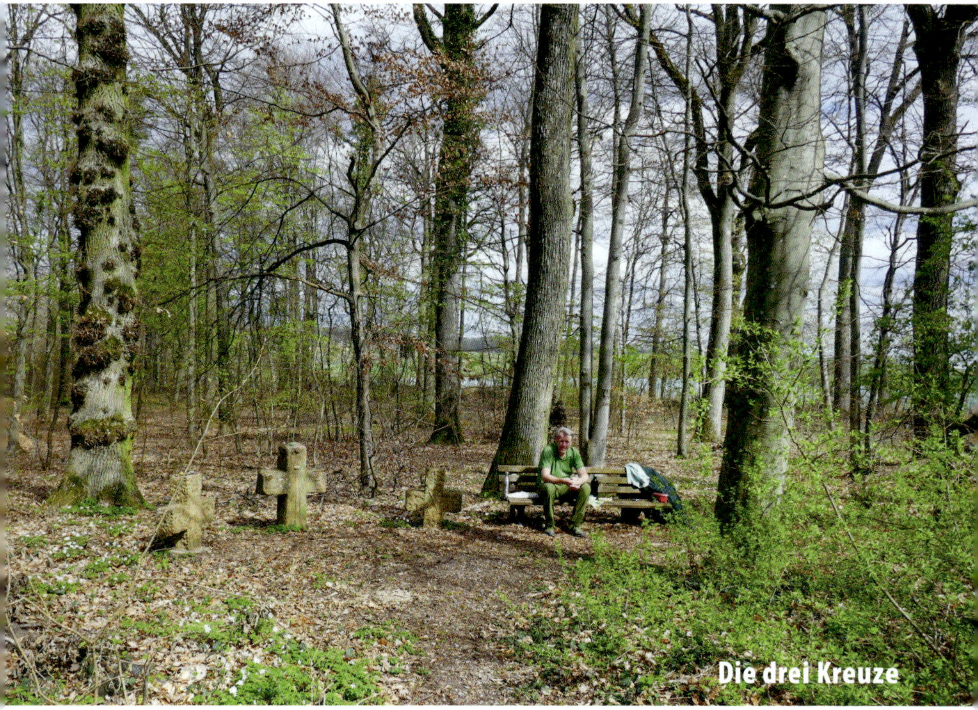

Die drei Kreuze

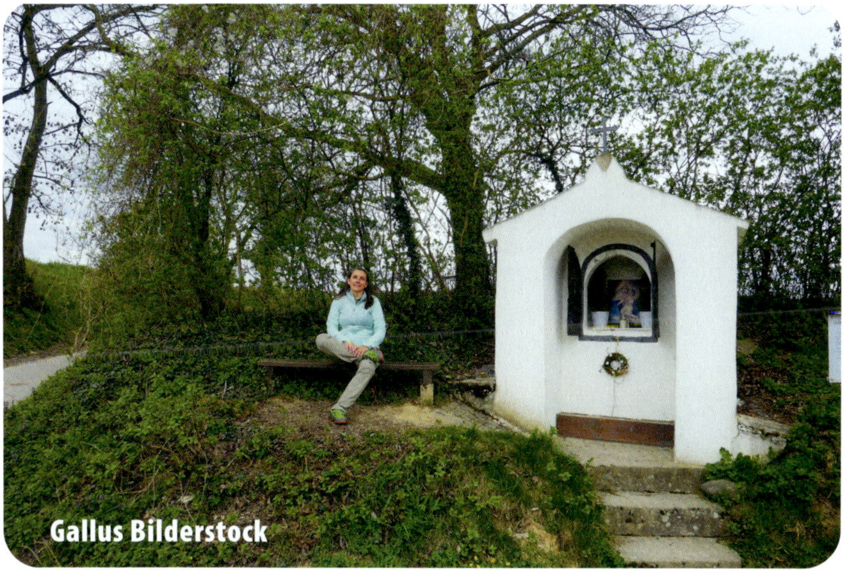

Gallus Bilderstock

führt uns zum Denkmal **Die drei Kreuze ③.** Hier wollen wir unser Vesper genießen, denn wir haben nun etwa die Hälfte der Wanderung geschafft. Gestärkt können wir uns nun das Gedicht vortragen, das Dr. Max Dennig 1929 über diese Gedenkstätte und ihre Entstehung schrieb, doch das Rätsel um die drei Kreuze werden auch wir nicht lösen.

Ab hier folgen wir dem **Europäischen Fernwanderweg Nr. 1,** rechts durch die noch kahlen Bäume sehen wir blauen Himmel und haben den Eindruck, als sei das Meer ganz in der Nähe. Ein Meer voll schöner Eindrücke bekommen wir aber allemal. Links blicken wir auf ein kräftig grünes Feld, das viele gelbe Blüten zieren. Ein wirklich schöner Anblick. Nach einer Viertelstunde erreichen wir den **Gallus Bilderstock ④,** der 1718 von Gall Körner erbaut worden sein soll. Davor biegen wir links ab. Unser gutes Auge erblickt vielleicht eine wunderschöne Zauneidechse am Wegesrand. Bisweilen präsentieren sie sich, als wollen sie abgelichtet werden, in ihrem hübschen Grün, das sie normalerweise tarnt.

Die drei Kreuze sind einer Legende nach Sühne- oder Erinnerungskreuze. Der Legende nach stritten Schuster, Schmied und Schneider um Brot und verletzten sich gegenseitig so sehr, dass sie dabei umkamen.

Wir setzen uns einige Meter weiter auf eine Bank mit **Panoramablick I ⑤** und schauen in der Ferne auf das Rheintal, die Pfälzer Berge und den Malschberg. Danach geht es leicht bergab. Der nächsten Abbiegung folgen wir nach rechts und dann sofort wieder links durch die Wiese, an der Weggabelung schräg rechts geht es bergauf. Wir sind immer noch auf dem Fernwanderweg, dem wir dann rechts über das Feld folgen. Es geht runter und rauf, an der Kreuzung geradeaus und hoch, Richtung Weinberg. In den Weinbergen stoßen wir mal wieder auf den Geopfad, verlassen ihn aber gleich und folgen rechts dem Fernwanderweg. Jetzt – Mitte April – sieht man dem Wein schon an, dass er loslegen möchte.

Kurz geht's bergab, dann scharf links dem Fernwanderweg hinauf, einem blütenbeschneiten Asphaltweg. Schon wieder steht da eine Bank mit **Panoramablick II ⑥** am Weinberg. Und nur wenige Meter weiter

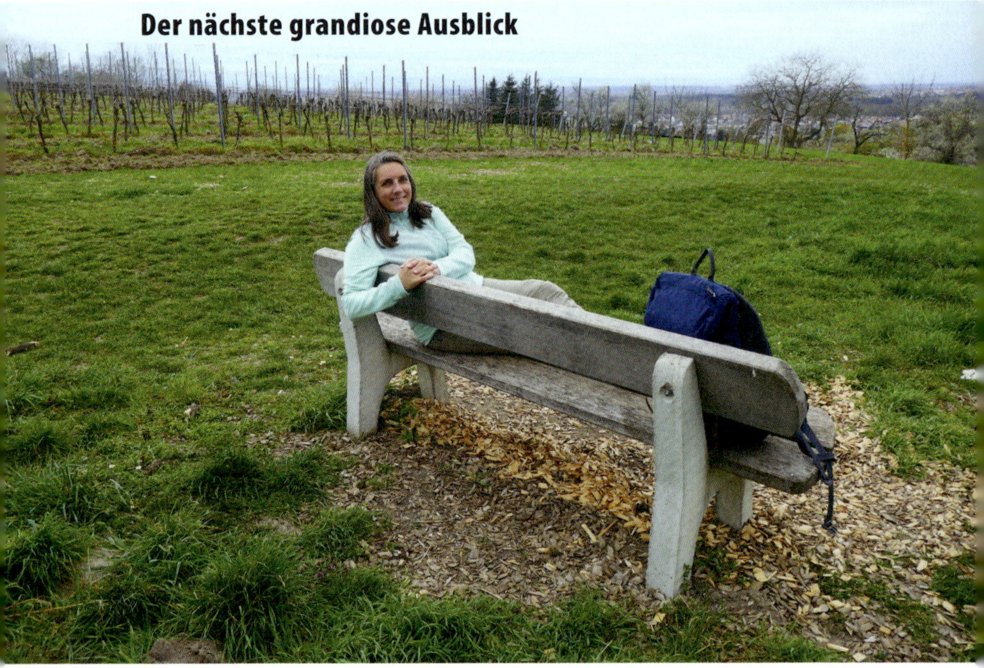

Der nächste grandiose Ausblick

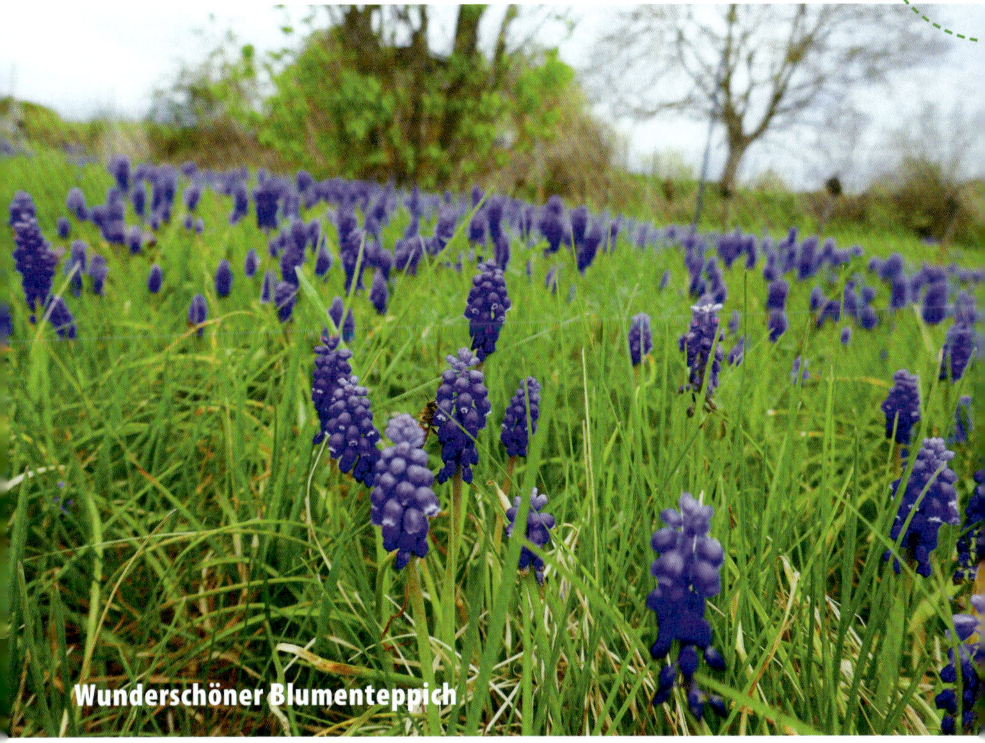

locken Tisch und Bänke zum Picknicken. Dazu hat Mutter Natur wunderschöne Blumenteppiche ausgelegt. Wir sind nun etwa 3 Stunden unterwegs, wandern auf dem Östringer Hummelberg am **Weingut Ludwig Honold 7** vorbei und verlassen links des Weinfasses den Fernwanderweg. Es geht bergab. Von hier aus ist der Blick in die Ferne wieder traumhaft und regt manch einen zum Dichten an. Wir bemühen Goethe mit unseren Worten: Den Blick in die Ferne schweifen lassen und spüren – das Gute liegt so nah. Wieder kommen wir an einer Bank vorbei. Wenn es noch mehr auf unserem Weg gibt, kommen wir wohl nie zu unserem Ausgangspunkt zurück. Wenn das heutige Ziel allerdings „Auszeit nehmen und Entspannen" heißt, dann haben wir es längst erreicht. Gleich erreichen wir **Tafel 10 des Brunnenwegs Östringen.** Aha, dieser

Auszeittour 3

Von Basel im Süden bis zum Taunus bei Frankfurt erstreckt sich der Oberrheingraben über mehr als 300 Kilometer. Die Oberrheinische Tiefebene entstand durch einen tief in die Erdkruste reichenden und mit Sedimenten verfüllten Grabenbruch.

Fernblick soll die größte tektonische Einheit Deutschlands erkennen lassen – den Oberrheingraben.

Wir laufen abwärts und lassen uns ein weiteres Mal von einer Bank einladen, innezuhalten und auf Östringen zu schauen. Dann spazieren wir abwärts, bis wir an eine T-Kreuzung treffen und links in die **Thiviersstraße** biegen, dann rechts in die **Joseph-Haydn-Straße.** Bald sehen wir die Kirchturmspitze von Östringen. Für uns geht's immer geradeaus runter, so, wie wir heute Morgen losgelaufen sind, nur dieses Mal biegen wir am öffentlichen Parkplatz links ein – und siehe da, nach 3,5 Stunden in fantastischer Natur sind wir wieder zurück. Wem nun noch nach etwas Stärkung ist, kehrt ins Restaurant **La Oliva Bodega** 8 ein und beschließt seine Wandertour dort.

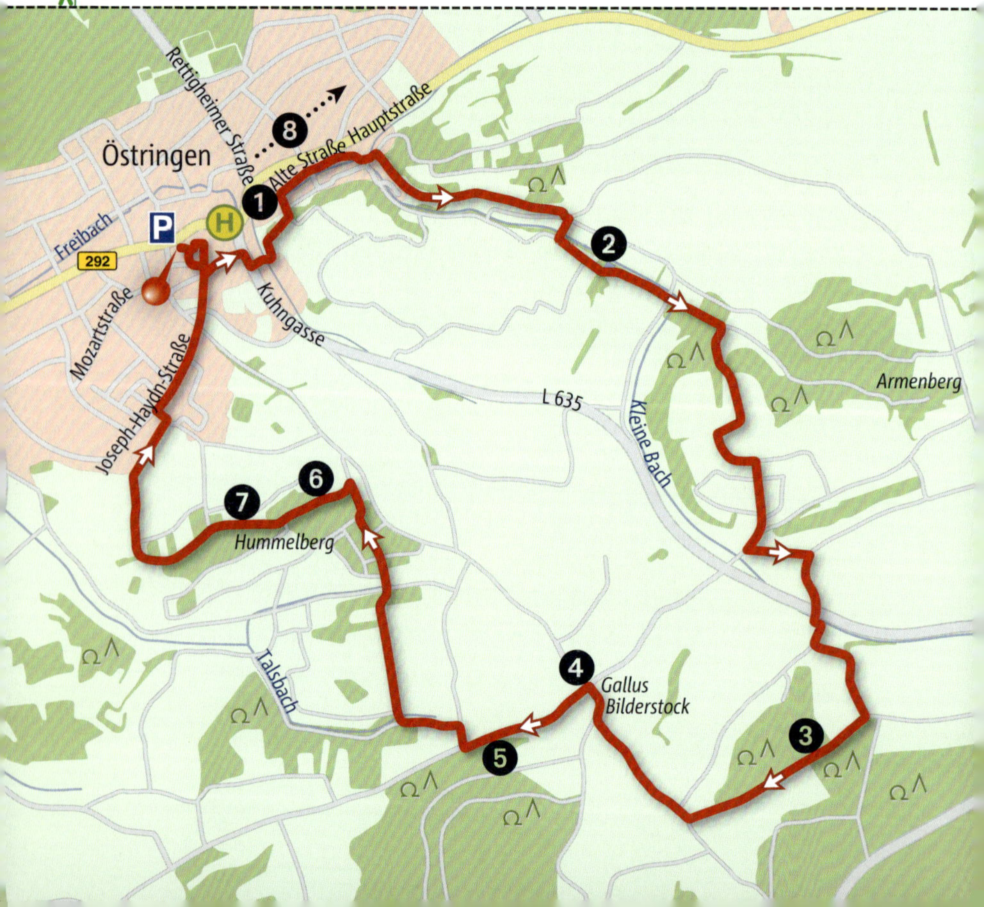

Alles auf einen Blick

Entspannung ✱✱✱✱✱

Genuss ✱✱✱✱✱

Romantik ✱✱✱✱✱

WIE & WANN:
Asphaltierte Wege, Waldpfade Waldwege, Wiesenwege. Beste Wanderzeit von März bis Oktober

HIN & WEG:
Auto: Öffentlicher Parkplatz Höhe Hauptstraße 93 bis 95, 76684 Östringen (GPS: 49.21827, 8.70946)
ÖPNV: Buslinie 132, 134, 705 bis Haltestelle Östringen Mitte

ESSEN & ENTSPANNEN:
Weingut Ludwig Honold ❼ Am Hummelberg 1, 76684 Östringen, Tel. (0 72 53) 27 86 27, www.weingut-honold.de
Restaurant La Oliva Bodega ❽ Franz-Gurk-Straße 17, 76684 Östringen, Tel. (0 72 53) 2 59 86, www.la-oliva-oestringen.de

ENTDECKEN & ERLEBEN:
Mühlrad ❶
Fischteich mit wildem Brunnen ❷
Die drei Kreuze ❸
Gallus Bilderstock ❹
Panoramablick I ❺
Panoramablick II ❻

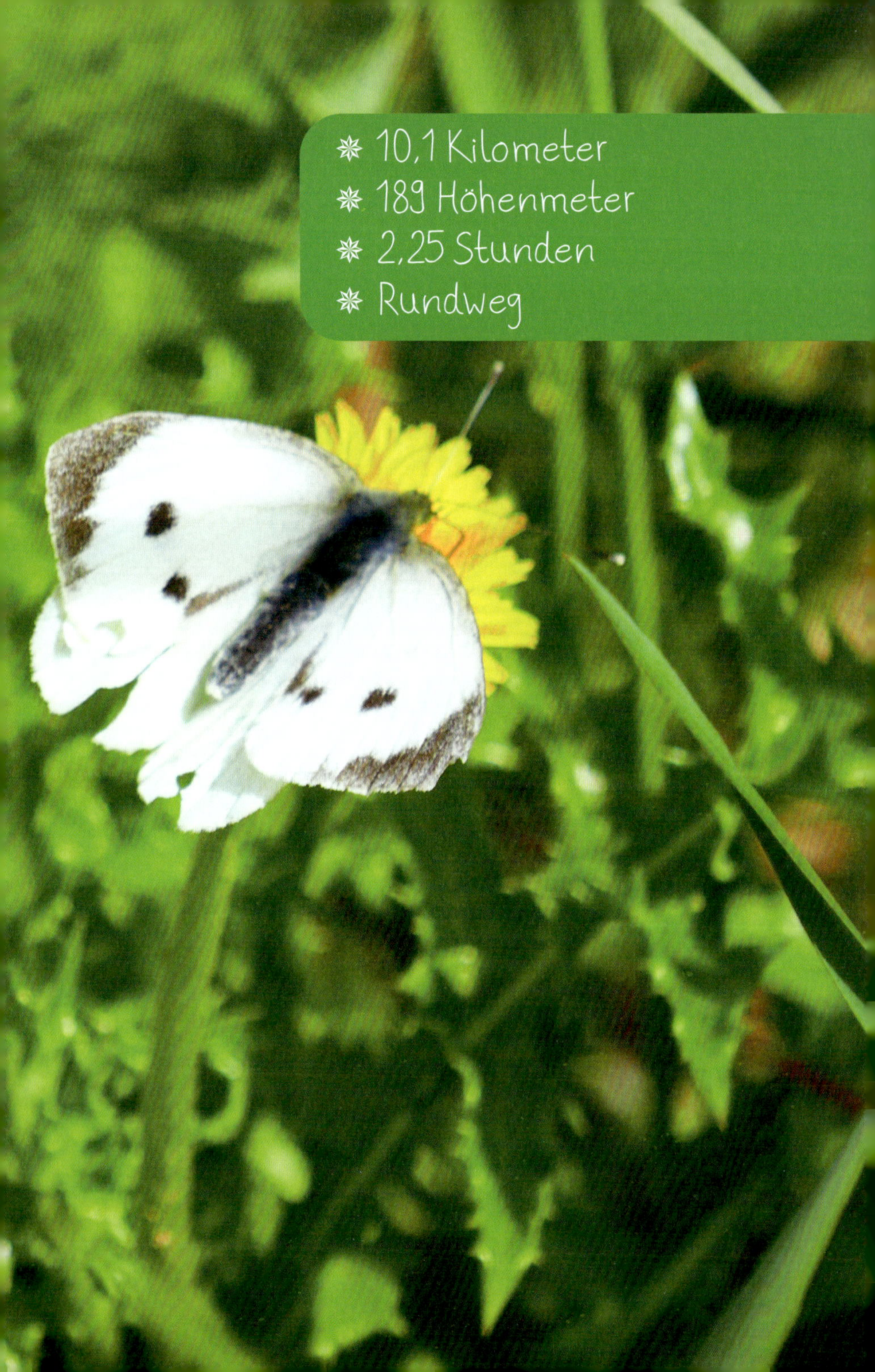

- 10,1 Kilometer
- 189 Höhenmeter
- 2,25 Stunden
- Rundweg

Wärmetank füllen

Sonnenweg Neibsheim

Ein Sommertag, der keine Sommertemperaturen bietet? Die Temperaturen vielleicht gerade soeben im zweistelligen Bereich? Wir versprechen uns heute also viel vom Sonnenweg Neibsheim. Die Wandertafel beschreibt den Weg als Tankstelle an sonnigen, aber nicht zu warmen Tagen. Los geht's Richtung Neibsheim. Wir folgen dem gelben Pfeil und biegen an der **Langen Gasse** rechts ab, dann wieder rechts in die Straße **Neuer Weg** und verlassen damit schon die Wohngegend. Die hügelige Kraichgaulandschaft liegt vor uns. Von Weitem erkennen wir einen Bildstock, unser Weg führt uns aber nach links weiter dem gelben Pfeil nach. Schafe blöken, der Flieder blüht und gleich sehen wir linker Hand die zu einem Wohnhaus umgebaute **Alte Tabakscheune ①**, die 2010 den Denkmalschutzpreis Baden-Württemberg erhielt.

Wir laufen rechts von der Scheune bergab und gleich wieder rechts hinauf, nehmen aber den linken Weg der beiden angebotenen. Man muss ein wenig achtsam sein, denn die Beschilderung ist hier nicht ganz klar. Eine Bank lädt zu einer Pause ein. Wir wollen sie noch nicht nutzen, obwohl wir eine wunderschöne Landschaft vor Augen haben. Aber wir sind noch wanderfrisch und wissen nicht, dass wir erst in 6 Kilometern die nächste und auf dieser Tour auch letzte Bank erreichen werden. Die Weizenfelder rechter Hand sehen aus wie flauschige Wohnzimmerteppiche, wir streichen einmal mit der Handinnenfläche darüber. Links von uns, weit in der Ferne, können wir Windräder erahnen, dort liegt die Schwanner Warte

1967 wurde der Tabakanbau in Neibsheim eingestellt, die alte Scheune stand vor dem Abbruch. 2004 entdeckte der Architekt Florian Blümig bei einer Radtour den Bau und erwarb ihn mit seiner Frau. Heute wird die Scheune als Wohngebäude genutzt.

im nördlichen Schwarzwald. Rechts, oberhalb des Weizenfeldes, entdecken wir einen weiteren Bildstock, müssen aber an der Kreuzung geradeaus weitergehen. Gondelsheim liegt vor uns. Die Farben unserer Wandertour heute sind Weizengrün, Feldbraun, Rapsgelb, Kornblumenviolett und Himmelblau, in den Kelchen einiger Mohnblumen liegen die Bienen wie in einer Hängematte, zudem schmücken weiße Lichtnelken den Weg. Dieser macht eine Rechtskurve, wir müssen nach links. Es geht leicht abwärts auf Gondelsheim zu. Rechter Hand sehen wir den **Neibsheimer Weinberg.** Wer genau hinschaut, sieht im Kornfeld immer mal wieder rote Tupfen, es sind viele Marienkäfer, die an den Stängeln ausruhen. Unten folgen wir dem Weg nach rechts, dann überqueren wir einen Bewässerungskanal, biegen links ab und laufen abwärts. Der Kanal fließt wenig später in den **Talbach.** Linker

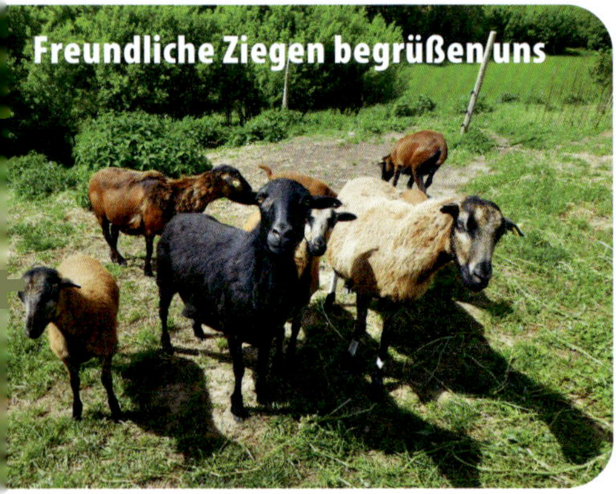

Freundliche Ziegen begrüßen uns

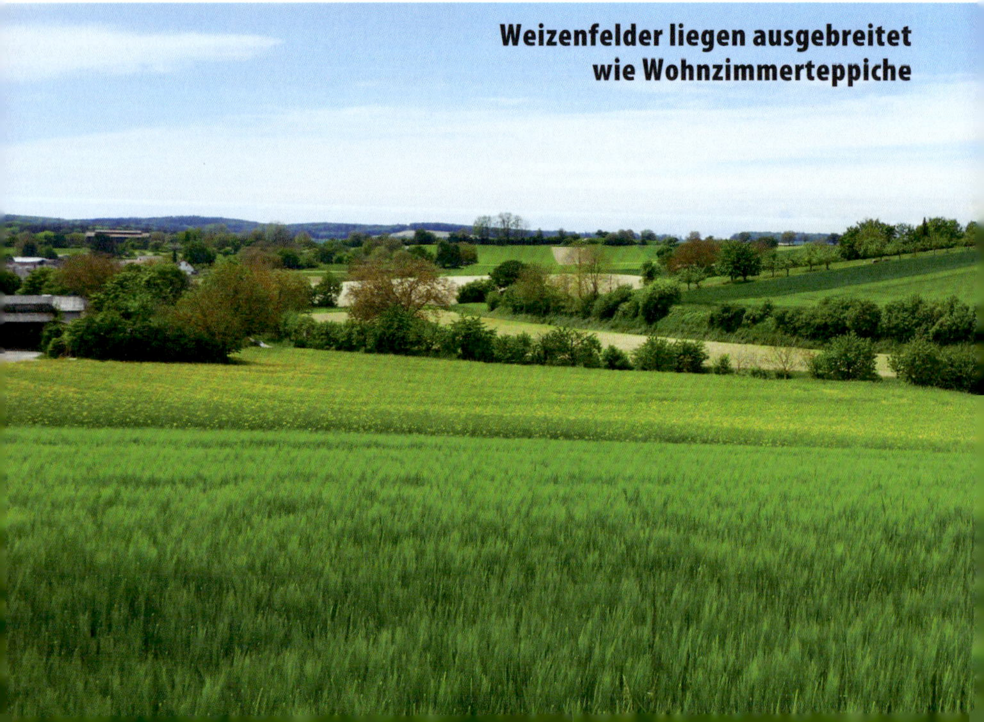

Weizenfelder liegen ausgebreitet wie Wohnzimmerteppiche

Für die Seele

Im Frühling genießen wir ein Farbenspiel aus Weizengrün, Feldbraun, Rapsgelb, Kornblumenviolett, Mohnblumenrot und Himmelblau.

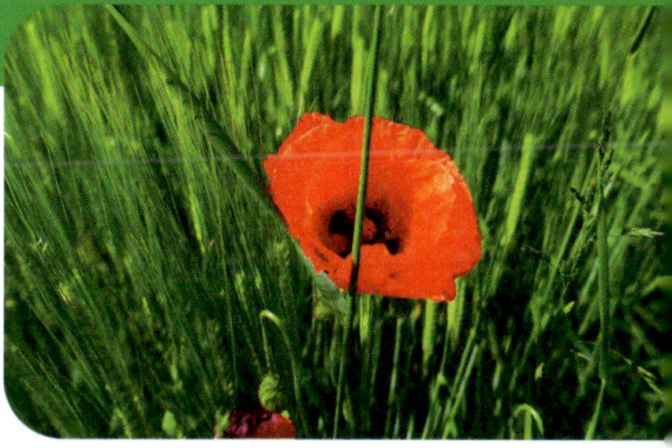

Hand begrüßen uns Ziegen, unterhalb hören wir den Talbach, außerdem überraschen uns Highland Cattles – Schottische Hochlandrinder. Die Kleinen sehen aus, als könne man mit ihnen kuscheln. Am liebsten würden wir uns zu ihnen gesellen und uns auf die Bank unter dem riesigen Kirschbaum setzen. Doch es geht weiter. Nach einer Dreiviertelstunde Wanderung sehen wir vor uns die Bahnschienen, vor denen wir ins Tal hinein nach rechts abbiegen. Hier hat sich das Wiesenklee das Rot vom Marienkäfer abgeguckt, sehr peppig. Nun geht es leicht bergauf an

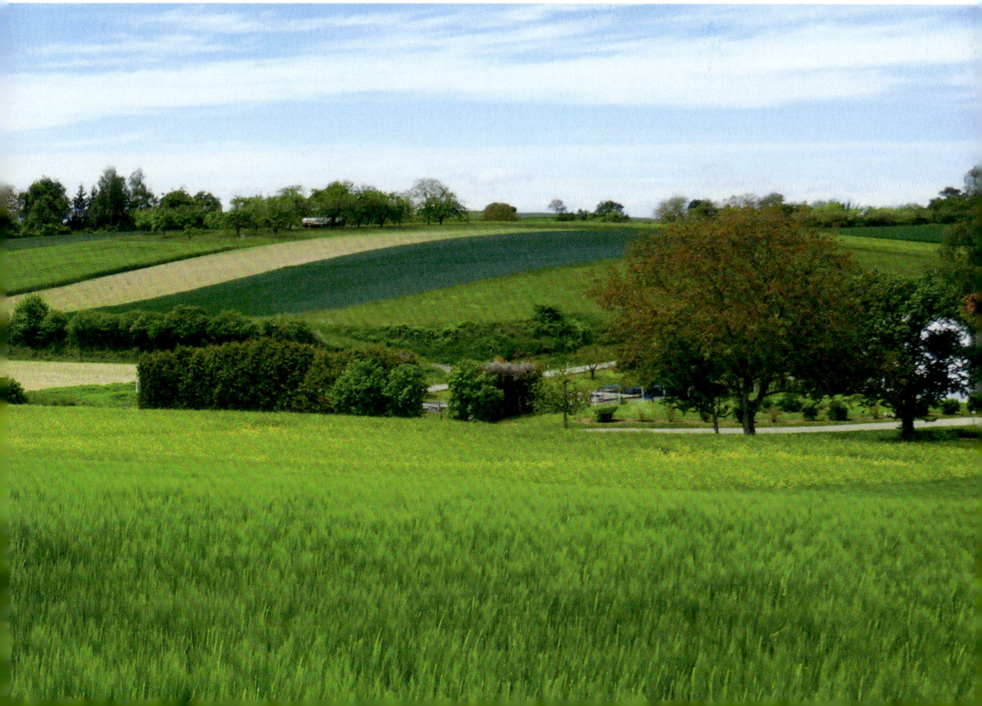

wunderschönen Weizen- und Rapsfeldern entlang. Zur Rechten stehen riesige Obstbäume Spalier, danach folgen wir dem Schild nach links. Auf dem Weg den Hügel hinaufblicken wir immer wieder hinunter. Oben angekommen, wandern wir geradeaus weiter und den Hügel wieder hinunter. Links sehen wir Helmsheim und den Wald, an dessen Rand wir gleich entlanglaufen werden. Wir stoßen auf Asphalt, gehen links abwärts und dann dem Schild nach gleich wieder rechts auf einen Schotterweg, wo Schwertlilien blühen. Links in der Ferne hinter den Windrädern sehen wir bald die Pfälzer Berge. Es geht einen Wiesenweg hinab, kurz darauf stoßen wir wieder auf asphaltierten Weg und gehen rechts. Nach etwas mehr als der Hälfte der Strecke kommen wir oberhalb der Felder auf einen Baum zu. Dahinter sieht man bisweilen ein paar Gleitschirmflieger am Himmel und Reiter auf den Wegen. Wir müssen links abwärts. Das nächste Schild gibt zwei Anweisungen auf einmal: erst rechts und die nächste links. Wir sehen die **Bank mit Aussicht 2** schon, das hilft bei der Orientierung. 6 Kilometer und etwa 1,5 Stunden reine Laufzeit waren es bis zur dieser Sitzgelegenheit. Eine Bank mit Ausblick über die Hügel

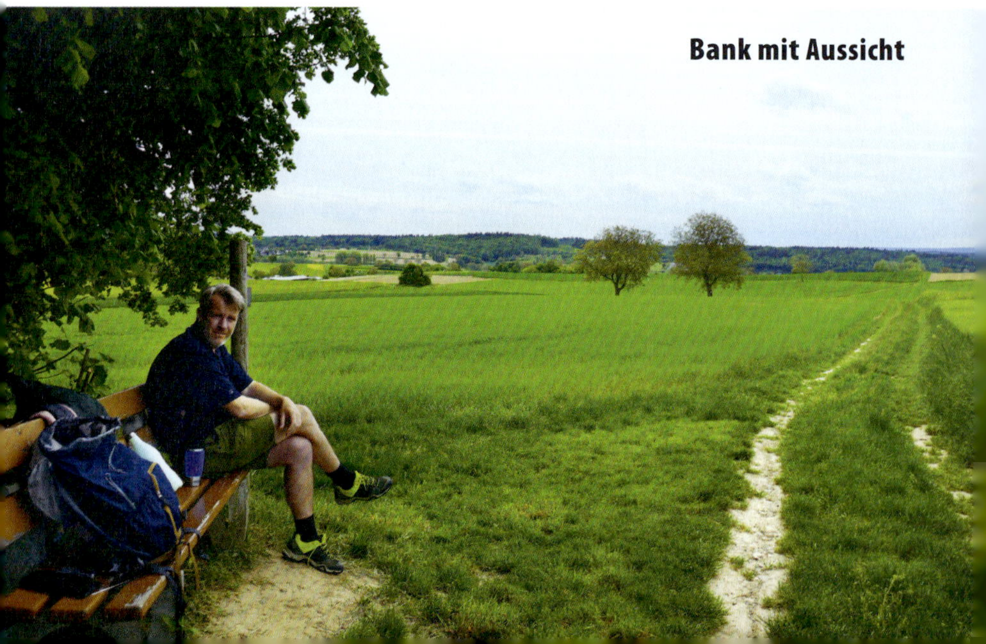

Bank mit Aussicht

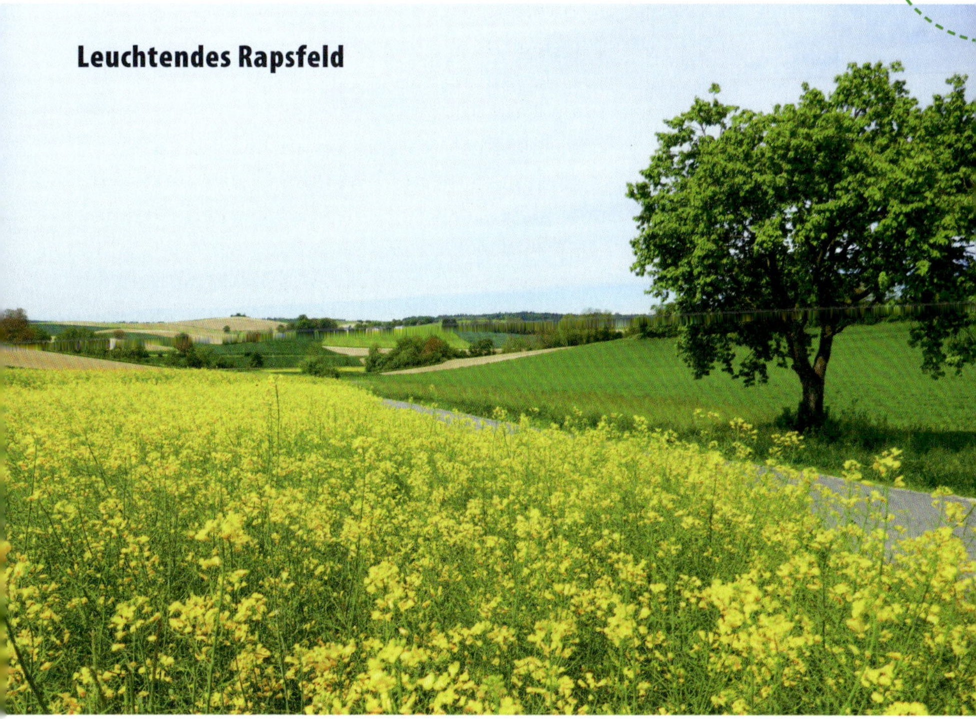

in den Nordschwarzwald zur Schwanner Warte und den Windrädern, linker Hand sehen wir den Ort Büchig.

Unser Weg führt am Waldrand entlang, hohes Gras kitzelt unsere Wanderwaden. Wir dürfen auch jetzt nicht versäumen, uns immer wieder umzuschauen. An der Blütenwiese „Bretten blüht auf!“ gehen wir links aufwärts dem Schild nach. Eine Hundsrose schmückt den Waldrand und im Bienenstock ist die Hölle los. Den Waldrand verlassen wir nach rechts auf einen Schotterweg, spazieren zwischen den Rapsfeldern, erfreuen uns am Gesumme der fleißigen Bienen und gehen an der Kreuzung geradeaus weiter auf eine Scheune zu. Bald lesen wir „Schreinerei Wolfgang Merl“ und überqueren die Autostraße, um links den asphaltierten Weg hinaufzugehen. Vom Hügel aus sehen wir rechter Hand die Tabakscheune wieder, der

Auf dem 216 Meter hohen Adelberg macht man die 1738 erbaute Marienkapelle aus. Schon aus der Ferne kann man sich gut vorstellen, warum hier Wallfahrten und Trauungen stattfinden. Vor Ort hätte man einen Blick über das 770 erstmals urkundlich erwähnte Neibsheim.

wir am Anfang der Wanderung begegnet sind. Vor uns liegt Büchig. Neibsheim sehen wir rechter Hand und schräg rechts in der Ferne erblicken wir die **Marienkapelle auf dem Adelberg** am Hang.

Am Hügelende biegen wir rechts ein und laufen die letzten Meter den breiten Weg, der auch von Radfahrern frequentiert wird. Wir freuen uns über Schatten spendende Bäume, denn Sonne haben wir wahrlich genug getankt. Als wolle er uns verabschieden, schwebt über den Kornfeldern noch einmal ein Gleitschirmflieger. Schon sehen wir linker Hand den Sportplatz und unser Auto. Knapp 3,5 Stunden nach Start wagt sich das Thermometer an die 20-Grad-Marke heran. Wer sich nun etwas stärken möchte, kehrt beim **FC Clubhaus Neibsheim ③** ein.

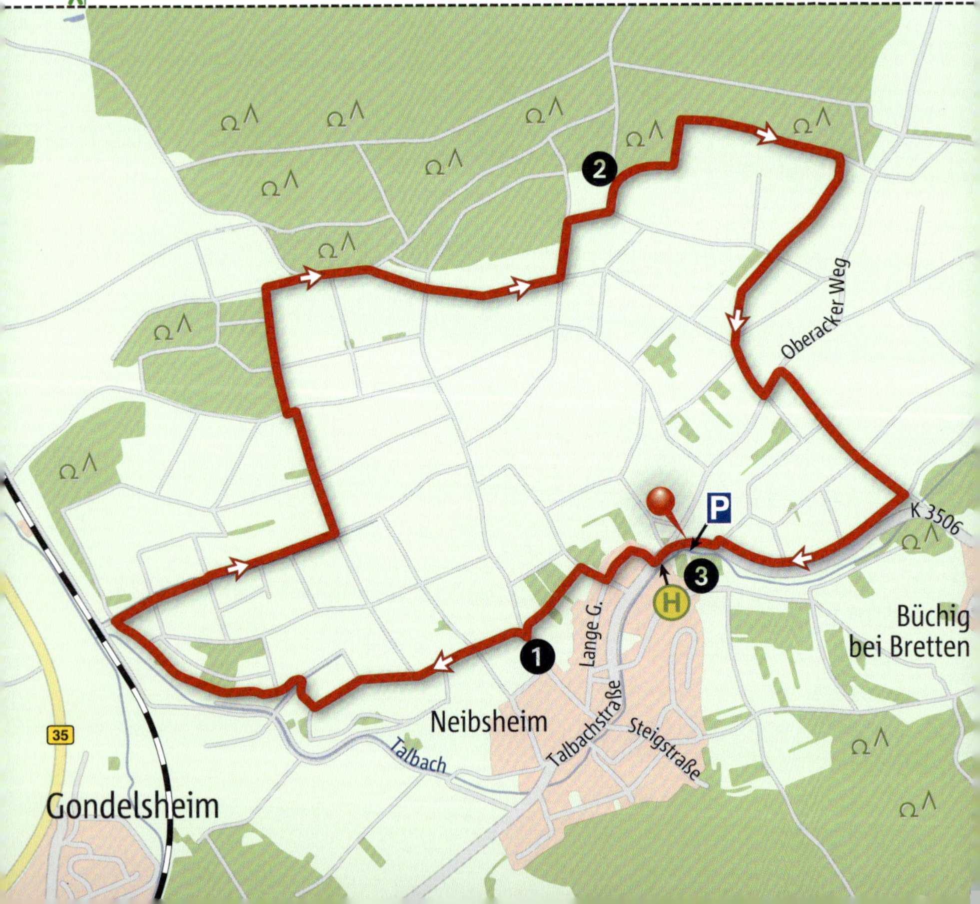

Alles auf einen Blick

Entspannung ✱✱✱✱✱

Genuss ✱✱✱✱✱

Romantik ✱✱✱✱✱

WIE & WANN:

Breite asphaltierte Wege, Wald-, Wiesen-, aber auch Schotterwege.
Beste Wanderzeit ganzjährig

HIN & WEG:

Auto: Parkplatz am Sportplatz, Talbachstraße, 75015 Bretten (GPS: 49.07637, 8.68898
ÖPNV: Buslinie 141 Bretten/Gondelsheim, Haltestelle Fürthstraße

ESSEN & ENTSPANNEN:

FC Clubhaus Neibsheim ❸ Obere Mühlstraße 25, 75015 Bretten,
Tel. (0 72 52) 41 11 5, www.fcneibsheim.de

ENTDECKEN & ERLEBEN:

Alte Tabakscheune ❶
Bank mit Aussicht ❷

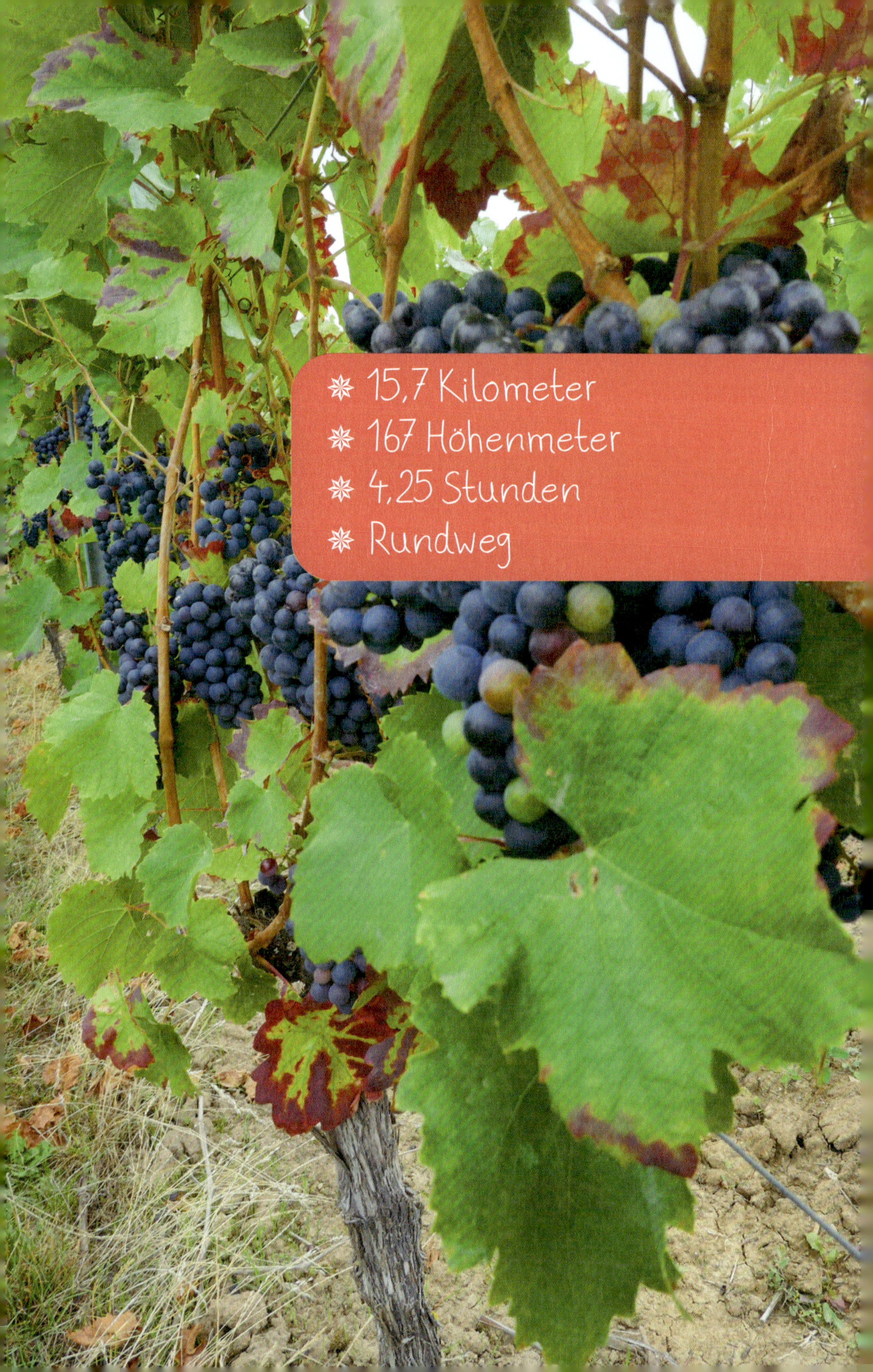

- 15,7 Kilometer
- 167 Höhenmeter
- 4,25 Stunden
- Rundweg

Ausgangspunkt unserer Septemberwanderung ist der Bahnhof in Sulzfeld in der **Bahnhofstraße.** Dem Bahnhofseingang gegenüber finden wir an der Laterne den Wegweiser SU 1 mit einem kleinen Quadrat in Lila-Weiß, der uns heute gut leiten wird. Zunächst spazieren wir am Garten mit Steinmetzfiguren vorbei

Wein und Weite

Traubenhaft um Sulzfeld

Richtung Miniatur-Golf, laufen dann ein paar Meter an den Bahngleisen entlang, um zügig links in die Natur abzubiegen. Weite empfängt uns an einem Wandersonntag im Spätsommer, der nur das Glockenläuten der Kirche hören lässt. Die Luft ist herrlich warm und frisch zugleich. Sonnenblumen lassen ihre Köpfe hängen und sehen aus wie ein Laternenmeer, sehr reizvoll! Die erste Sehenswürdigkeit ist der eingegrenzte **Lebensraum für Zauneidechsen** ❶ rechts. Schon von hier aus haben wir einen schönen Rundblick. Die ersten Obstbäume begegnen uns, zu hören ist höchstens das Summen der Insekten, die sich um gefallenes Obst tummeln. Die Sommerblumen am Wegesrand lassen vermuten, sie seien die letzten für diesen Sommer.

Nach etwa einer Viertelstunde stoßen wir auf einen Hohlweg und biegen davor links ab. Nach einem kleinen Anstieg sehen wir in der Ferne über die Felder hinweg links die Ravensburg. Der Mais bewegt sich im lauen Lüftchen, wir biegen rechts ab und bewegen uns somit von der Burg weg. Rechts von uns sehen wir Zaisenhausen, wir passieren einen riesigen Kastanienbaum, auch die Hagebutten leuchten schon herbstlich. Am Ende des Schotterweges geht es nach links auf den Feldweg, das Schild hängt etwas versteckt am Baum. Wir laufen an den Streuobstwiesen vorbei, mehr oder weniger in Richtung Ravensburg. Äpfel hängen wuchtig an den Ästen, viele liegen schon am Boden. Reihum neigen sich die Bäume durch die Schwere ihrer Früchte und strahlen dabei trotzdem noch Kraft aus. Wir sind geneigt, uns anzulehnen. An der nächsten Kreuzung gehen wir geradeaus und linker Hand erfreuen Herbstzeitlose unser Auge. Nach einer guten halben Stunde Wanderzeit lädt die erste Bank zum Sitzen ein – wir blicken auf die Ravensburg und den Ort Sulzfeld, einige Radfahrer sind unterwegs. Nur 10 Minuten später folgt die nächste Sitzgelegenheit mit Sicht auf die Weinberge. Das Schild sagt uns, dass es zur Burg Ravensburg noch 4 Kilometer sind, aber diese Angabe ist für unseren Rundweg nicht relevant, wir werden etwas weiter ausholen, um zur Burg zu gelangen. Es geht an Weinfeldern vorbei, direkt danach biegen wir rechts ein und laufen einen asphaltierten Weg bergab. Dunkle Trauben hängen trichterförmig an den Reben. Weiter unten weist uns das Schild den Weg nach rechts über die Wiese durch das Streuobst hindurch. Auf der Bank unterm Baum liegen nur die Quitten vom Baum, links blicken wir auf ein Maisfeld, rechts gibt's Birnen. Der gut ausgeschilderte Weg – manchmal jedoch ist ein Schild sehr zugewachsen und man muss es suchen – verläuft auf und ab, doch die Steigungen sind kurz und gut zu gehen. Bald überqueren wir die **L 593**, viel Verkehr ist am Sonntag nicht. Links folgen wir einem Schotterweg die Weinreben entlang. Von Weitem sehen die herabhängenden Trauben aus

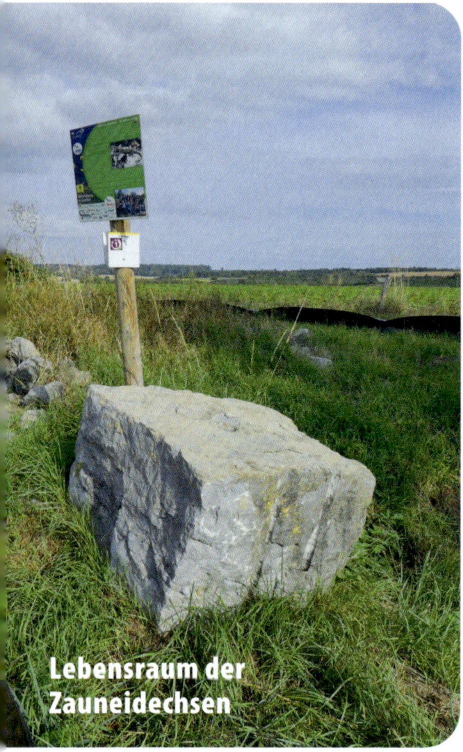

Lebensraum der Zauneidechsen

wie Insektenschwärme. Nach knapp 1,5 Stunden scheinen wir der Ravensburg linksseitig schon etwas näher gekommen zu sein. Wir laufen eingefasst vom Wein und freuen uns schon auf ein Glas, das wir später auf der Ravensburg trinken wollen. Zunächst finden wir ein wunderschönes **Pausenplätzchen** ②. Dicke Baumscheiben fungieren als Tisch und Stuhl, die Aus-

Für die Seele

So wie die Äpfel auf den Streuobstwiesen vom Baum fallen, fällt die Alltagslast mit jedem Schritt von uns ab.

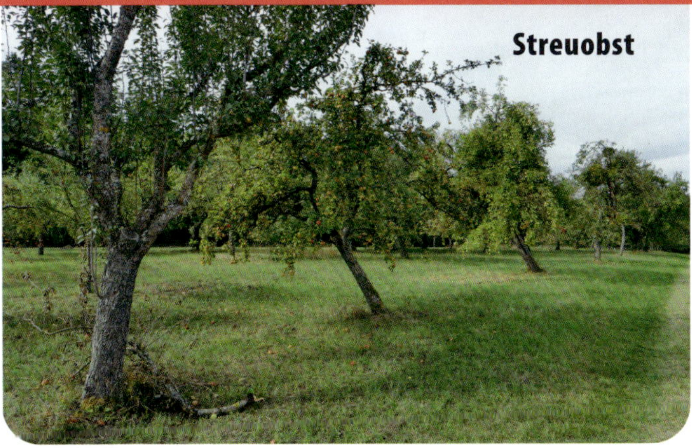

Streuobst

sicht ist traumhaft. Ein guter Ort, um mit anderen Wanderern ins Gespräch zu kommen und zu vespern. Auf dem weiteren Weg begegnen wir einem Teilstück des Waldlehrpfades für Kinder, da können auch wir spielend etwas über das Land der 1000 Hügel lernen. Zum Beispiel, dass wir von hier aus eine ganz besondere Erhebung sehen können: den Steinsberg, einen Bergkegel vulkanischen Ursprungs. Auch hier steht eine Bank, von der aus man einen wunderschönen Blick auf die Ravensburg hat und auf einer Anhöhe

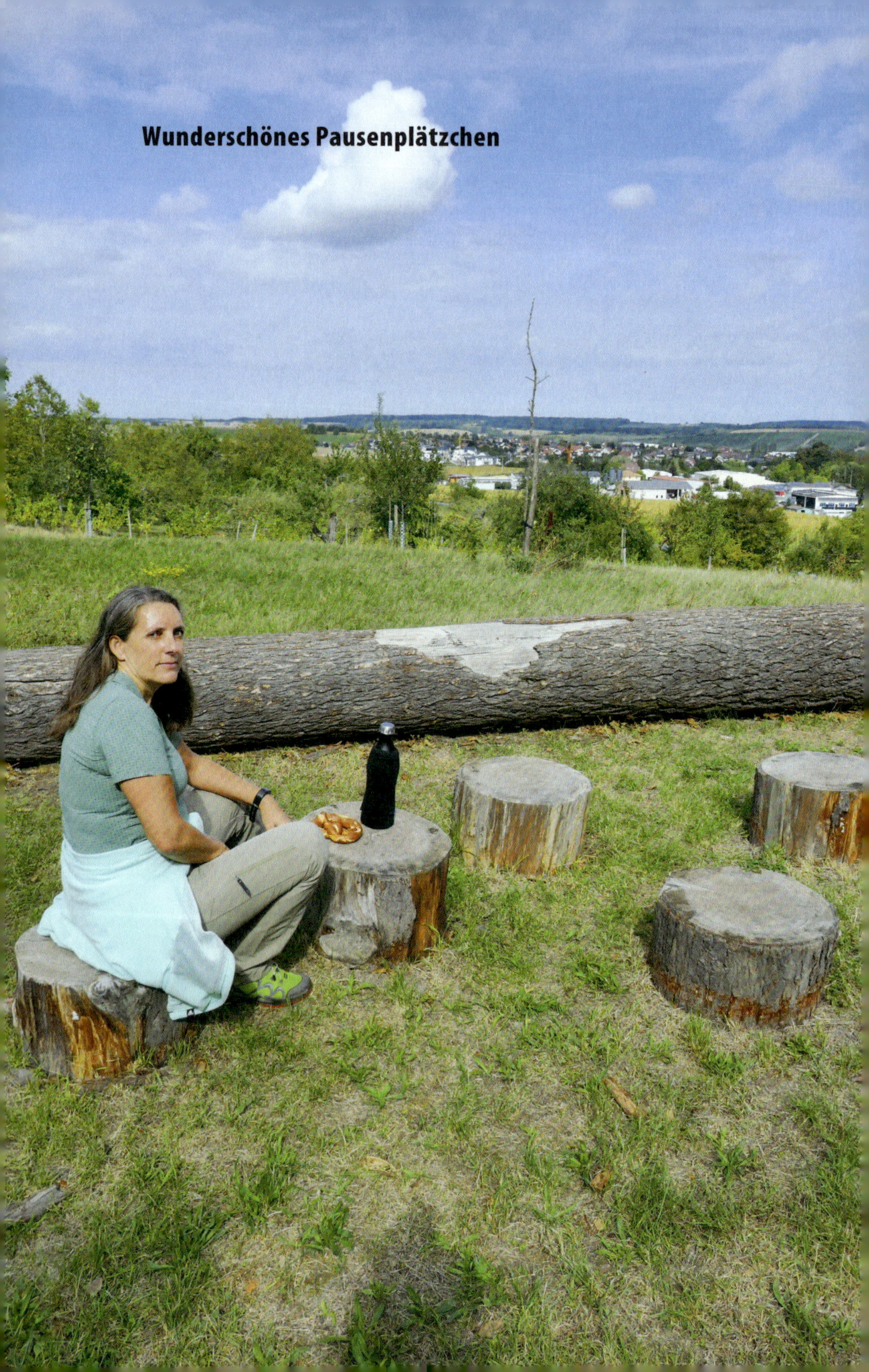

Wunderschönes Pausenplätzchen

stehen Stühle bereit, um auf Sulzfeld zu schauen. Wir gehen weiter und freuen uns, dass wir der Burg immer näher kommen. Am nächsten Schildermeer orientieren wir uns wie gehabt an dem Wegweiser SU 1 mit dem kleinem lila-weißen Quadrat und laufen nach rechts, links ginge es auf direktem Weg zur Ravensburg, nur noch 1,8 Kilometer entfernt, aber diesen Weg nehmen wir nicht. Wir laufen auf die nächsten Weinberge zu und biegen links ab. Ein weiteres Ziel ist der Aussichtspunkt Weitblick in 0,2 Kilometern, dafür müssen wir etwas bergauf laufen und schließlich links einem Pfad nach oben folgen. Dann erreichen wir diesen Aussichtspunkt mit dem **Kürnbacher Ausblick** und der **Spiegel-Skulptur** ③. Die drehbaren Edelstahlspiegel sind Teil des Eppinger Linienwegs, ein künstlerisch-historischer Wanderweg. Die Spiegel-Skulptur gehört zum Skulpturenprojekt des Naturparks Stromberg-Heuchelberg. Verzerrte Spiegelungen greifen die gängige Vorgehensweise der Kriegspropaganda auf und erzählen so, wie Zerrbilder des „Feindes“ verbreitet wurden. Nachdenklich gehen wir leicht bergauf weiter. 300 Meter über dem Meeresspiegel, informiert uns ein Schild über die aktuelle Höhenmarke – auch schön, es müssen ja nicht immer 3000 sein. Nach 1,5 Stunden Laufzeit geht es links tiefer in den Wald hinein, dort steht auch der Waldlehrpfad angeschrieben. Mit den Worten „gehen, laufen oder hüpfen“ ginge es über einen Trimmpfad steil hinauf, wir aber gehen rechts davon weiter, im Wald wird es kurz etwas undurchsichtig. Wo ist die lila 1? Es folgt eine Links-rechts-Kombination, dann geht's

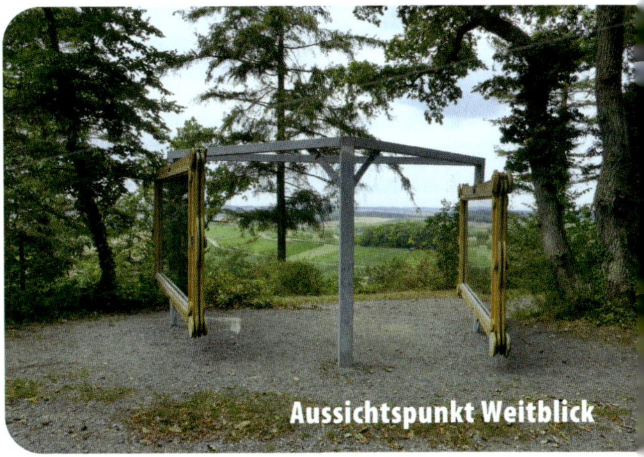
Aussichtspunkt Weitblick

Das Wahrzeichen von Sulzfeld – die Ravensburg – wurde im 13. Jahrhundert vom Reichsministerial Ravan von Wimpfen errichtet. Die ausgeprägte Baulust verschiedener Burgherren veränderte ihr Erscheinungsbild immer wieder. Ihr letzter Bewohner starb 1849.

mittendurch, aber schnell gelangt man an eine Bank, dort endet der Waldpfad. Wir biegen rechts in den Schotterweg ein, linker Hand sehen wir den Trimmpfad. Apropos, die Hälfe haben wir nun geschafft. Noch 3,9 Kilometer bis zur Ravensburg sagt das gelbe Schild. Rechts von uns liegt der Sulzfelder Trimm-Dich-Pfad und warnt vor Greifvogelattacken durch brütende Vögel. Über die **K 3509** gelangen wir in einen Laubwald. Inzwischen sind wir durch regelmäßiges Innehalten schon fast 3 Stunden unterwegs und treffen auf einen verlassenen Waldspielplatz. Das an einer Bank eingeritzte „do hog de no" (da setz dich hin) stammt wohl aus vergangenen Tagen, der Ort lädt nämlich nicht zum Verweilen ein. Wir laufen den Schotterweg bergab. Es ist unglaublich ruhig, nicht einmal Vögel zwitschern, sind sie beim Mittagsschlaf? Nur ein Specht klopft. An einer Abzweigung müssen wir kurz unser Schild suchen, werden aber fündig, es geht leicht bergan, und wechselt von Schotterweg zu Waldpfad. Zwei Grenzsteine erzählen von früher, was genau, wissen wir aber nicht. Und das links von uns – ist das ein menschengemachter Hohlweg? Außerdem entdecken wir Sandstein, ui, da geht es tief hinab. Wir bleiben auf dem Weg und siehe da – die Ravensburg linker Hand ist wieder ein ganzes Stück näher gerückt. Wir bewundern sie von einer Himmelsliege aus, als wir auf den Platz **Blick auf die Ravensburg** ❹ stoßen. 10 Minuten müssen wir schon bleiben, es hetzt uns keiner. Traumhaft ist es unter den Bäumen, unter denen wir liegen und in (der) Ruhe schaukeln. Die letzten 1,7 Kilometer bergab zur Burg gehen sich wie von selbst. Jetzt sehen wir den Ort Mühlbach und erreichen die **Ravensburg** ❺ schließlich nach beinahe 4 Stunden, wobei die reine Lauf-

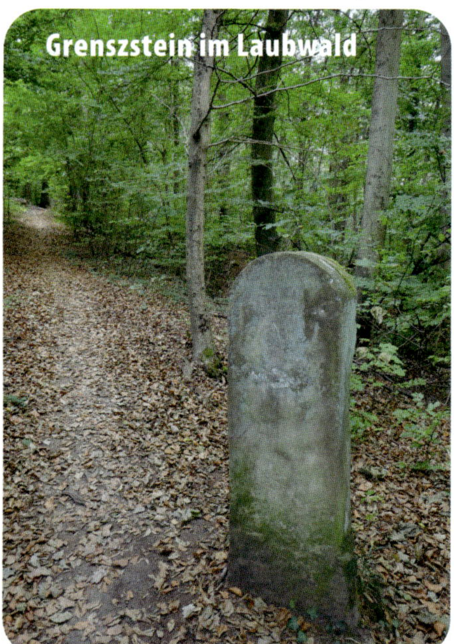

Grenzstein im Laubwald

zeit mit 2,5 Stunden weit darunter liegt. Endlich darf es mit Ausblick auf Sulzfeld ein Ravensburger Riesling trocken sein. Zum Wohl! Den Turm dürfen wir heute leider nicht besteigen, wir hätten von dort einen Rundblick bis in die Vogesen und die Pfalz genossen. Aber auch so ist die Aussicht wunderschön.

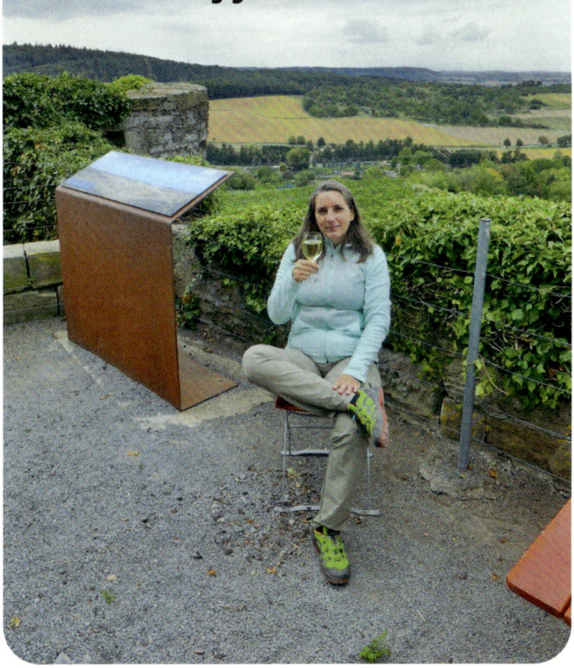

Ravensburger Riesling auf der Ravensburg genießen

Der Abschied fällt schwer, das nächste Mal reservieren wir einen Platz im **Burgrestaurant Ravensburg** **6**. Zum Ausgangspunkt sind es ab hier gerade mal noch 3,8 Kilometer, die laufen sich rieslingberieselt beschwingt. Wir überqueren die Mühlbacher Straße und gehen die letzten Meter auf Asphalt. Hier werden Zuckerrüben angebaut und zum Ende hin verneigen sich die Sonnenblumen noch einmal. Vor uns? Bestimmt! Der Wegweiser liegt uns zu Füßen, denn ein schwarzer Wanderer auf gelbem Pfeil ist auf den Asphalt gemalt. Noch einmal kommen wir an einem Maisfeld vorbei, auf der anderen Wegseite lacht der Wein uns mit seinen Trauben an. Traubenhaft! Wenn der Schotterweg endet, müssen wir links abbiegen, hier steht kein Schild, aber wenige Meter weiter unten an der Laterne erblicken wir wieder eins. Rechts wird der Riesling angebaut, den wir auf der Ravensburg getrunken haben, links befindet sich der Gartenbauverein und ein paar Meter weiter ein Fußballplatz. Wir laufen auf ein Haus zu, auf dem zu lesen steht: „Der Wein ist der Meister

Zur Besenzeit gibt es im Weingut Pfefferle allerlei Gutes wie Siedfleisch, mediterrane vegetarische Maultaschen, Weincreme und dazu natürlich köstlichen Wein aus der Gegend, wie den im Kraichgau so typischen Schwarzriesling.

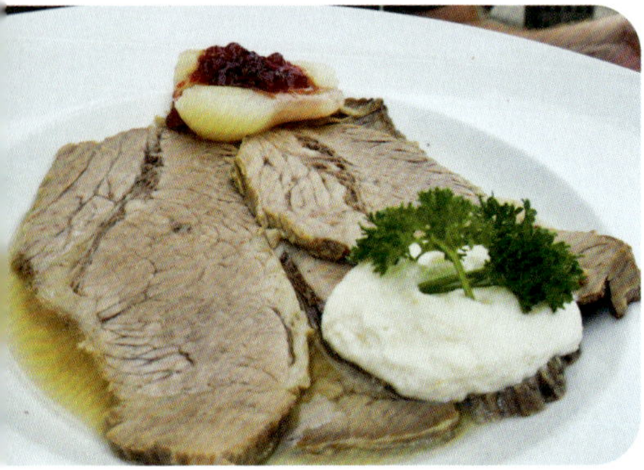

der Menschen und der Geister“. Pausen eingerechnet sind wir nun fast 5,5 Stunden unterwegs. Als wir auf dem gelben Schild: „0,4 Kilometer Sulzfeld Bahnhof“ lesen, sind wir froh und glücklich, dass wir den langen Marsch geschafft haben und freuen uns, dass wir zur sogenannten Besenzeit unterwegs sind, in der das **Weingut Reiner Pfefferle** 7 mit Wein und Speisen aufwartet. Es liegt etwa 1 Kilometer vom Bahnhof entfernt.

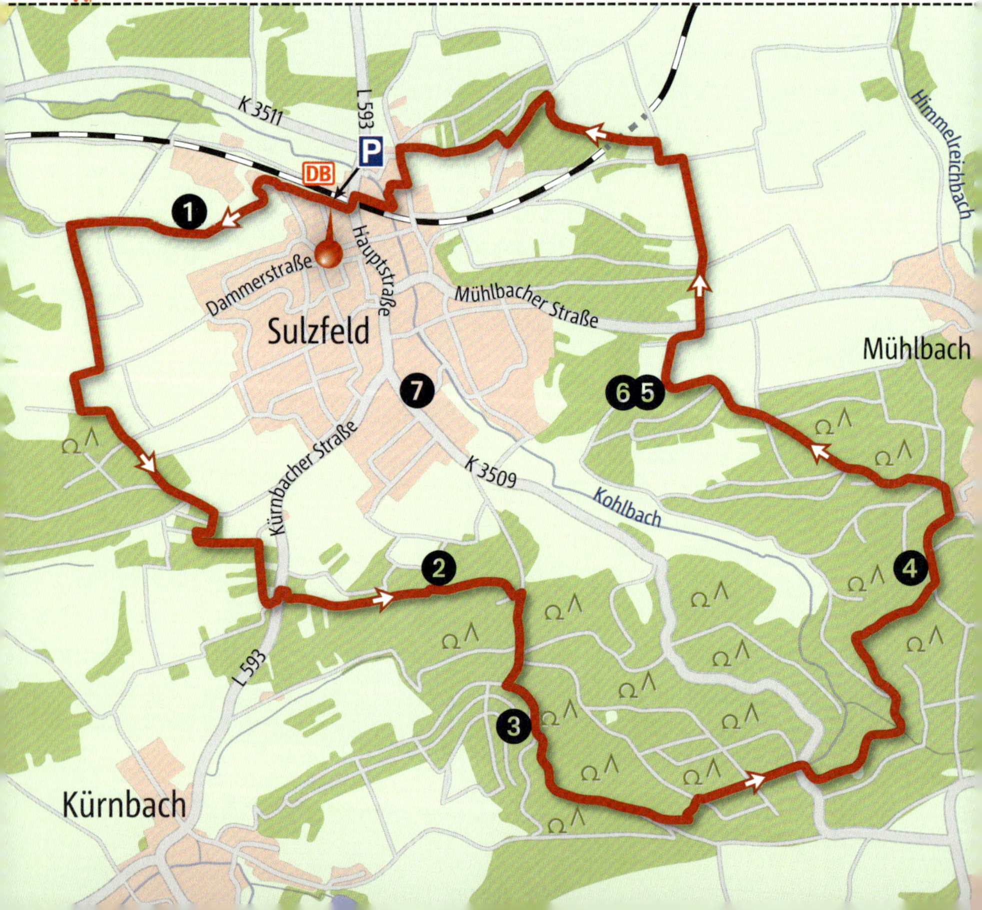

Alles auf einen Blick

WIE & WANN:

Asphaltierte Wege, Schotterwege, Waldpfade. Zu allen Jahreszeiten begehbar, beste Wanderzeit im September

HIN & WEG:

Auto: Öffentlicher Parkplatz Bahnhof Sulzfeld (GPS: 49.10787, 8.85335)
ÖPNV: Von Karlsruhe Bahnhof Stadtbahn 4 Richtung Heilbronn bis Bahnhof Sulzfeld

Entspannung ★★★★☆
Genuss ★★★★☆
Romantik ★★★★☆

ESSEN & ENTSPANNEN:

Burgrestaurant Ravensburg ❻ Mühlbacher Straße 84, 75056 Sulzfeld, Tel. (0 72 69) 9 14-1 91, www.burgrestaurant-ravensburg.de
Weingut Reiner Pfefferle ❼ Ochsenburger Straße 17, 75056 Sulzfeld, Tel. (0 72 69) 61 90, www.weingut-pfefferle.de

ENTDECKEN & ERLEBEN:

Lebensraum der Zauneidechsen ❶
Pausenplätzchen ❷
Kürnbacher Ausblick und **Spiegel-Skulptur** ❸
Blick auf die Ravensburg ❹
Ravensburg ❺

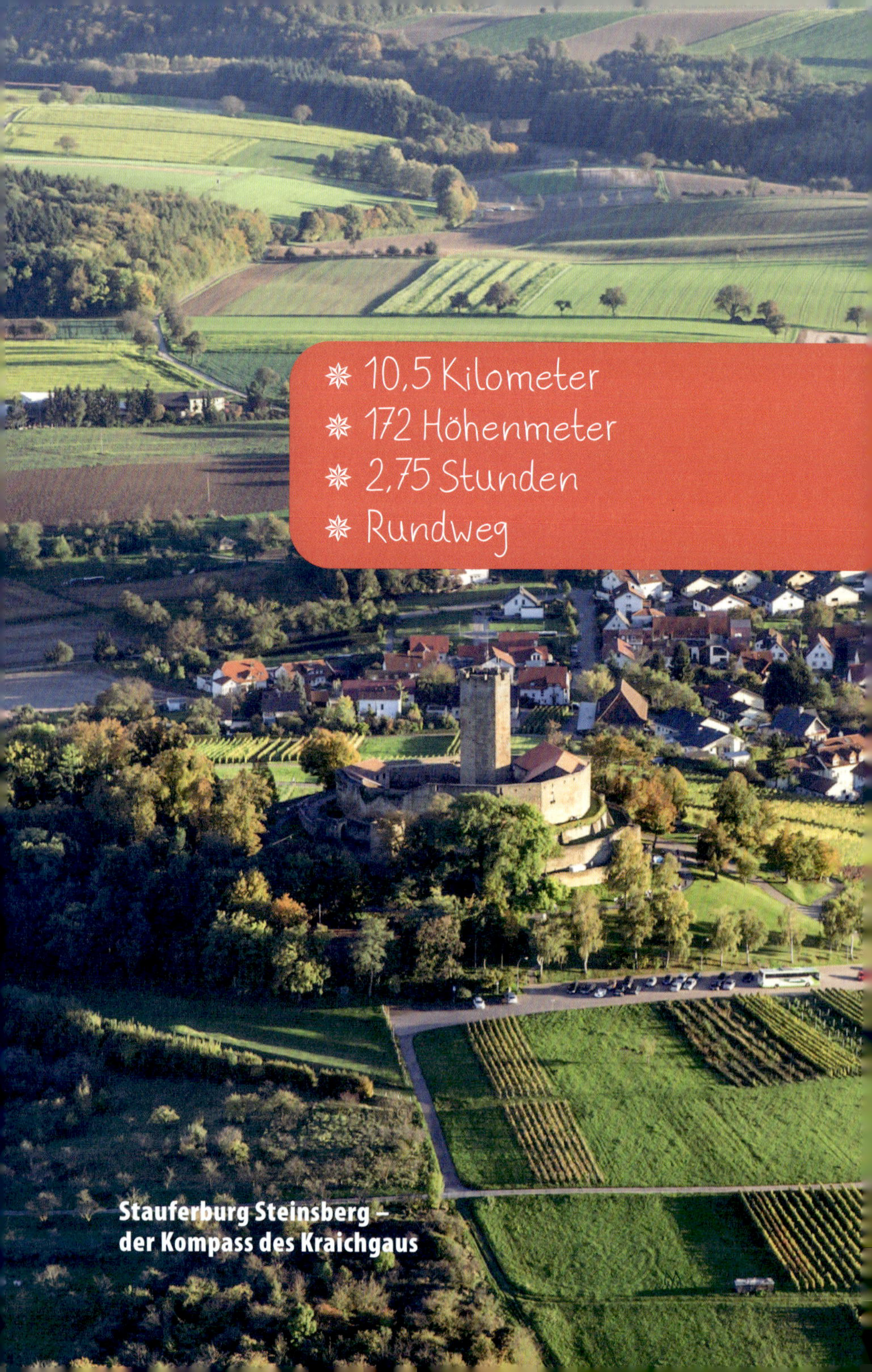

- 10,5 Kilometer
- 172 Höhenmeter
- 2,75 Stunden
- Rundweg

Stauferburg Steinsberg – der Kompass des Kraichgaus

Der Herbst steht vor der Tür und die Sonne trotzdem noch hoch am Himmel, als wir unser Auto auf dem Wanderparkplatz in Hammerau abstellen, aussteigen und in Richtung Wald starten. Auf einem gelben Wanderschild lesen wir kurz darauf, dass es zur **Hütte am Roten Weg** ❶ nur 0,8 Kilometer sind. Die Luft ist

Postkartenidylle

Rund um Sinsheim

frisch, am Wegesrand wächst Drüsiges Springkraut, während wir den **Hasenklingenweg** entlanglaufen. Nach 10 Minuten erreichen wir die Hütte, sie liegt 229 Meter über NHN. Ob das für die Hamburger Flachländer, die man bisweilen hier trifft, schon Berge sind? Auch wenn sie sicher wissen, dass wir uns im Land der 1000 Hügel befinden.

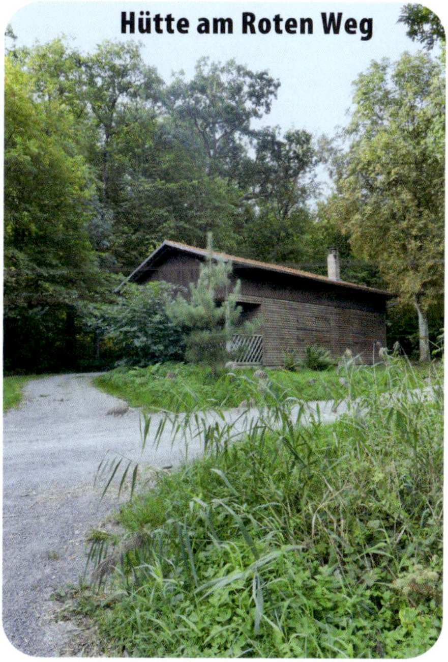

Hütte am Roten Weg

Vor der Hütte biegen wir links hinauf. Auf dem gelben Wanderschild, dem wir folgen, steht **Roter Weg** 0,6 Kilometer. Kurz nach einem weiteren Wanderparkplatz überqueren wir nach links eine Straße, nehmen die nächste Möglichkeit wieder links und laufen in den Wald hinein, nun auf einem Schotterweg. Es ist der **Schlangenweg,** und ja, er schlängelt sich tatsächlich durch den Laubwald. Eicheln liegen am Boden verteilt, wir hören unsere Schritte auf dem Schotter und die Geräusche des Waldes. Auch wenn

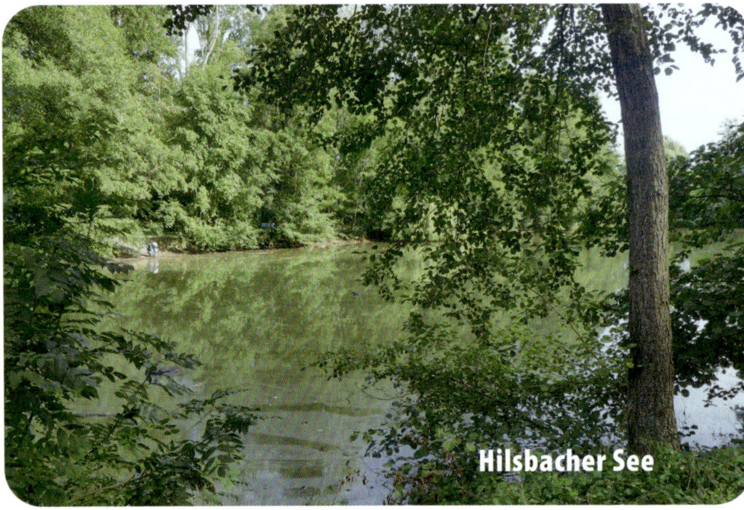

wir noch keinerlei Müdigkeit verspüren, müssen wir auf einer Bank mitten im Laubwald Platz nehmen und die Stille genießen. Dann kommen wir an eine Weggabelung und bleiben links auf dem **Oberen Schlangenweg.** Sobald man wieder abbiegen kann, müssen wir rechts, es geht stetig bergab. Am Ende des kurzen Stücks bergab zweigt sich der Weg, wir gehen nach links. Kurz vor dem Fußballplatz geht ein schmaler Pfad rechts ab zum **Hilsbacher See 2,** da wollen wir hin. Den See, der eher einem idyllischen Tümpel gleicht, säumen Bänke in Blau und Rot. Wir laufen einmal rechts halb um den See herum. Die Zweige der Trauerweiden hängen majestätisch ins Wasser, die Enten schwimmen fast tonlos an uns vorüber. Den See verlassen wir durch eine Schranke, halten uns rechts, blicken links auf Fußballplätze, gehen rechts am Parkplatz vorbei und biegen dann links in Richtung Burg Steinsberg ab. Noch 4 Kilometer heißt es auf dem gelben Wanderschild. Obstbäume zieren den Weg. Man muss etwas aufpassen, nicht von den herabfallenden Birnen erschlagen zu werden. An der Weggabelung richten wir uns nach der Angabe für Radfahrer, und gehen Richtung Hammerau. Bis dort sind es noch

1,5 Kilometer. Wir sind knapp 1 Stunde und 15 Minuten unterwegs, die reine Laufzeit liegt bei 50 Minuten. Aber freilich muss man sich immer wieder Zeit nehmen und über die Hügel in die Ferne schauen. Was sich wohl hinter dem Horizont befindet?

Radler, die es offensichtlich auch nicht eilig haben, überholen uns immer mal wieder in gemäßigtem

Für die Seele

Wir erfreuen uns an Sonnenblumenfeldern mit Postkartenidylle und genießen das Gefühl, dass es hinter dem Horizont weitergeht.

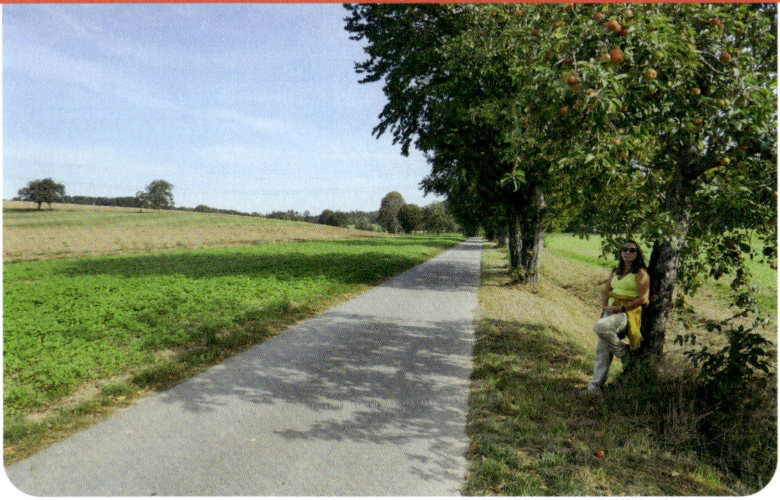

Tempo auf dem breiten asphaltierten Spazierweg, bis wir rechts in den Wald Richtung Hammerau einbiegen. Wir wandern mehr oder weniger unterhalb der Stromtrasse entlang. „Der Apfel fällt nicht weit vom Stamm“ – wie wahr, unzählige Früchte umkränzen die Baumstämme. Für uns geht es nun bergauf oder besser den Hügel hinauf. Ein leichter Wind ist eine willkommene Erfrischung in der wärmenden Sonne, die an die kalt-stürmische Jahreszeit nicht mal denken lässt. Linker Hand begrüßt uns bald ein wunderschönes Sonnenblumenfeld. Postkartenidylle pur. Die Bank am Weg steht ungeschickt, denn man hat das Sonnenblumenfeld im Rücken, aber im Stehen kann man auch viel besser durchatmen und staunen. Am Rande des Sonnenblumenfeldes sehen wir links die Burg Steinsberg. An der Kreuzung gehen wir geradeaus weiter, wir sehen die Burg linker Hand vor uns. An der nächsten Gabelung müssen wir links und gehen wenige Meter auf die Burg zu. Frühzeitig müssen wir allerdings gleich nach einem Baum, in dem vielleicht noch immer ein Stofftier (als Wegweiser?) steckt, rechts in den Feldweg einbiegen, der reichlich mit Mauselöchern bestückt ist. Etwas weiter unten halten wir uns wieder links und gehen direkt auf die Burg zu. Diese vor uns, biegen wir am Ende des rasen-

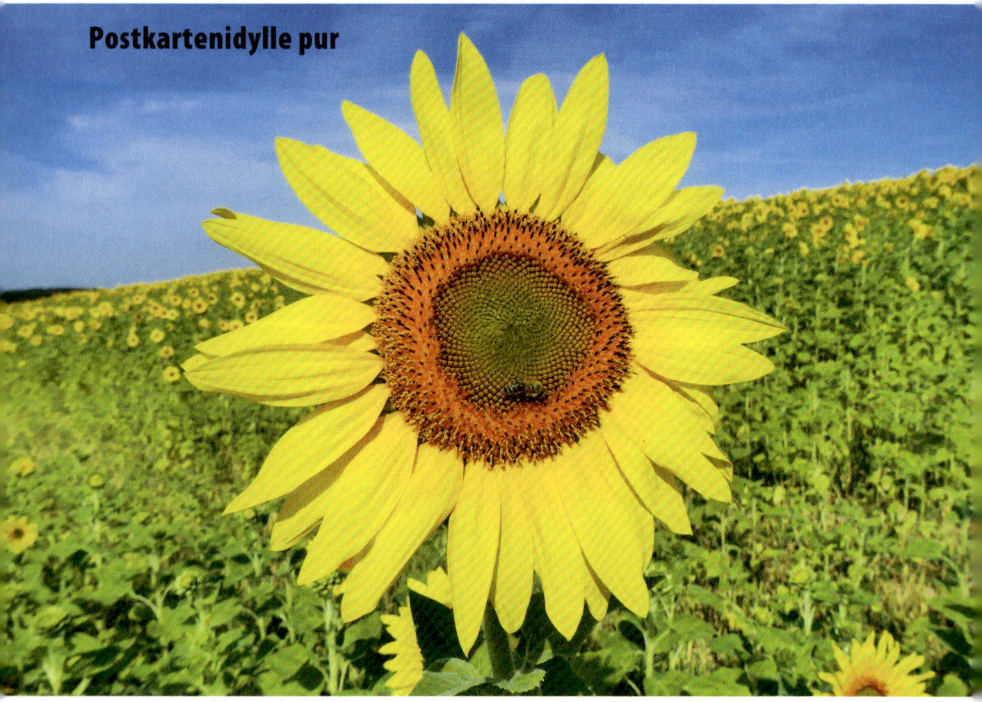
Postkartenidylle pur

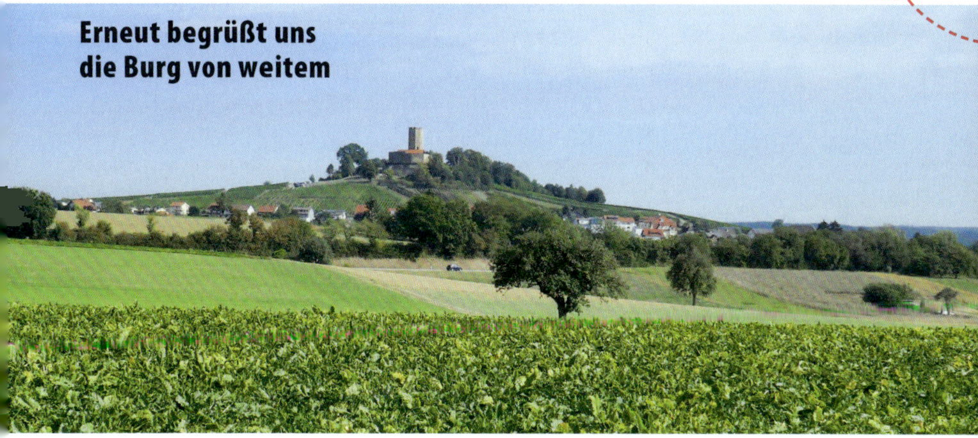

Erneut begrüßt uns die Burg von weitem

bewachsenen Feldweges rechts ein und laufen parallel zur Landstraße, der **Waldangellochstraße,** wieder auf einem Schotterweg weiter. Die Burg verschwindet nun linker Hand hinter den Bäumen, wir laufen in einer Rechts-links-Kombination trotzdem beinahe geradeaus. Nun geht es an Privatgärten vorbei auf das Dorf zu. An der **Kaiserstraße** biegen wir links ab und dann sofort wieder rechts ein in die **Reihener Straße.** Hinter Hausnummer 7, direkt am Schild „Autos/Motorräder verboten", geht es links ab. Wir sind nun 2 Stunden unterwegs und sehen die Burg wieder vor uns. Erneut geht es zwischen Privatgärten hindurch, rechts oben thront die Burg. Wir laufen auf das Bürgermeisteramt zu und biegen dort rechts ab in die **Steinstraße.** Vor uns sehen wir die hübsche **Evangelische Kirche Weiler 3.** Sie wurde 1787 von den reformierten und lutherischen Gemeinden des Ortes erbaut.

Etwas steiler geht es nun das nächste Stück unserer Wanderung bergauf, wir müssen zur Burg an der Kreuzung geradeaus hoch. Links sehen wir das Pflegeheim „Haus Burgblick", laufen dabei direkt auf die Burg und die Weinreben vor uns zu und freuen uns, dass sich unser Ziel für die Vesperpause nähert. Allerdings biegen wir nicht gleich links ein, sondern laufen geradeaus den Fußweg zur **St.-Anna-Kapelle 4,** deren

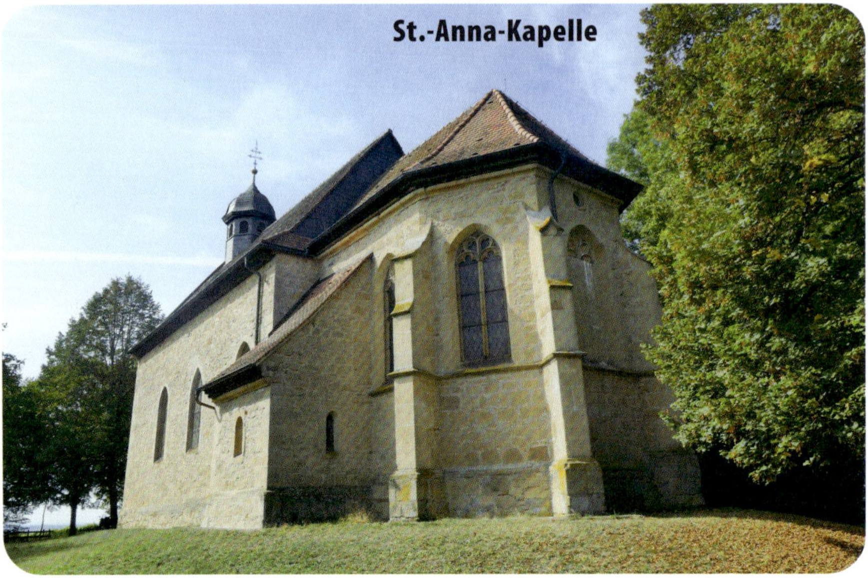

Kuppel schon durch die Bäume emporragt. Zweimal wurde das schmucke Bauwerk, das 1514 erstmals urkundlich erwähnt wird, vom Blitz getroffen. Heute ziert es als Andachts-, Wallfahrts- und Hochzeitskapelle die Landschaft. Nachdem wir dieses Kleinod bestaunt haben, soll es nun aber zur **Burg Steinsberg 5** gehen. Links der Kapelle weisen uns Treppen den Weg. Unterwegs genießen wir sogar noch einen Talblick auf Sinsheim. Bereits von unten beeindruckt uns die Linde am oberen Tor, sie wurde 1825 gepflanzt.

Die Stauferburg Steinsberg, die im 11. und 12. Jahrhundert erbaut wurde, ruht zwischen Sinsheim und Weiler auf einem ehemaligen Vulkan. Das architektonische Meisterwerk mit dem achteckigen Bergfried wird der Kompass des Kraichgaus genannt.

Vor der Vesperpause besteigen wir den Burgturm und schauen über die Hügel des Kraichgaus, 1000 können wir allerdings nicht zählen. Dafür schweift unser Blick zum Königsstuhl und zum Katzenbuckel, nach Stromberg und zum Pfälzer Wald. Und nun lassen wir uns endlich im schmucken Burghof der **Burgschenke Steinsberg 6** Ziegenkäse mit karamellisierten Birnen bei einem Viertel Auxerrois munden und überlegen, ob wir nicht einmal an einem der angebotenen Rittermahle teilnehmen sollten. Die gesamte Wanderung ist nicht sonderlich anstrengend und nimmt wenig Zeit in Anspruch, sodass wir den Wandertag gut mit einem längeren Aufenthalt hier auf dem Hof aufstocken und noch einmal Energie tanken könnten, bevor der Herbstwind die ungemütlichen Tage heranweht.

Später verlassen wir die Burg auf der anderen Seite, indem wir durch das sogenannte zweite und dritte Tor laufen und dann auf die Weinberge zu die asphaltierte Straße am Parkplatz vorbei bergab nehmen. Auf dem Weg lesen wir, dass Reben natürliche CO_2-Binder sind. Unten biegen wir rechts in die Weinbergstraße ein, überqueren die Autostraße und laufen links in den Wald. Wir nehmen den Weg links, an dem das Radschild informiert, dass es hier nach Waldangelloch und Hammerau geht. Am Parkplatz laufen wir mehr oder weniger geradeaus Richtung Hammerau Süd. Danach geht es den Schotterweg bergab wieder in den

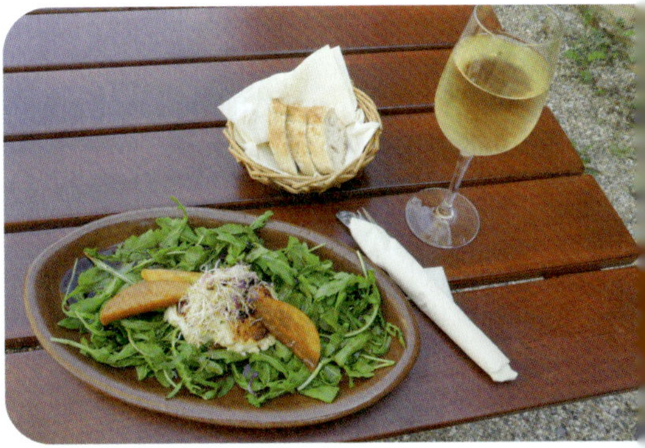

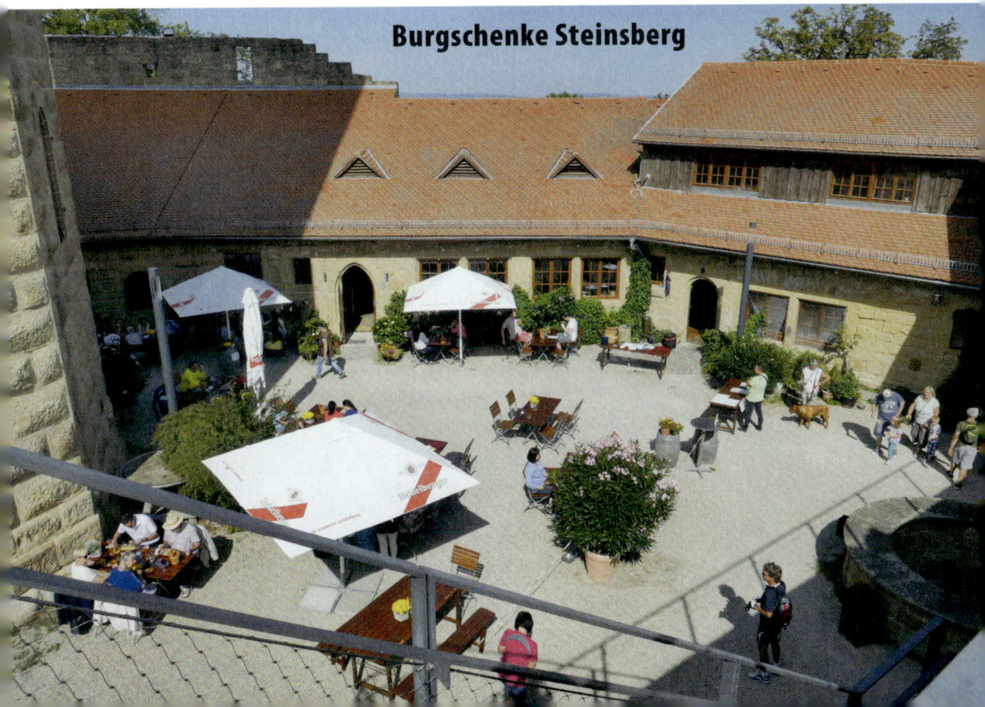

Burgschenke Steinsberg

Laubwald. Es ist der **Triebweg,** aber getrieben fühlen wir uns nicht. Die letzten Meter unternehmen wir einen herrlich guttuenden Verdauungsspaziergang. Am Gebäude mit dem Schild, das Radfahrern den Zugang hier verbietet, nehmen wir links den steilen Pfad hinauf. Bikern wurden hier Hindernisse in Form von Baumstämmen in den Weg gelegt, uns Wanderern bietet der Wald Brombeeren zum Nachtisch.

Bald laufen wir leicht bergab auf wunderbar weichem Waldboden, umfangen von Stille. Man traut sich kaum zu sprechen, weil man nichts hört, selbst Vogelgezwitscher nur selten. Dieser Weg verschluckt den Alltagslärm, das ist nächtliche Ruhe am Tag. Dann sehen wir rechts durch den Wald die Häuser von Hammerau und unser Auto wieder.

Die 52 Kilometer lange und als schwer eingestufte Rad-Burgen-Tour Kraichgau-Stromberg verbindet die Burg Steinsberg, die auch „Castel del Monte“ genannt wird, mit Steinfurt und Waldangelloch.

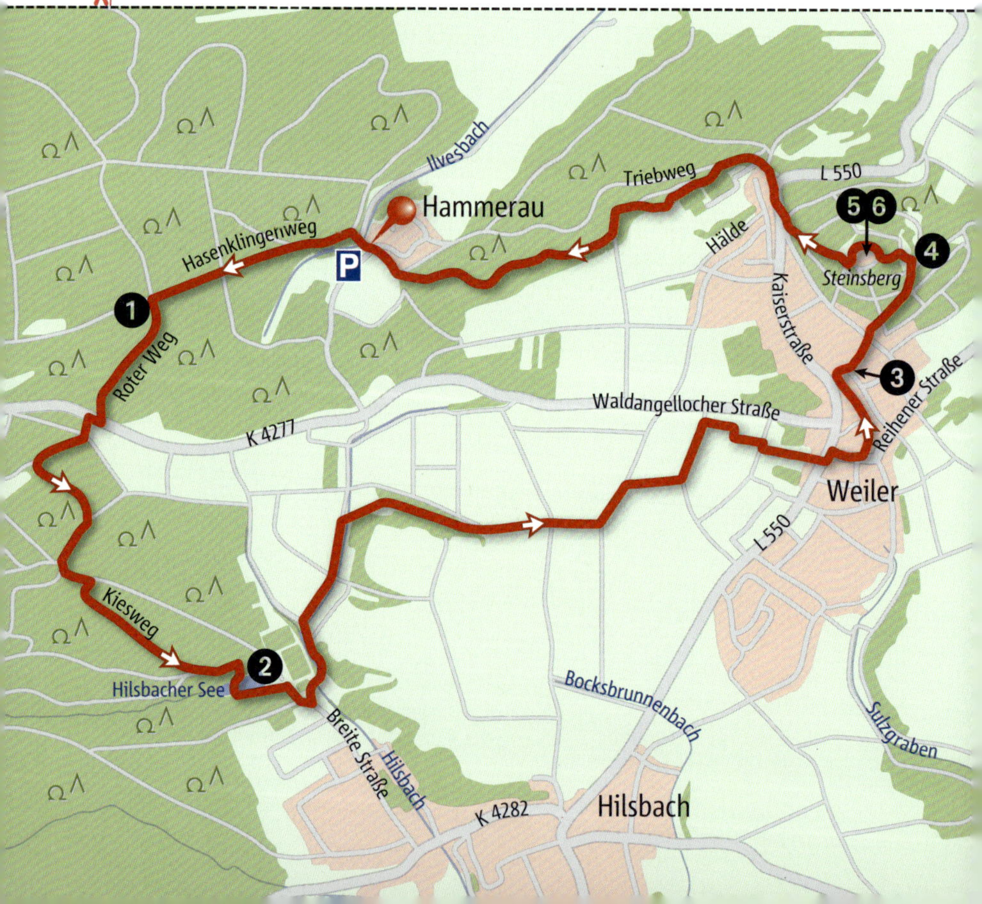

Alles auf einen Blick

WIE & WANN:
Wald- und Schotterwege, wenige Pfade, asphaltierte Wege. Wanderzeit ganzjährig, beste Zeit jedoch, wenn die Sonnenblumen blühen

HIN & WEG:
Auto: Parkplatz am Triebweg, 74889 Sinsheim (GPS: 49.21476, 8.85233)
ÖPNV: Ruftaxi 7959, Tel. (0 72 61) 37 77, Vorbestellung spätestens 1 Stunde vor gewünschter Abfahrt

Entspannung ✸✸✸✸✸
Genuss ✸✸✸✸✸
Romantik ✸✸✸✸✸

ESSEN & ENTSPANNEN:
Burgschenke Steinsberg ❻ Weinbergstraße 30, Burg, 74889 Sinsheim, Tel. (0 72 61) 6 52 66, www.burg-steinsberg.de

ENTDECKEN & ERLEBEN:
Hütte am Roten Weg ❶
Hilsbacher See ❷
Evangelische Kirche Weiler ❸
St.-Anna-Kapelle ❹
Burg Steinsberg ❺

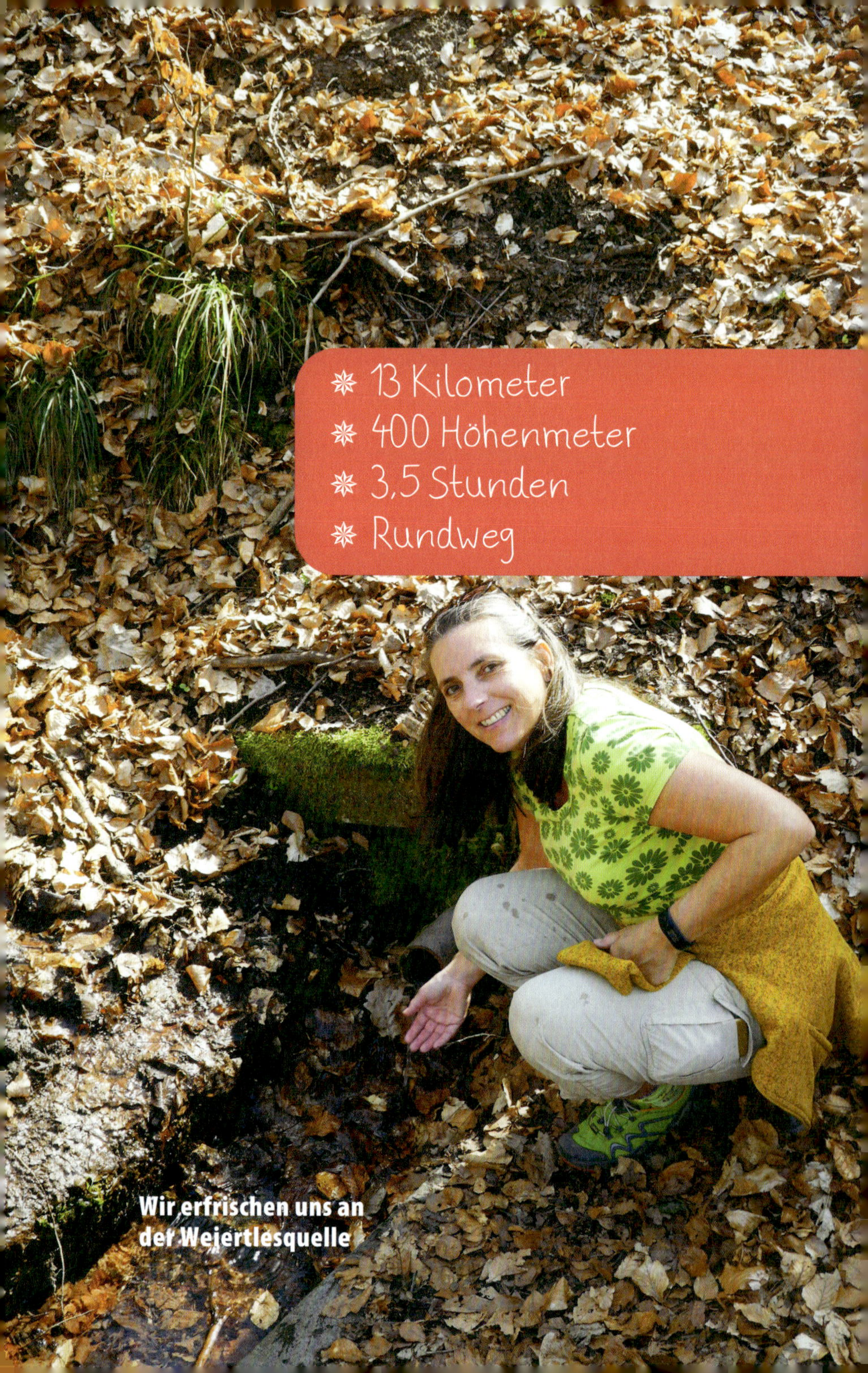

Wir erfrischen uns an der Wejertlesquelle

Schon am Startpunkt erblicken wir gegenüber die Kirchturmspitze der Michaelskapelle auf dem Michaelsberg, den wir später herunterkommen werden. Gleich zu Anfang geht es jedoch bergauf. Oben gabelt sich der Weg, wir biegen rechts ab, wandern auf die Wiese zu und orientieren uns nach links

Herrliche Aussichten

Schönes Unter- und Obergrombach

zum Waldrand weiter hinauf. Dort müssen wir nach rechts und haben sogleich einen ersten schönen Blick auf Untergrombach und das Rheintal. Wir folgen an der Wegkreuzung einer scharfen Linkskurve in den Wald hinein. Trockenes Laub raschelt unter den Füßen. Gelbe und weiße Blüten am Boden künden hier und da vom Frühling. Während wir die erste Steigung bewältigen, lohnt sich auch schon der erste Blick zurück. Wir kreuzen den Wanderweg BR 13 und gehen aufwärts in den Wald. Eine Viertelstunde nach Start sind wir fürs Erste oben angekommen. An einem breiten Waldweg biegen wir links, dann sofort rechts in den Wald hinein. Achtung! Hier brauchen wir heute ein gutes Auge, um unseren Pfad, der uns mitten durch den Laubwald führt, gut zu erkennen. Herumlie-

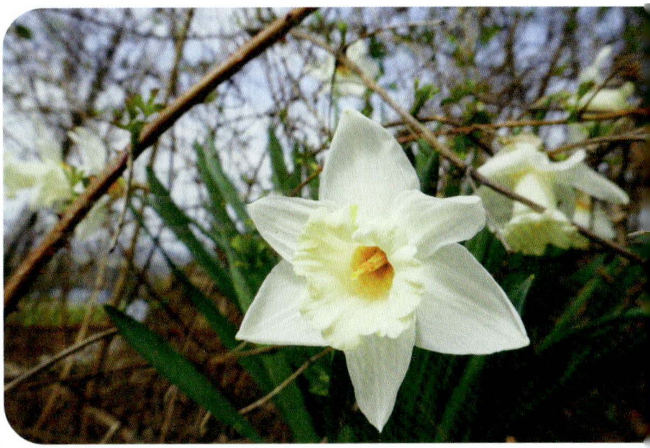

gende Baumstämme wollen überwunden werden. Mistet hier grade jemand aus oder macht Frühjahrsputz im Wald? Wir suchen uns einen dicken Ast als Wanderstock, der uns beim Abwärtswandern stützen soll. Von oben sehen wir einen breiten Waldweg, dem wir nach rechts folgen, danach stehen wir vor drei Wegen, wir halten uns ganz links. Nach wenigen Metern abwärts biegen wir links und gleich wieder rechts ein auf einen Pfad in den Wald. Unser erstes Ziel ist die Ungeheuerklamm. Es ist Vormittag und die Schatten laufen uns noch voraus. Rechts sehen wir durch zart begrünte Bäume Untergrombach, geradeaus gibt es bald einen Blick ins Rheintal, rechter Hand liegt die Mühle von Friedrichstal. Manche Baumstämme tragen ein Kleid aus Efeu. Die Vögel bemühen sich, die nahe B 3 und A 5 zu übertönen. Nach einer halben Stunde stößt von unten wieder der BR 13 dazu, von hier aus können wir heute den Weingartner Baggersee rechter Hand sehen, links davor liegt Weingarten, auch Karlsruhe

Die im 18. Jahrhundert als Ungeheure Klamm erwähnte Erosionsschlucht zwischen Bruchsal und Weingarten ist bei einem Gefälle von etwa 100 Metern 15 Meter tief und 1,5 Kilometer lang. Vom Kraichgau in den Rheingraben herabströmende Flüsse gruben die Klamm.

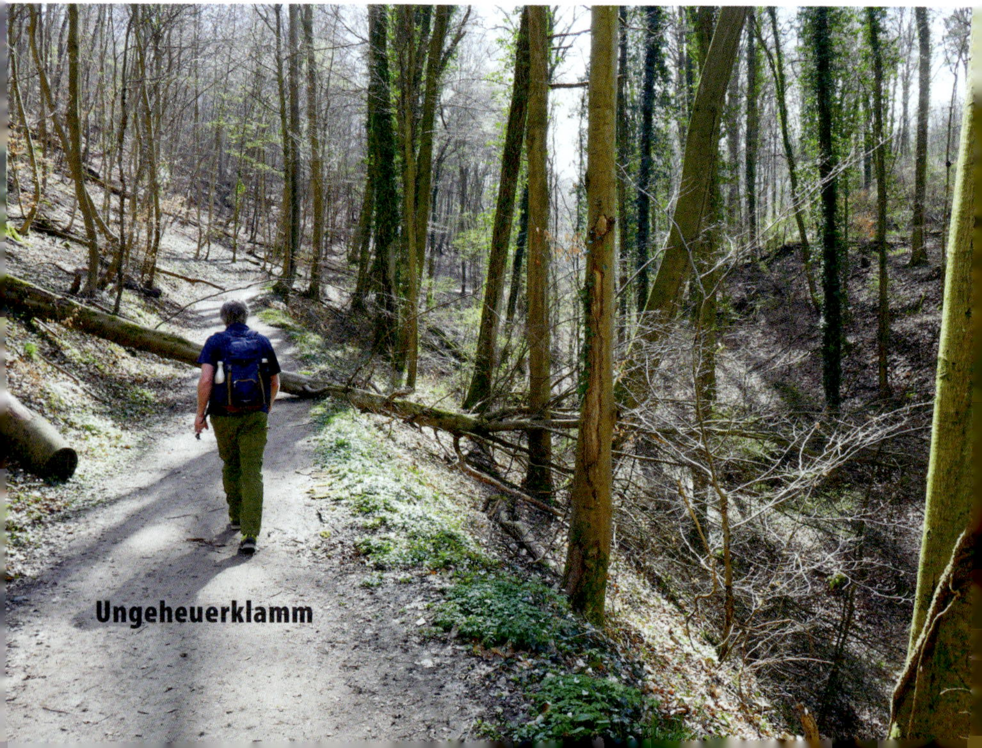

Ungeheuerklamm

und die Ausläufer des Nordschwarzwaldes können wir erkennen. Endlich geht's bergab ins Tal der **Ungeheuerklamm 1**, der Weg gabelt sich, wir biegen nach rechts und gehen abwärts.

Nachdem wir bergab gekommen sind, gabelt sich der Weg wieder, wir gehen links, rechts von uns verläuft der Grenzgraben. Dort ist es schon schön grün,

Für die Seele

Wir sehen den Frühjahrsputz im Wald, gehen die Steigungen zum Michaelsberg an und freuen uns über gute Sicht bis hin zum Großen Belchen.

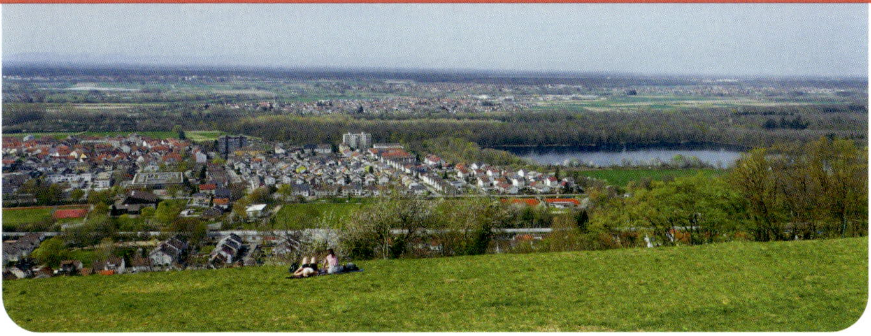

Wasser führt er nicht. Die B 3 und die A 5 werden leiser, es wird waldruhig. Wenn jetzt noch etwas Wasser im Grenzgraben plätscherte … Eine kleine Brücke markiert das Ende der Ungeheuerklamm, hier müssen wir links hoch, spazieren aber aus Spaß an der Freud einmal über die schmucke Brücke und zurück. Nun können wir uns an den gelben Wanderschildern orientieren, dort steht **Am Pfadberg** 0,6 Kilometer, und gleich auch BR 13. Spechte klopfen, Meisen zwitschern, Tauben gurren und Spatzen tschilpen. Nach knapp 1 Stunde sehen wir rechter Hand einen Grenzstein, weitere werden folgen. Was zunächst folgt, ist ein wunderbarer Blick auf eine saftig grüne Wiese.

Herrlich. Ein leichter Wind im Rücken gibt uns Auftrieb. 3,6 Kilometer sind geschafft. Wir wandern an der Weggabelung direkt am Feld entlang auf den nächsten Grenzstein zu, der die Grenze zu Weingarten markiert, und gelangen zum Platz **Dreimärker 2**. Hier stoßen die Gemarkungen von Obergrombach, Untergrombach und Weingarten aufeinander. Was für ein aussichtsreicher Picknickplatz. Die Pappeln in der Ferne tun es uns besonders an. Die Infotafel am Dreimärker erklärt, dass sich die Grenzen einer Gemarkung im Frühmittelalter aus Flächengrenzen wie Wald und linearen Grenzen entwickelten.

Wir wandern links weiter. Auf dem gelben Schild steht, dass **Am Pfadberg** noch 0,2 Kilometer entfernt ist. BR 12 und BR 13 sind unsere Wegweiser. Wir überqueren einen Bach, er führt wenig Wasser. Und kurz darauf erblicken wir auch die Quelle, die **Weiertlesquelle 3**, neben der eine Bank bereitsteht. Ungefähr ein Drittel der Wanderung liegt nun hinter uns. Wir erfrischen uns und weiter geht's. Das gelbe Wanderschild sagt, es seien noch 1,6 Kilometer bis Obergrombach, zur Michaelskapelle 4,7 Kilometer. Durch die Bäume hindurch sieht man bald links Häuser von

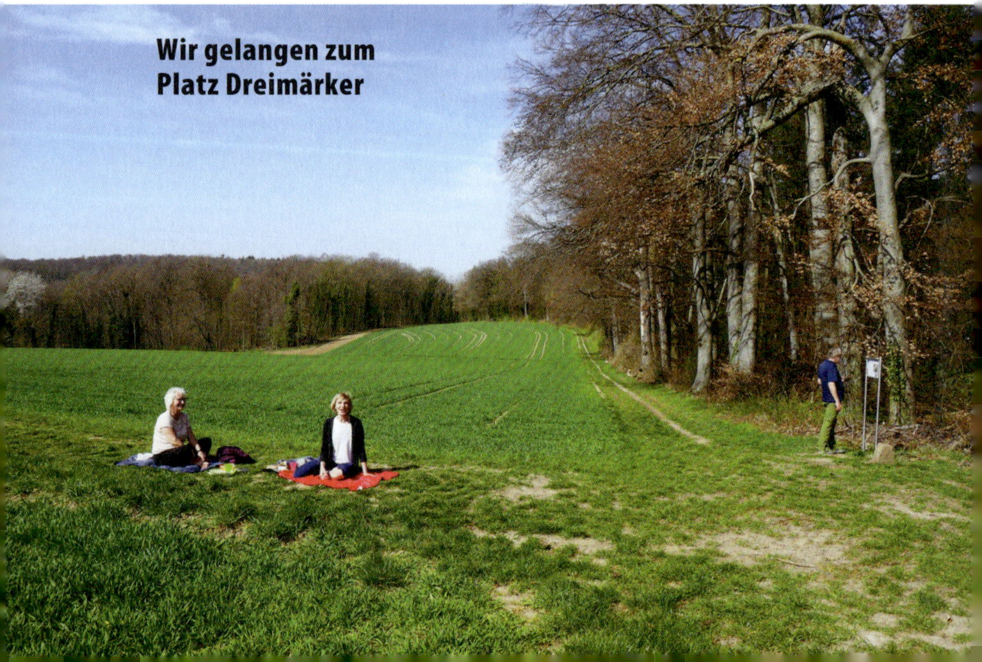

Wir gelangen zum Platz Dreimärker

Obergrombach. Wer einmal mitten im Wald im Stuhlkreis sitzen und absolute Ruhe genießen möchte, ist zur Linken herzlich willkommen. Wir folgen dem gelben Schild, Obergrombach ist nur noch einen knappen Kilometer entfernt und den Turm der Obergrombacher Burg erblicken wir schon aus der Ferne. Nach dem Wald können wir von einer Bank aus den Burgblick genießen. Besichtigen können wir das Anwesen nicht, denn die Burg ist in Privatbesitz. Über einen breiten Asphaltweg laufen wir auf Obergrombach zu. Die Kirchturmspitze ragt heraus. Inzwischen sind wir auf der **Richard-Strauss-Straße.** Wir folgen ihr über eine Rechtskurve und gehen direkt auf die **Kirche St. Martin** **4** zu, deren Turm wir eben gesehen haben. Die Kirche ist im neugotischen Stil zu Beginn der 1840er-Jahre gebaut.

Danach halten wir uns wieder rechts. Die Burg im Blick gehen wir hier in **Obergrombach** **5** durch das Rathaustor und pausieren auf einer Bank. 2 Stunden sind seit unserem Start vergangen und wir haben 6,1 Kilometer bewältigt. Nun geht es zurück zur Kirche, links über den Zebrastreifen, dann links in die **Gondelsheimer Straße,** dann rechts den Spazier- und Fahrradweg hinein. Wir überqueren die **Hauptstraße** und

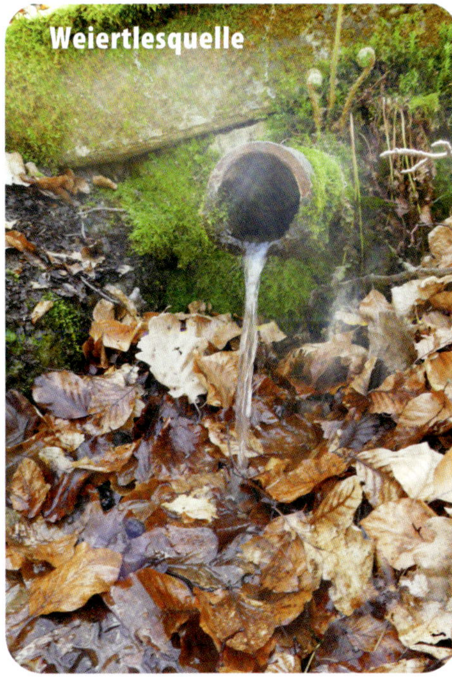
Weiertlesquelle

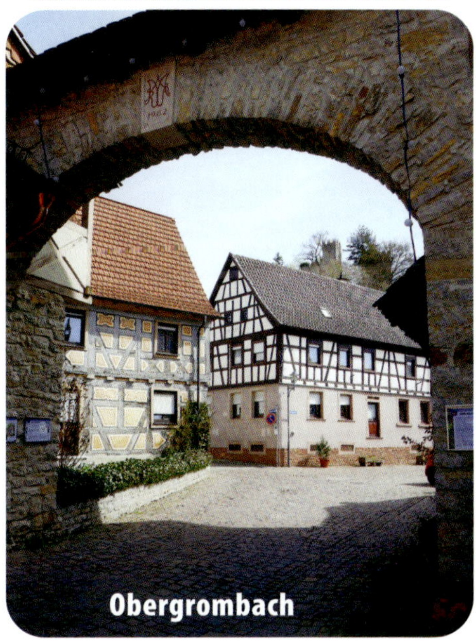
Obergrombach

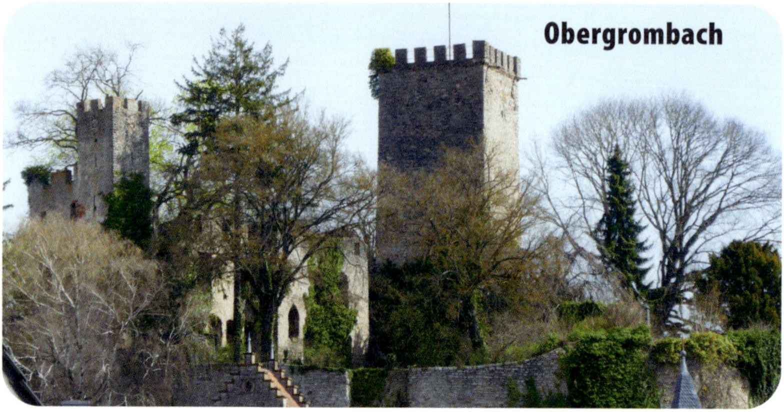

folgen dem Radweg auf die andere Seite. Links von uns fließt der Grombach. Das nächste gelbe Wanderschild führt uns zur **Oberen Au,** der wir ein Stück folgen. Die Angabe, dass es zur Michaelskapelle nur noch 2,7 Kilometer sind, gilt nicht für uns. Rechts biegen wir in die Straße **Zum Maierle,** darunter weist ein weißes Schild zum Michaelsberg. An einem Bienenhotel rechter Hand und den Wegweisern BR 12 und W vorbei, gelangen wir an einen Wanderparkplatz und laufen dort den Weg oberhalb in Richtung Michaelsberg. Wir schnaufen hinauf, pausieren kurz auf einer Bank und gehen den Schotterweg links abwärts Richtung Autostraße weiter. Wir folgen ihr nach rechts und am nächsten gelben Schild, das nach Grund weist, biegen wir wieder rechts ein. Geradeaus wären wir in 600 Metern an der Michaelskapelle, aber wir entschließen uns, über den **Hohlweg** 6 zu gehen. Wir stoßen auf ein Schild, das angibt, ab hier geht es über den BR 1 und 2 ebenfalls zur Michaelskapelle, allerdings sind es wieder 2,7 Kilometer, bis wir das nächste Ziel erreichen. Linker Hand blicken wir auf Sonnenblumen und an den Obstbaumwiesen können wir das Summen der Insekten vernehmen. Sonst ist es angenehm ruhig. Als wir den **Hohlweg** erreichen, sind wir 3 Stunden unterwegs. Bäume werfen Schattenstriche über die Hohlwege, Schwarzspechte be-

Die Wallfahrtskirche wurde 1346 erstmals urkundlich erwähnt und zuletzt 2007 renoviert. Der Speyerer Fürstbischof Damian Hugo von Schönborn-Buchheim erbaute die barocke Kapelle 1742 bis 1744. Die Betreiber des Café-Restaurants Michaelsberg öffnen sie zu ihren Zeiten.

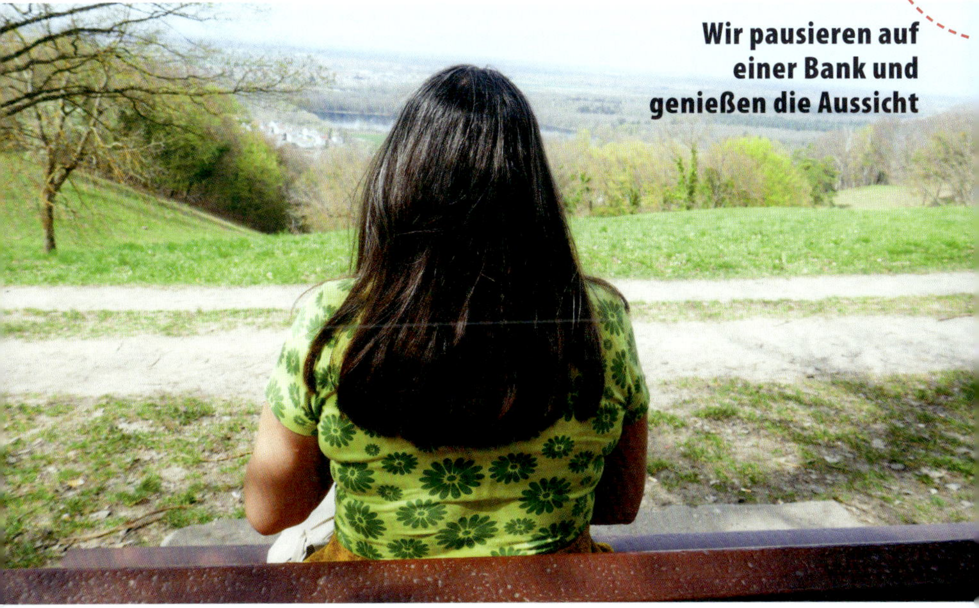

Wir pausieren auf einer Bank und genießen die Aussicht

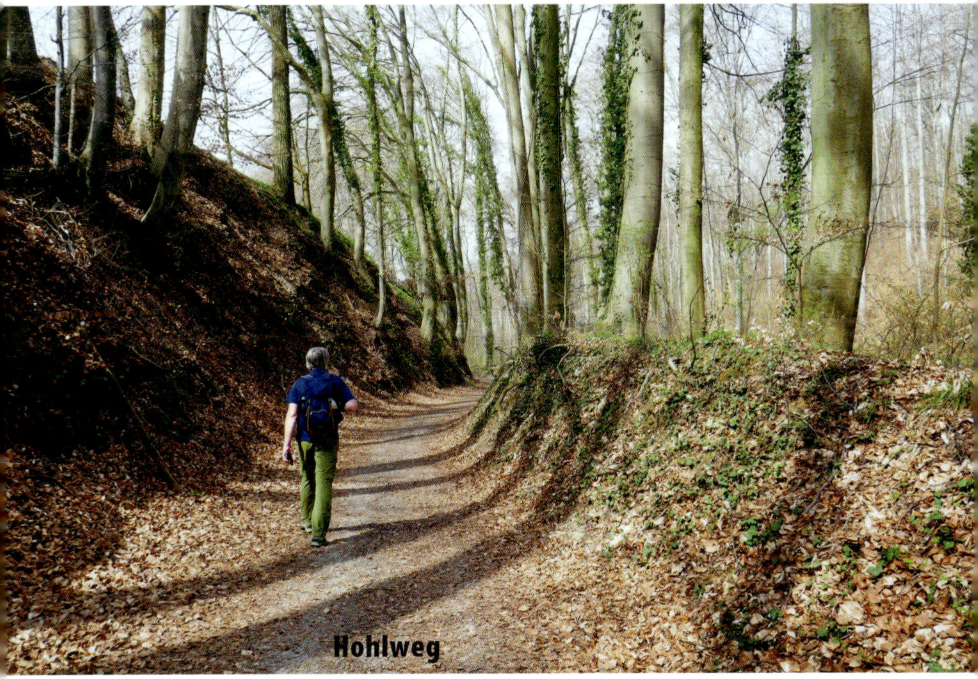

Hohlweg

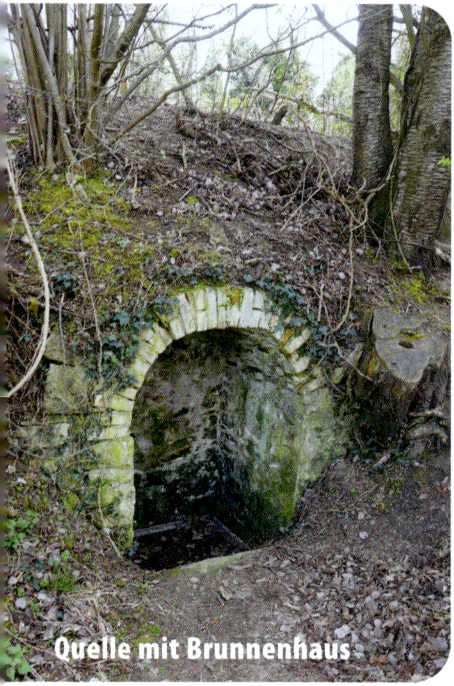
Quelle mit Brunnenhaus

eindrucken uns mit ihren Rufen. An einer Biegung gehen wir links hinauf, den BR 1 und 2 entlang. Wanderwaden werden wach und wollen Wasser, puh! Von wegen Hügel. Rechts von uns sehen wir Bruchsal und als alle Steigung geschafft ist, wandern wir geradeaus der Michaelskapelle entgegen. Wir treffen vielleicht auf eine Schafherde und hören die Meisen in blühenden Obstbäumen ihr Liedchen trällern. Rechter Hand erspähen wir die Pfälzer Berge. Bald nehmen wir mit Blick auf den Untergrombacher Baggersee am **Naturdenkmal Quelle mit Brunnenhaus am Michaelsberg** 7 Platz. Der dichte Verkehr, den wir auf der A5 sehen, kann uns hier nichts anhaben. An der Kurve gehen wir links hoch zur **Michaelskapelle** 8 auf dem **Michaelsberg** 9. Mit 269 Metern über NHN ist es der höchste Punkt des westlichen Kraichgaus.

Pausen eingerechnet haben wir knapp 4 Stunden bis hierher benötigt. Nun müssen wir uns entscheiden, nehmen wir unser Vesper auf der Wiese oder auf einer Bank ein oder setzen wir uns auf die Treppenstufen zur Kapelle. Oder ist gar die Himmelsliege frei! Wer nicht in den Himmel schauen will, hat vielleicht Glück und sieht den Großen Belchen in 170 Kilometern Entfernung. Ja, das ist möglich. Näher wären Rheinebene, Pfälzer Berge, der nördliche Schwarzwald und die Berge des Odenwaldes bei Heidelberg. Wem nicht nach Mitgebrachtem ist, kann im **Cafe Restaurant Michaelsberg** 10 einkehren.

Nach einer wunderschönen Pause verlassen wir den Michaelsberg wieder, jetzt müssen wir zum Glück nur noch bergab – ein paar Schritte so, wie wir gekommen sind, dann nehmen wir den Trampelpfad nach links. Bald kommt eine Bank, wir laufen weiter abwärts auf gelbe Wanderschilder zu und links an ei-

Michaelskapelle

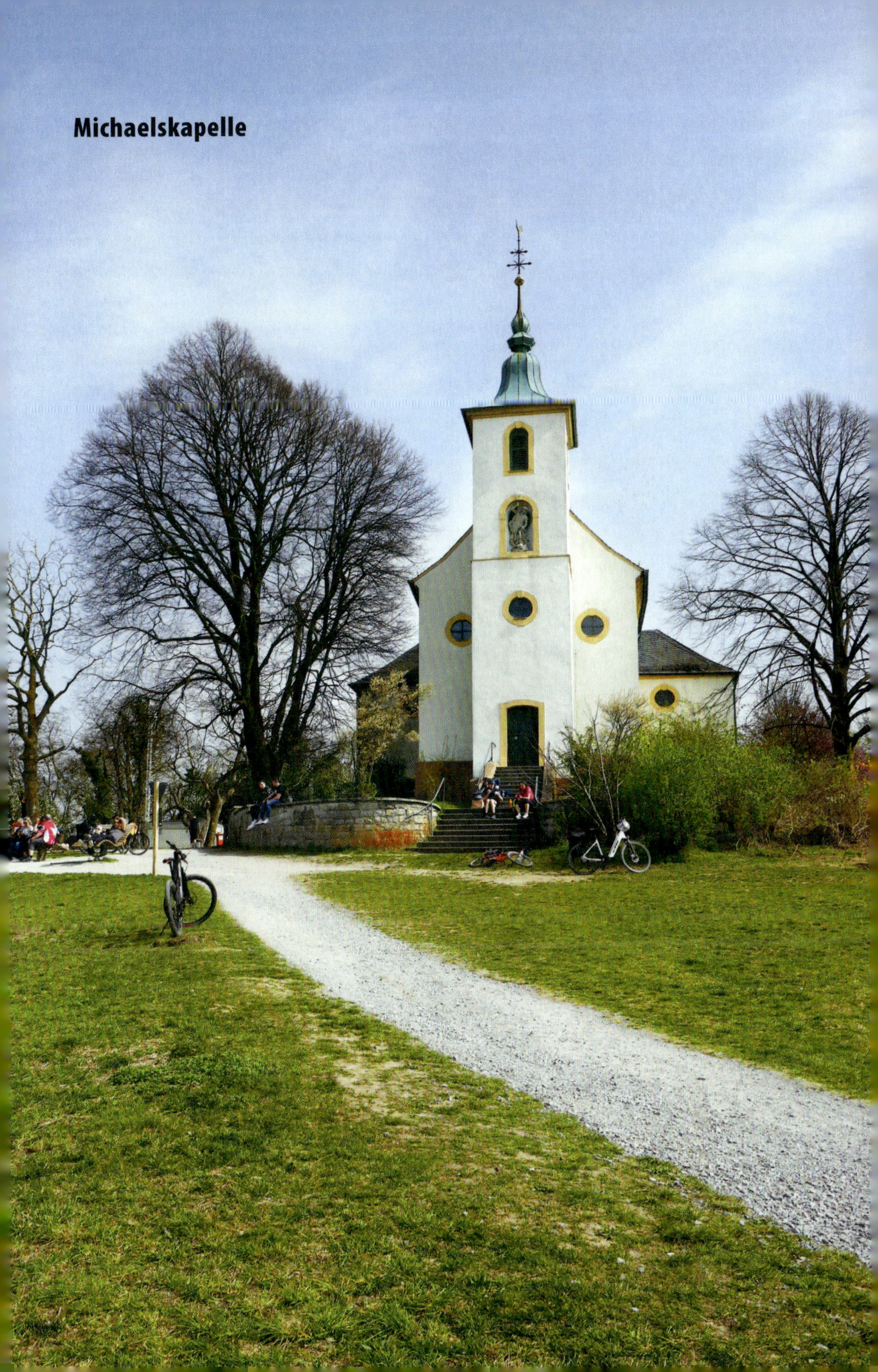

nem Wegkreuz vorbei. Auf den letzten Metern lernen wir noch etwas über Rebhänge und Trockenmauern und nach etwa 10 Minuten kommen wir rechts an eine steile Treppe. Da geht's lang! Unten biegen wir nach links und jetzt sehen wir auch von oben schon unser Auto wieder. Unten an der Straße biegen wir rechts ab und erblicken vor uns wieder die Kirchturmspitze von Untergrombach. Wir kommen an die **Obergrombacher Straße** und laufen links. Das ist wieder die Straße nach Obergrombach. Gleich rechts ist eine Lücke in der Leitplanke, das ist unser Weg, dann links, am Ende dieser Straße, der **Mühläckerstraße**, biegen wir nochmals links in die **Obere Mühlstraße** ab, bevor wir rechts in die Straße **Im Brüchle** unseren Start- und Zielpunkt erreichen.

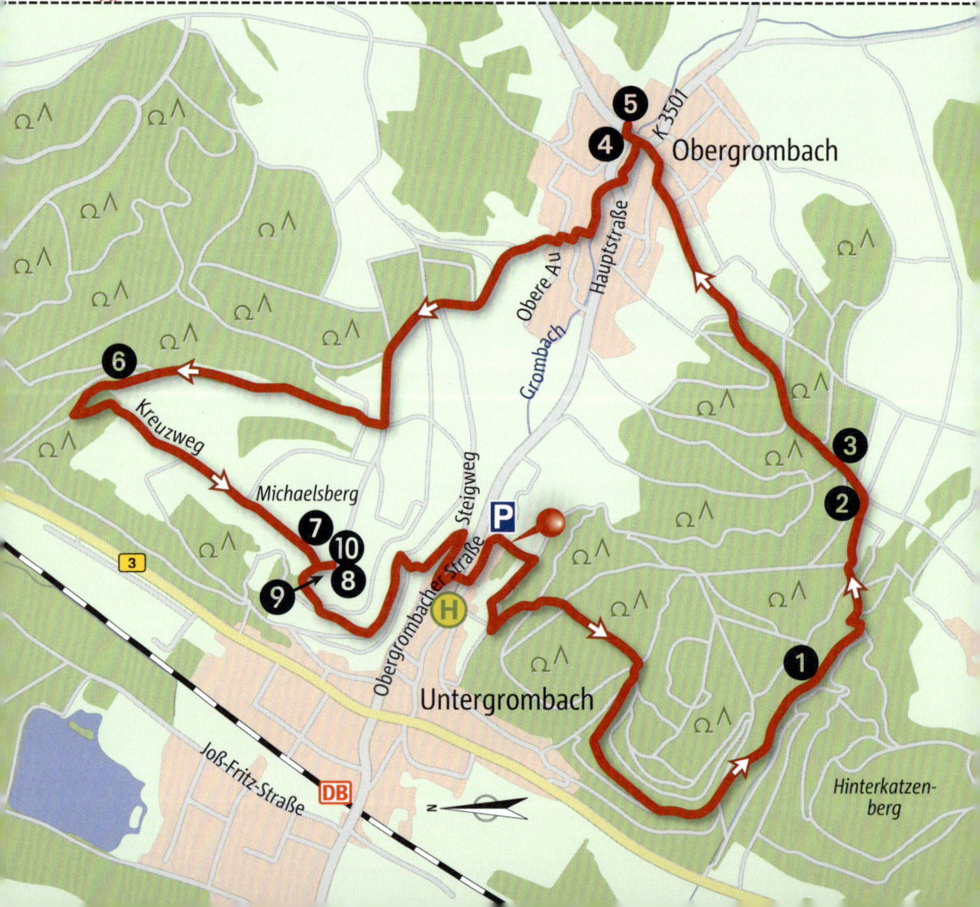

Alles auf einen Blick

WIE & WANN:
Breite asphaltierte, aber auch Schotterwege und Waldpfade.
Beste Wanderzeit von März bis Oktober

HIN & WEG:
Auto: Parkplatz, Im Brüchle, 76646 Bruchsal (GPS: 49.08155, 8.5633)

Entspannung ★★★☆☆
Genuss ★★★☆☆
Romantik ★★★☆☆

ÖPNV: ab Bahnhof Ost Untergrombach mit Buslinie 186, Haltestelle Untergrombach Steigweg, von dort etwa 15 Gehminuten (Obergrombacher Straße in Richtung Obergrombach, rechts durch die Lücke in der Leitplanke, dann links; am Ende der Mühläckerstraße links in die Obere Mühlstraße, rechts in die Straße Im Brüchle zum Startpunkt am Hundesportplatz)

ESSEN & ENTSPANNEN:
Cafe, Restaurant Michaelsberg ⑩ Steigweg 55, 76646 Bruchsal,
Tel. (0 72 57) 9 31 68 81, cafe-michaelsberg.eatbu.com

ENTDECKEN & ERLEBEN:
Ungeheuerklamm ①
Dreimärker ②
Weiertlesquelle ③
Kirche St. Martin ④
Obergrombach ⑤
Hohlweg ⑥
Naturdenkmal Quelle mit Brunnenhaus am Michaelsberg ⑦
Michaelskapelle ⑧
Michaelsberg ⑨

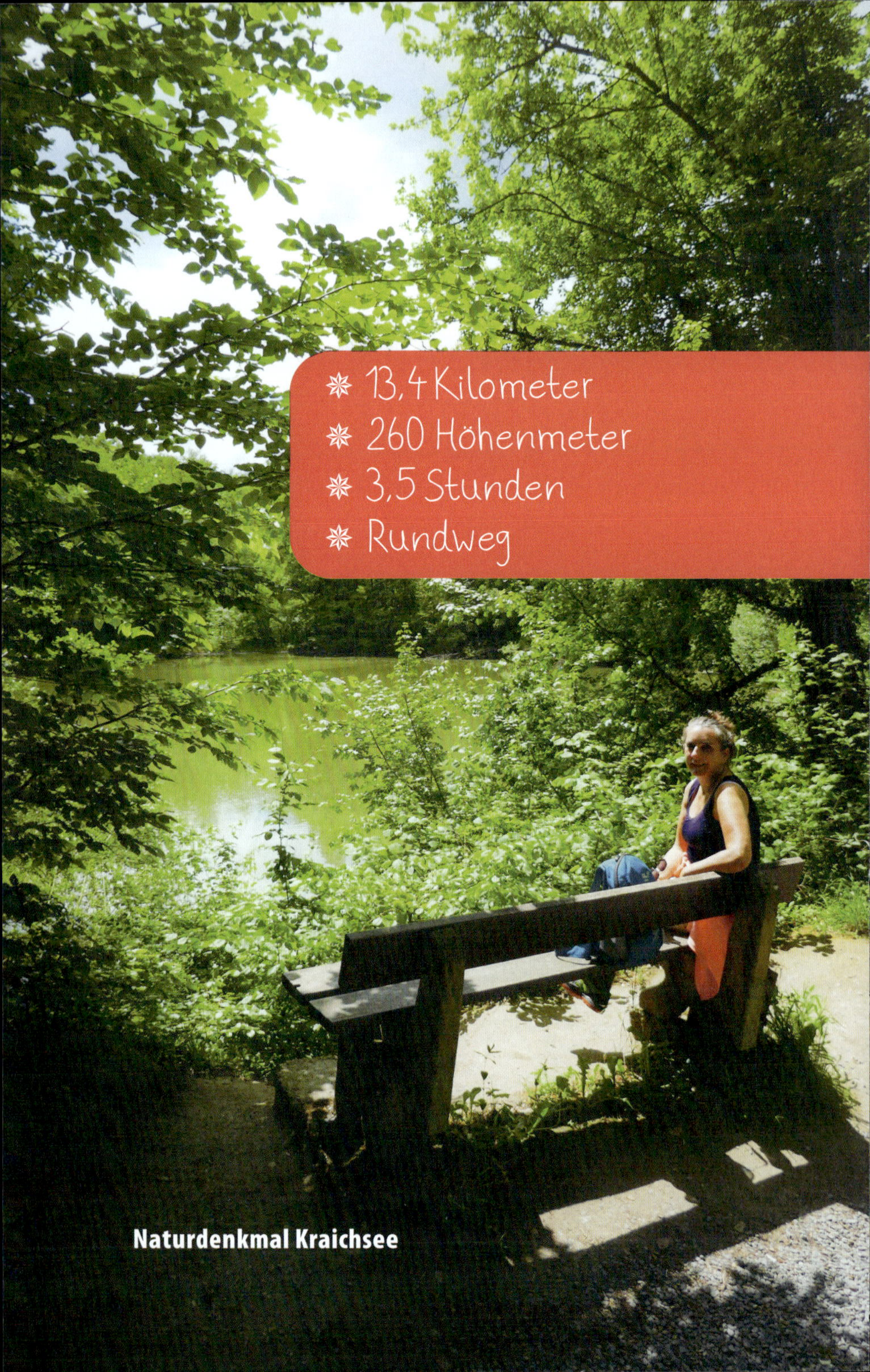

Naturdenkmal Kraichsee

Im schmucken Oberderdingen starten wir an einem schönen Maitag gegen Mittag unsere Tour am **Kastenbrunnen** **1** Nähe des **Weingutes Lutz,** wo wir unsere Wanderung ausklingen lassen möchten. Bei frühlingshaften 20 Grad starten wir in die **Obere Gasse,** die uns aufwärts bald einen Hohlweg entlangführt. Vor

Für Leib und Seele

Malerisches Oberderdingen

uns die Weinberge, dahinter der Wald, darüber der schäfchenwolkenbestückte Blauhimmel – wenn das kein guter Start ist! An der Kreuzung biegen wir links ab, schräg links blickt man auf die Ravensburg in weiter Ferne. Leichten Schrittes gehen wir den breiten asphaltierten Weg bergab, der Wind kommt uns angenehm entgegen. Dann folgen wir dem Weg nach links. Rechter Hand, in einem wunderschönen Garten, erfreut in hübschem Lila eine Frühlings-Tamariske unser Auge. Wir folgen dem Weg talabwärts, von rechts oben kommt eine Straße hinzu. Gleich orientieren wir uns am schwarzen V auf gelbem Grund nach rechts und laufen ein kurzes Stück an der **Sternenfelser Straße,** der **L 1103,** entlang, die wir gleich überqueren. Wir laufen aus dem Ort heraus und müssen kurz da-

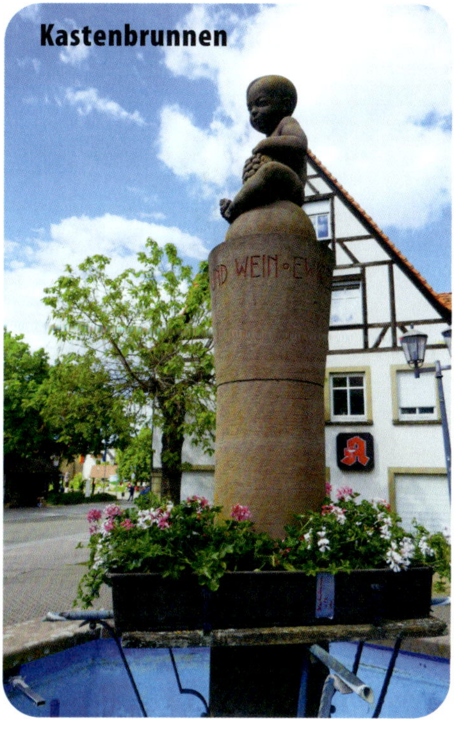

Kastenbrunnen

rauf links dem Schild zum Gasthaus zur Ölmühle folgen. Heute hört man viele Jungmeisen piepsen, sie haben wohl gerade erst ihr Nest verlassen. Rechter Hand fließt ein von Bäumen gesäumter Bach – die Kraich – und eine bunt getupfte Frühsommerwiese bietet weiteren Augenschmaus. Nach etwa einer Dreiviertelstunde erreichen wir das **Gasthaus zur Ölmühle** ❷. Für uns ist es zum Rasten zu früh, wenngleich der Ort herrlich gelegen ist. Weiter geht es also an der Kraich entlang. Wer durch die Bäume lugt, entdeckt ein paar Pferde. Wiehern und Traktorenmotoren sind als Geräuschkulisse hier kaum wegzudenken. Nun richten wir uns nach der Ausschilderung Bioland Ziegenfarm Voorhoeve und überqueren die Kraich. Grillen zirpen, Bienen und Hummeln summen. Links stoßen wir auf einen Wanderparkplatz. Die ersten 4 Kilometer liegen hinter uns. Ein paar Meter weiter könnten wir Ponyreiten, herrlich auch die „Villa Huhn“, in die man am liebsten einziehen möchte. Wir erreichen die **Bioland Ziegenfarm Voorhoeve** ❸. Im Hofladen erklärt uns Frau Voorhoeve, dass wir soeben die Straußenart Nandu gesehen haben. Wir sind beeindruckt von den tiefen Tönen, die sie von sich geben. Sie haben Gesellschaft von Hühnern und Gänsen. In Voorhoeves Hoflädle erstehen wir Ziegenkäse, der sollte die Wanderung wohl überstehen.

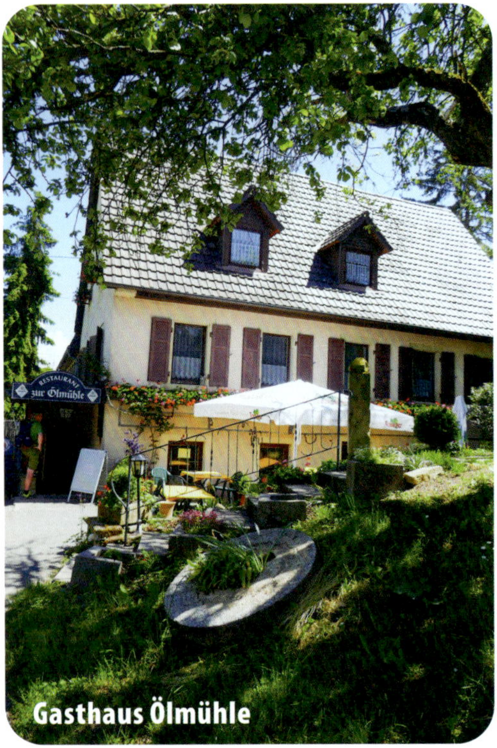

Gasthaus Ölmühle

Der Nandu ist ein Vogel. Er hat zwar die größten Flügel unter den Laufvögeln, kann aber trotzdem nicht fliegen. In Not wird er bis zu 60 km/h schnell. Ursprünglich kommt er aus Südamerika, bei uns findet man ihn seit Längerem frei lebend in Norddeutschland.

Nach der Plauderei gehen wir auf dem asphaltierten Weg weiter, er zeigt das schwarze V auf gelbem Grund und trifft auf den **Sommerrainweg.** Rechts versteckt sich ein Fischteich. Wir folgen den Schotterwaldweg bergauf. Wie kleine Leuchttürme ragen Pusteblumen aus Hahnenfuß und Brennnesseln empor. Nach ein paar Minuten geht es links aufwärts, immer noch den Sommerrainweg entlang. Wir verlassen das schwarze V auf gelbem Grund. Jetzt führt der Weg ziemlich steil bergauf. Oben angekommen, biegen wir nach rechts ab. Linker Hand sehen wir wieder den

Für die Seele

Am Derdinger Horn lernen wir sehr viel über den Weinanbau und genießen nach der Tour ein Schlückchen.

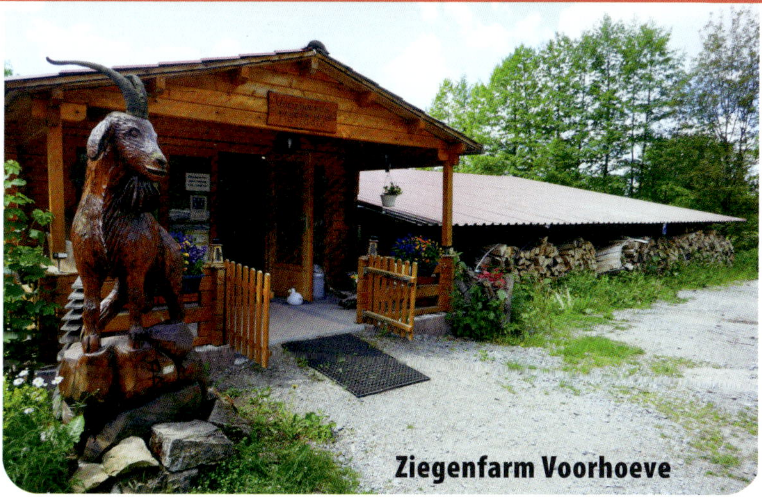

Ziegenfarm Voorhoeve

Sommerrainweg ausgeschildert, davor steht ein Grenzstein aus dem Jahr 1810. Es blüht die Gemeine Akelei, Hummeln hängen an ihren Blüten, die wie Lampenschirme aussehen. Für uns geht es nun etwas abwärts. Etwa 2 Stunden sind seit unserem Start vergangen. Wir stoßen auf ein gelbes Wanderschild, das uns darüber informiert, zum Kraichsee seien es noch 1,4 Kilometer. Dort wollen wir hin.

Strom- und Heuchelberg gehören zur Schichtstufenlandschaft zwischen Donau, Schwarz- und Odenwald. Ablagerungen in den Vorzeitmeeren, Erdbewegungen mit Verschiebungen, Hebungen und Einbrüchen sowie jahrtausendelange Wasserwirkung formten diese hübsche Landschaft.

Gleich überqueren wir erneut die **L 1103** zwischen Oberderdingen und Sternenfels, man hört sie schon. An der Straße empfängt uns das nächste gelbe Wanderschild, noch 1,1 Kilometer bis zum See. Wir überqueren die Fahrbahn. Gegenüber befindet sich der **Wanderparkplatz Kraichsee.** Am Baum weist uns nochmals ein blau-weißes Schild den Weg zum See, den wir nun nach wenigen Minuten erreichen. Das **Naturdenkmal Kraichsee** **4** wurde bereits im 14./15. Jahrhundert als Teich angelegt und diente früher den Mönchen der Klöster Herrenalb und Maulbronn zur Fischzucht. Da wir schon etwas mehr als die Hälfte der Wanderung hinter uns haben, nutzen wir den Rastplatz und packen unser Vesper aus. Tatsächlich, es schwimmen noch immer dicke Fische im See, Angeln ist aber nicht unser Metier.

Frisch gestärkt orientieren wir uns am Schild mit dem Hinweis: **Bei den 7 Buchen,** 0,8 Kilometer. Bis zum Weinplateau am Derdinger Horn müssen wir noch 3 Kilometer marschieren, das ist heute neben dem Weingut Lutz unser Hauptziel. Gelbe Blumen strahlen wie Sonnen am Wegesrand, vielleicht kreuzt eine

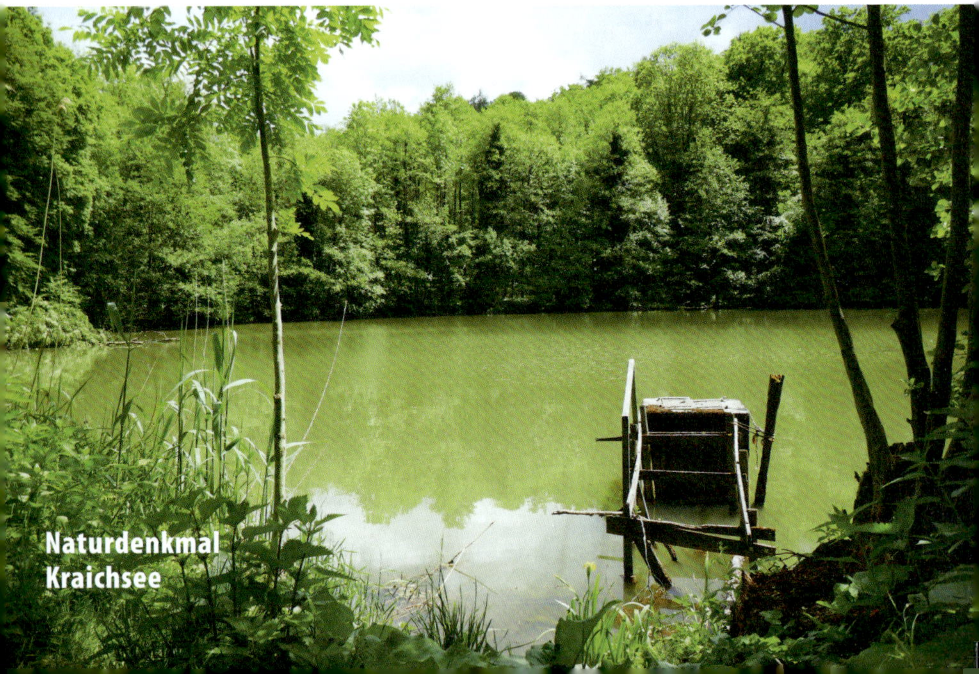

Naturdenkmal Kraichsee

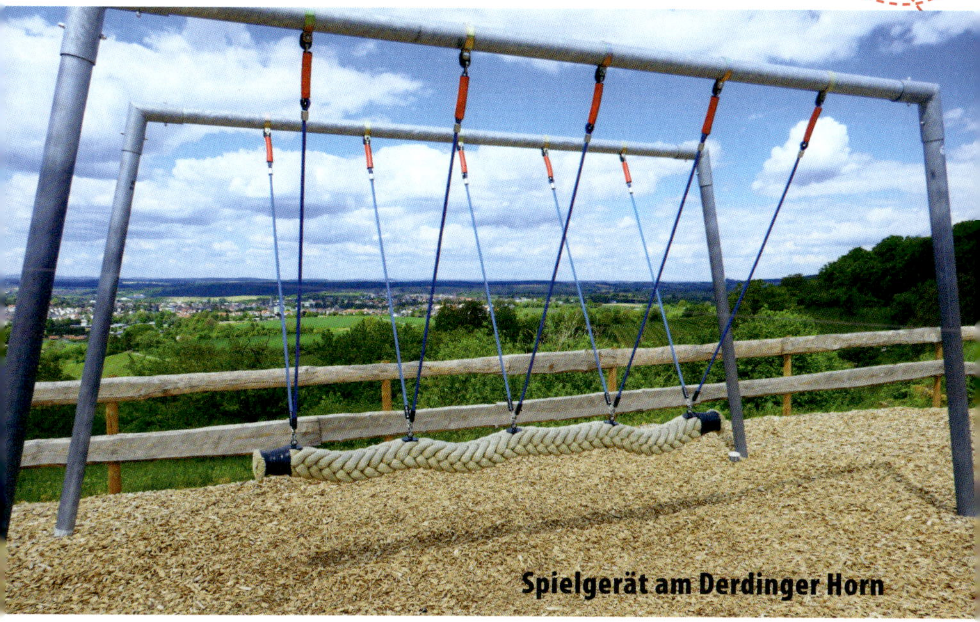
Spielgerät am Derdinger Horn

Blindschleiche unseren Weg, weshalb wir die Augen weit offen halten müssen. Von den „Sieben Buchen" aus folgen wir dem Schild, biegen in etwa 300 Metern rechts zum **Grenzweg** ab und werden bald Freunde eines Waldlehrpfades, der hier ein Stückchen verläuft. Wir probieren das Baumtelefon, den Barfußpfad und das Holzxylofon aus. Sehr kurzweilig ist dieser Abschnitt und für Kinder bestens geeignet. 40 Minuten nach dem See erreichen wir einen Spielplatz mit Pavillon und Grillstelle. Von dort sind es nach rechts noch 300 Meter bis zum Geologischen Fenster und 500 Meter bis zum Weinplateau am Derdinger Horn. In der Ferne sieht man den Nordschwarzwald. Wer gute Augen hat, erblickt sogar die Windräder Nähe der Schwanner Warte. Übrigens können Gleitschirmflieger von hier aus starten. Wir gelangen nun an das **Geologische Fenster 5,** das die Entstehung des Strom- und Heuchelbergs erklärt.

Danach geht es steil bergab, linker Hand sehen wir den Wein. Am Nachmittag erreichen wir das gut be-

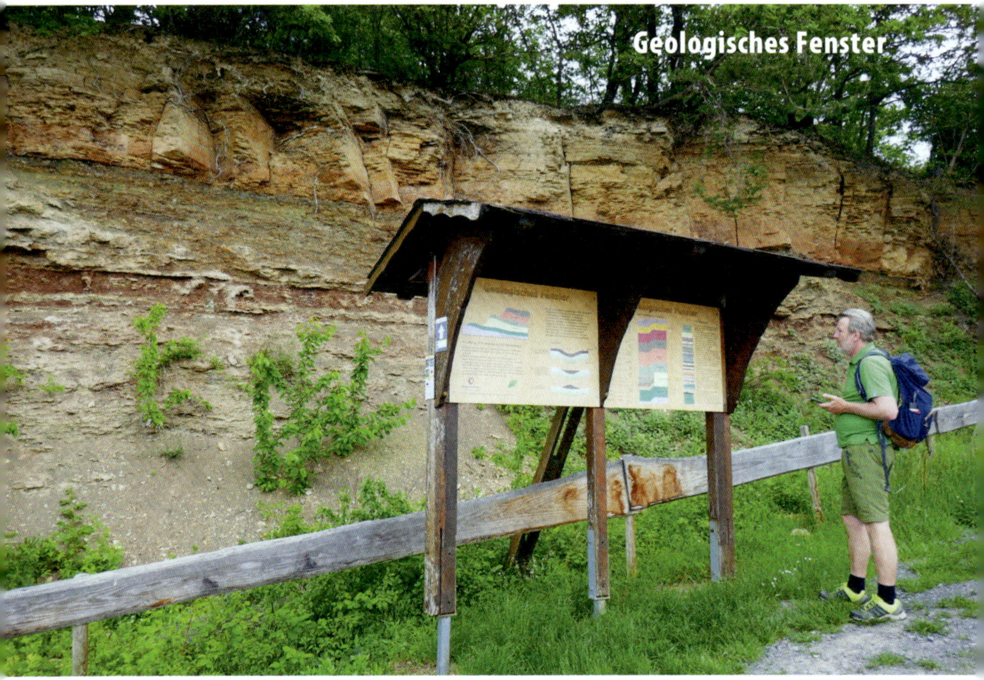

Geologisches Fenster

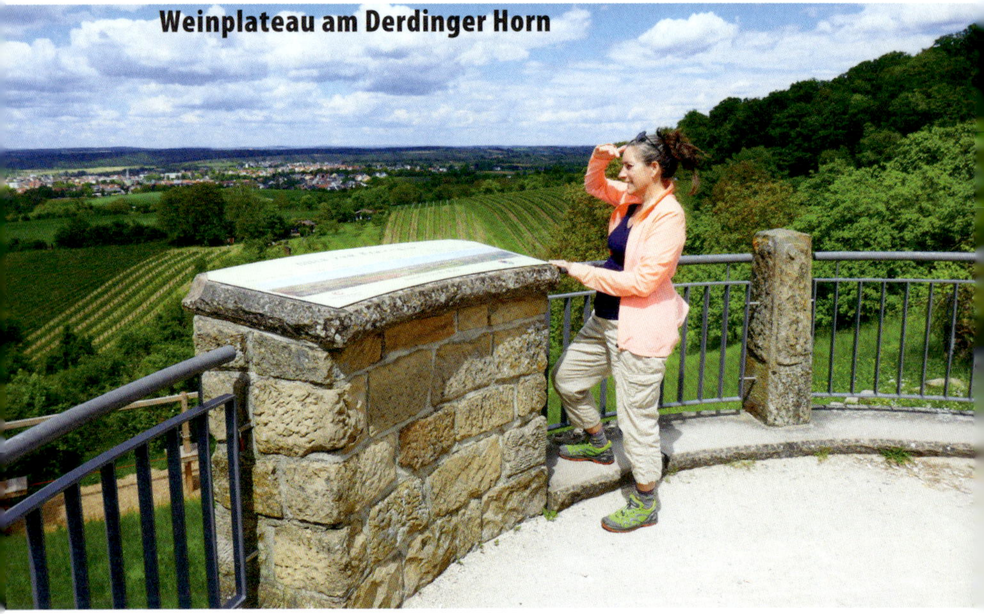

Weinplateau am Derdinger Horn

suchte **Weinplateau am Derdinger Horn** ⑥. Von hier aus sehen wir Oberderdingen, es liegt etwa 2,5 Kilometer entfernt. Eine Aussichtsplattform erklärt, wo wir noch überall hinschauen können. Zudem lernen wir hier oben etwas über die Oberderdinger Weinbaubetriebe und lesen Sprüche von Goethe oder Augustinus (Wein erfrischt matte Kräfte/Traurigkeit verscheucht er/alle Müdigkeit der Seele verjagt er), aber auch von Jünger und vielen anderen. Wir bleiben fast 1 Stunde, dann gehen wir es wieder an. Hier ist doch einiges los, da man diesen Aussichtspunkt auch per Pkw erreicht. Es sind zudem Radler, Wanderer und Reiter unterwegs. Wir gehen rechts abwärts. Der Blick auf Oberderdingen ist wunderschön. Hier oben heißt es, es seien noch 2,2 Kilometer bis dort. Nach nur ein paar Metern sagt das gelbe Wanderschild rechts oben allerdings, es seien jetzt nur noch 1,5 Kilometer. Am 30er-Schild biegen wir rechts auf einen Schotterweg. Wir laufen auf die Weinberge zu. Linker Hand in der Ferne sehen wir wieder die Ravensburg herausragen. Gleich die nächste Möglichkeit müssen wir rechts am Baum vorbei direkt auf die Weinberge zu, durch die Reben durch zu den Hütten aufwärts und vor der ersten Hütte biegen wir links ab. Wenn der Weg an einer T-Kreuzung endet, gehen wir links abwärts. Jetzt laufen wir geradeaus in den Ort hinein. Und noch einmal suchen wir rechts in der Ferne die Ravensburg.

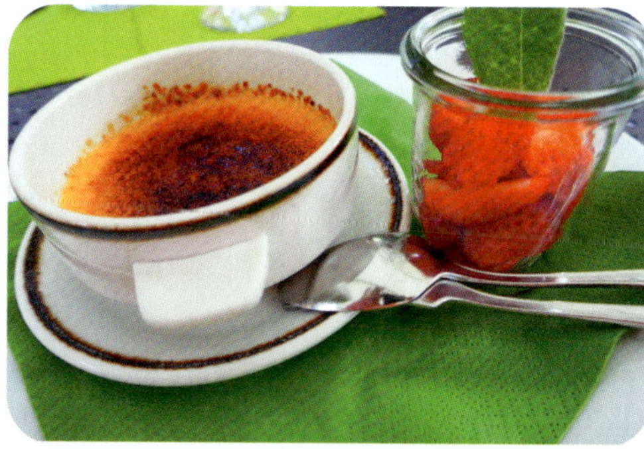

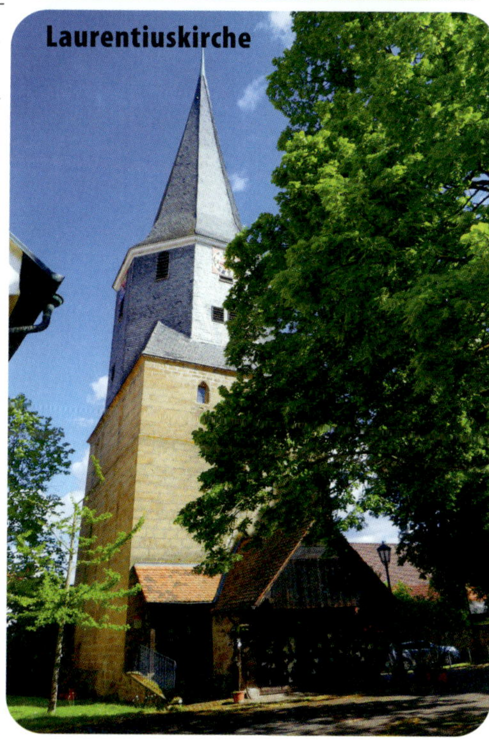
Laurentiuskirche

Panoramatour 8

Die Laurentiuskirche wurde auf Geheiß Herzog Ludwigs von Württemberg zwischen 1571 und 1574 erbaut. Sie gilt als erste Predigtsaal-Kirche Württembergs und beherbergt seit 1855 eine der wenigen original erhaltenen romanischen Orgeln.

Wir stellen fest, sie liegt so geschickt, da konnten die Burgherren samstags sehen, wer sonntags angreifen wollte. Jetzt kommen wir an den Weg, den wir heute Vormittag eingebogen sind und folgen ihm Richtung Ravensburg. Diese letzten Meter laufen wir gerne ein zweites Mal und so sind wir nach etwa 5 Stunden Wanderung wieder am Kastenbrunnen. Gegenüber liegt das **Weingut Lutz 7**, wo wir gleich ein köstliches Abendessen mit gutem Wein genießen werden. Vorher allerdings schauen wir uns die **Laurentiuskirche 8** an. Und dann endlich lassen wir uns den Editionswein munden, die handgemachten Gnocchi auf der Zunge zergehen – die Crème brûlée ist das Tüpfelchen auf dem i.

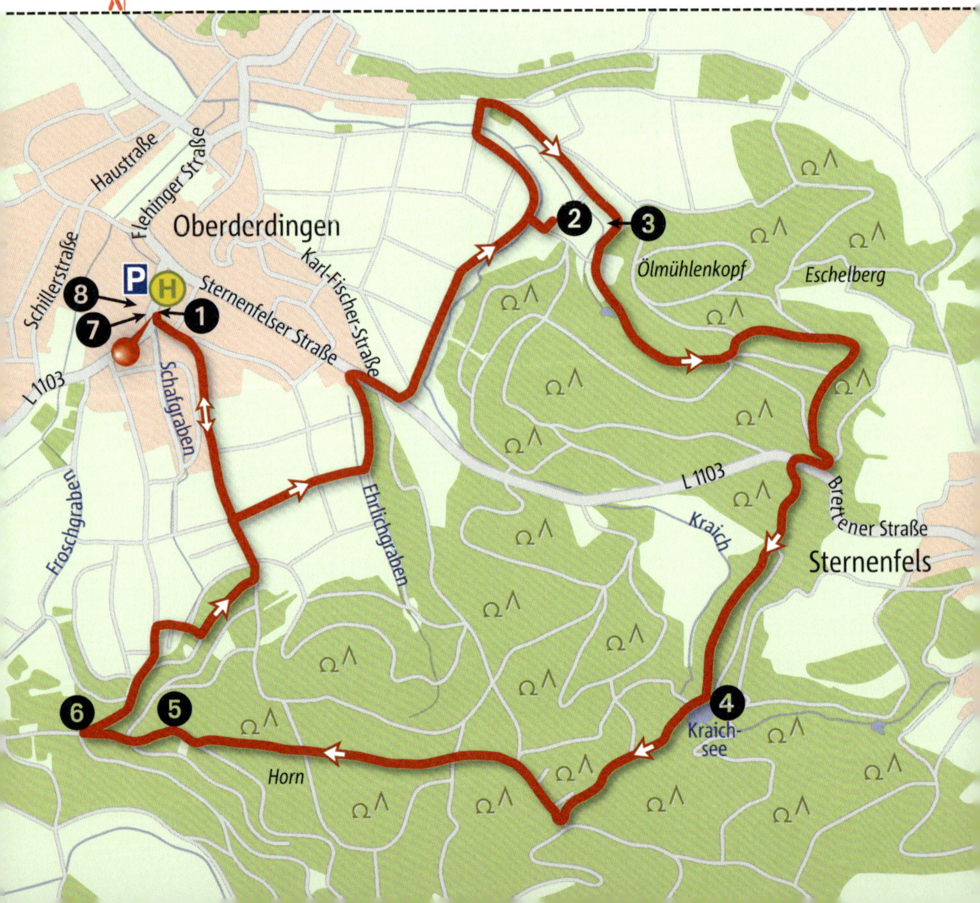

Alles auf einen Blick

WIE & WANN:
Breite, asphaltierte Wege, aber auch Wald- und Schotterwege, beste Wanderzeit von März bis Oktober

HIN & WEG:
Auto: Parkplatz, Brettener Straße 25, 75038 Oberderdingen (GPS: 49.06103, 8.80108)
ÖPNV: Buslinien 143 und 144 bis Haltestelle Amthof, Oberderdingen

Entspannung ★★★★☆
Genuss ★★★★☆
Romantik ★★★★☆

ESSEN & ENTSPANNEN:
Gasthaus zur Ölmühle ❷ Ölmühle 2, 75038 Oberderdingen, Tel. (0 70 45) 7 20
Weingut Lutz ❼ Amthof 1, 75038 Oberderdingen, Tel. (0 70 45) 20 19 00, www.weingutlutz.de

ENTDECKEN & ERLEBEN:
Kastenbrunnen ❶
Bioland Ziegenfarm Voorhoeve ❸
Naturdenkmal Kraichsee ❹
Geologische Fenster ❺
Weinplateau am Derdinger Horn ❻
Laurentiuskirche ❽

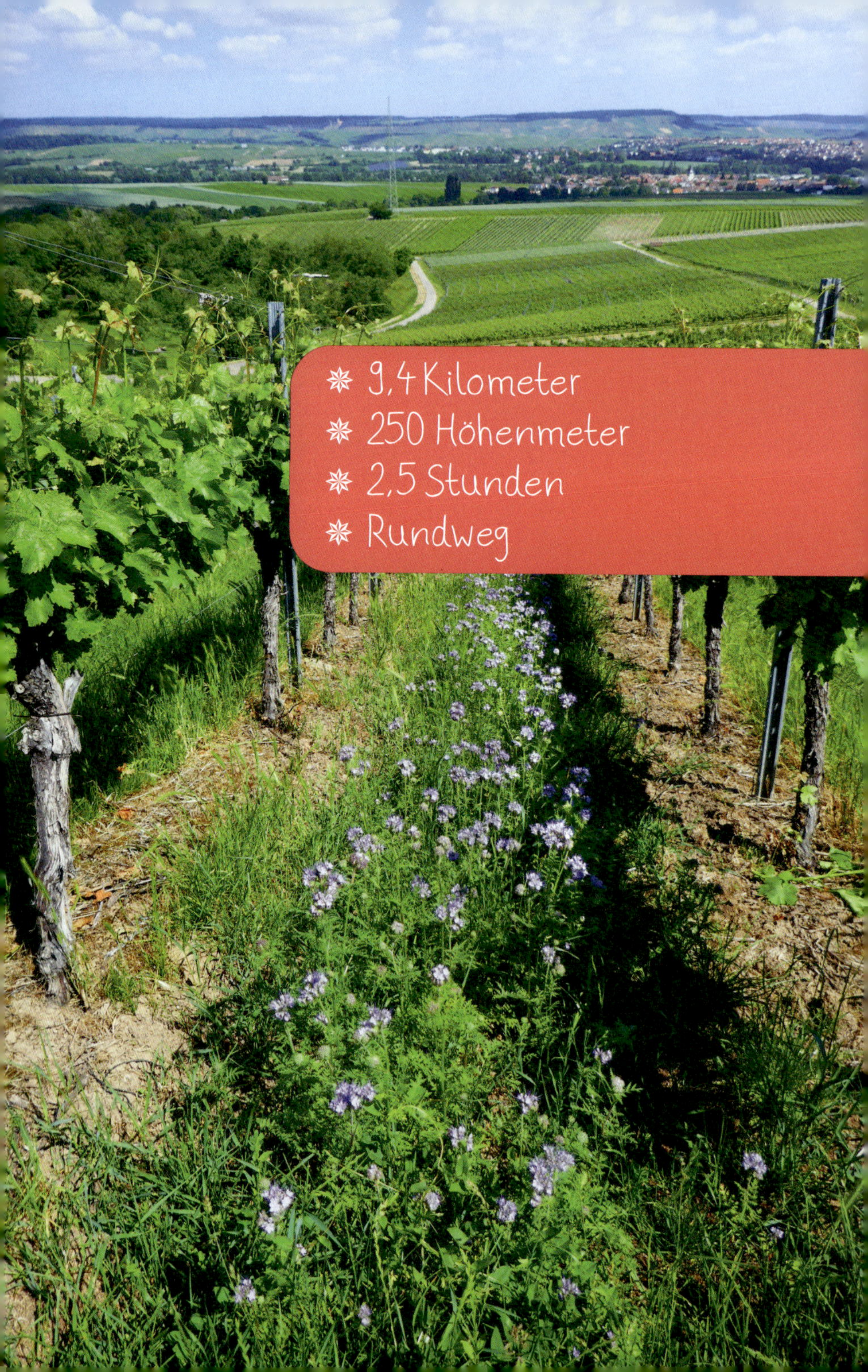

- 9,4 Kilometer
- 250 Höhenmeter
- 2,5 Stunden
- Rundweg

Als wir aus dem Auto steigen, vernehmen wir fröhliches Jauchzen – ach, der Erlebnispark Tripsdrill ist nicht weit. Wir sehen die Achterbahn, die schon am späten Vormittag Besucher jubeln lässt, freuen uns über Sommertemperaturen und blauen Himmel und entfernen uns vom lauten Trubel,

Sicht ins Neckartal

Ausblicke um Cleebronn

überqueren die **K 2069.** Die St.-Michaelskirche auf dem Michaelsberg im Rücken laufen wir durch die Weinberge Richtung Naturfreundehaus Botenheimer Heide. Schnell eröffnet sich uns ein herrlicher Blick ins Neckartal, auch das bekannte Kernkraftwerk Neckarwestheim erkennen wir. Wir bleiben geradeaus auf dem breiten asphaltierten Weg. Dem Wein merkt man an, dass die Sonne ausreichend lange schien, wir bewundern die riesigen Blätter. Auf der linken Wegseite liegt ein gut besuchter Golfplatz. Sobald sich unser Weg verzweigt, folgen wir dem Schild für die Radfahrer und biegen erst rechts und kurz darauf links ab und laufen bergab. Während Radler an uns vorbeirauschen, nehmen wir die nächste Möglichkeit links und verlassen den Radweg. Jetzt liegt das Neckartal mit seinen Ortschaften rechts von uns. Unser Weg macht eine Linkskurve. Vor uns auf dem Hügel sehen wir das Schloss Stocksberg. Während Krähen uns oder einander zurufen, spazieren wir fröhlich zwischen den Reben durch die beschauliche Landschaft. An der Kreuzung gehen wir geradeaus weiter zwischen zwei Weinbergen hindurch Richtung Sportplatz Botenheimer Heide. Schon kommen wir über zwei Kehren – erst links, dann rechts – zur **Aussichtskanzel Botenheimer Heide** ①. Sie liegt 290 Meter über NHN. Wir sind begeistert von Aussicht und Ruhe, schauen über die Weinberge ins Tal oder am Himmel den Greifvögeln nach. Eine Tafel führt auf, wo wir überall hinschauen können. In 6,1 Kilometern zum Beispiel befindet sich der Aussichtspunkt Zweifelberg, wir bezweifeln allerdings, dass es dort schöner ist als hier. Nur eine Bank fehlt. Schloss Stocksberg, das wir vorhin schon gesehen haben, liegt in 5,4 Kilometern Entfernung. Schweren Herzens verlassen wir diesen schönen Aussichtspunkt, den wir nach einer halben Stunde reiner Laufzeit erreicht hatten und dürfen jetzt mit ausdrücklicher Erlaubnis über ein Tor klettern, denn auf einem Schild

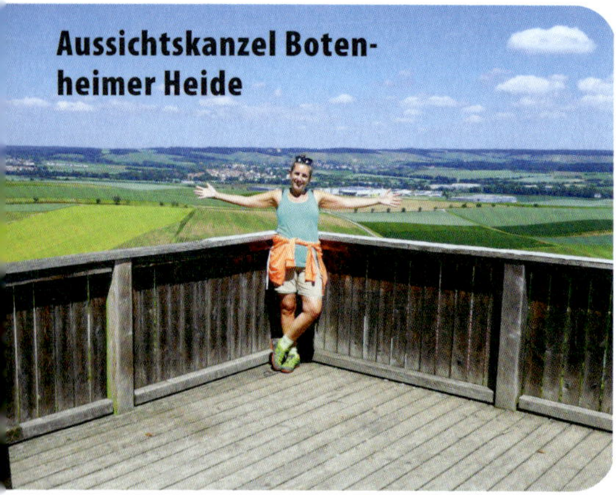

Aussichtskanzel Botenheimer Heide

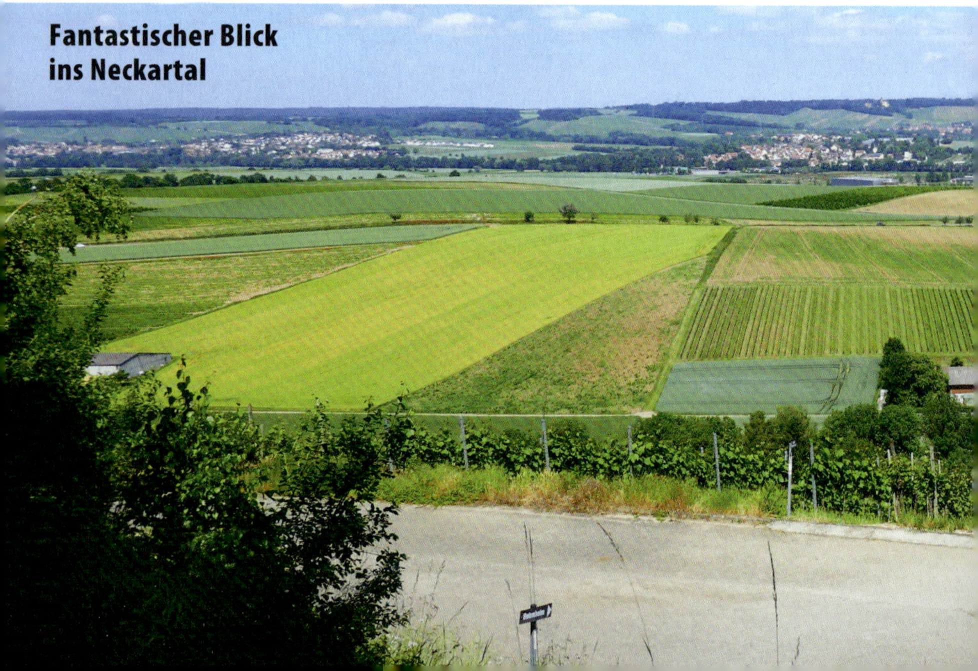

Fantastischer Blick ins Neckartal

steht: „Liebe Wanderer, das Tor bitte übersteigen und nicht öffnen!". Die Schafe sollen nicht ausbüxen. Wir gelangen auf einen Wiesenwaldweg und wandern im Baumschatten abwärts. Das Gebiet hier nennt sich **Botenheimer Heide 2**. Und schon müssen wir das zweite Mal klettern, Schafe aber haben wir keine gesehen. Rechts von uns liegt ein steiler Wein-

Für die Seele

Am Michalesberg genießen wir nach einer wunderbaren Wanderung die Weinsicht.

hang, links am Wegesrand erfreut Glattes Habichtskraut unser Auge. Der geteerte Weg geht in einen Schotterweg über und führt rechts abwärts. Wir aber bleiben oben und lassen uns gleich vom Waldgrün gefangen nehmen, es ist geschmückt von

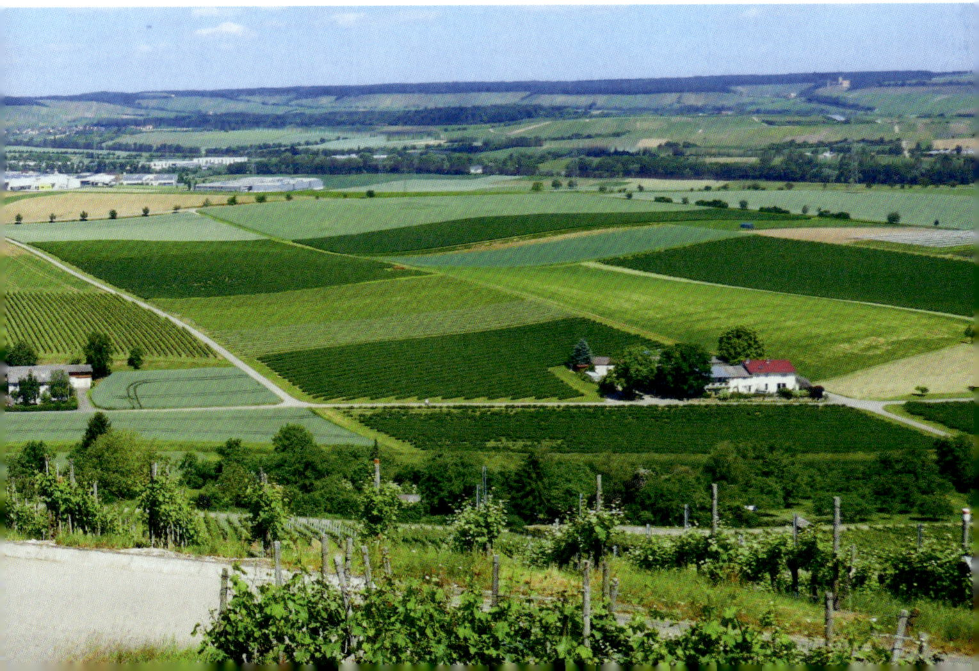

Hundsrose und Hahnenfuß. Jetzt geht es aufwärts. Wir kommen auf einen asphaltierten Weg, dem wir nach rechts folgen. Linker Hand stoßen wir erneut auf den Golfplatz und gehen am Ende des Weges nach rechts in Richtung Cleebronn. Rechter Hand liegt ein großer Stall. Am Ende biegen wir wieder rechts ab – links befindet sich ein Parkplatz – und wandern Richtung **Besenwirtschaft Leiterwägele** ❸. Wir haben Pech, Start ist erst in zehn Tagen. Über den Zaun hinweg lesen wir, dass sich hier die Biermanufaktur Cleebronn befindet. Bestimmt kommen wir einmal wieder, wenn geöffnet ist. Wir biegen links ab, Richtung Weingut Storz, und sehen links am Hang die St. Michaelskirche auf dem Michaelsberg, den wir später noch besteigen werden. Rechts am Wegesrand liegen die Abfälle vom Weinkeltern, sie werden zum Düngen genutzt. Links ginge es zum Weingut Storz, doch wir wollen geradeaus weiter. Wir halten uns im Verlauf rechts und sehen schon das Dach von **Schloss Magenheim** ❹ aus dem 12. Jahrhundert, das heute für öffentlich kulturelle Zwecke genutzt wird. Da sich das Schloss in Privatbesitz befindet, können wir es nicht besuchen – auch wenn es sich zu den besterhaltenen staufischen Burganlagen in Deutschland zählen kann. Links des Weges verläuft die Hauptstraße, die wir schon zu Beginn unserer Tour überquert haben. Wir folgen dem Schild Gemeinde Cleebronn nach rechts und gehen bergab einen Wiesenweg am Wein entlang und dann auf einem schmalen Pfad in den Wald hinein und freuen uns über den Schatten. Viele Treppenstufen wollen nun genommen werden, sie führen uns ins Wohngebiet

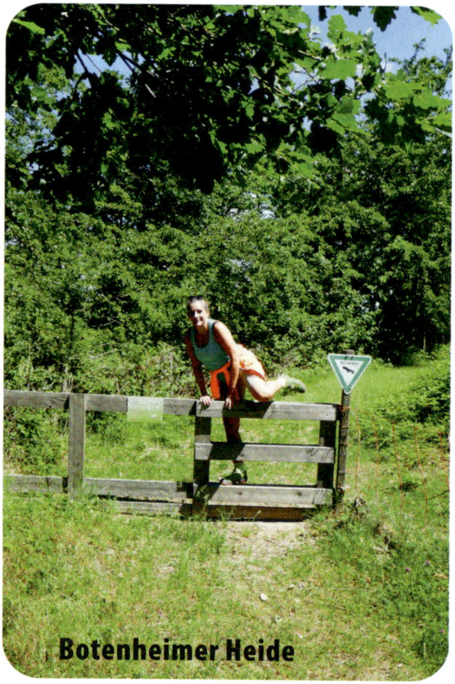
Botenheimer Heide

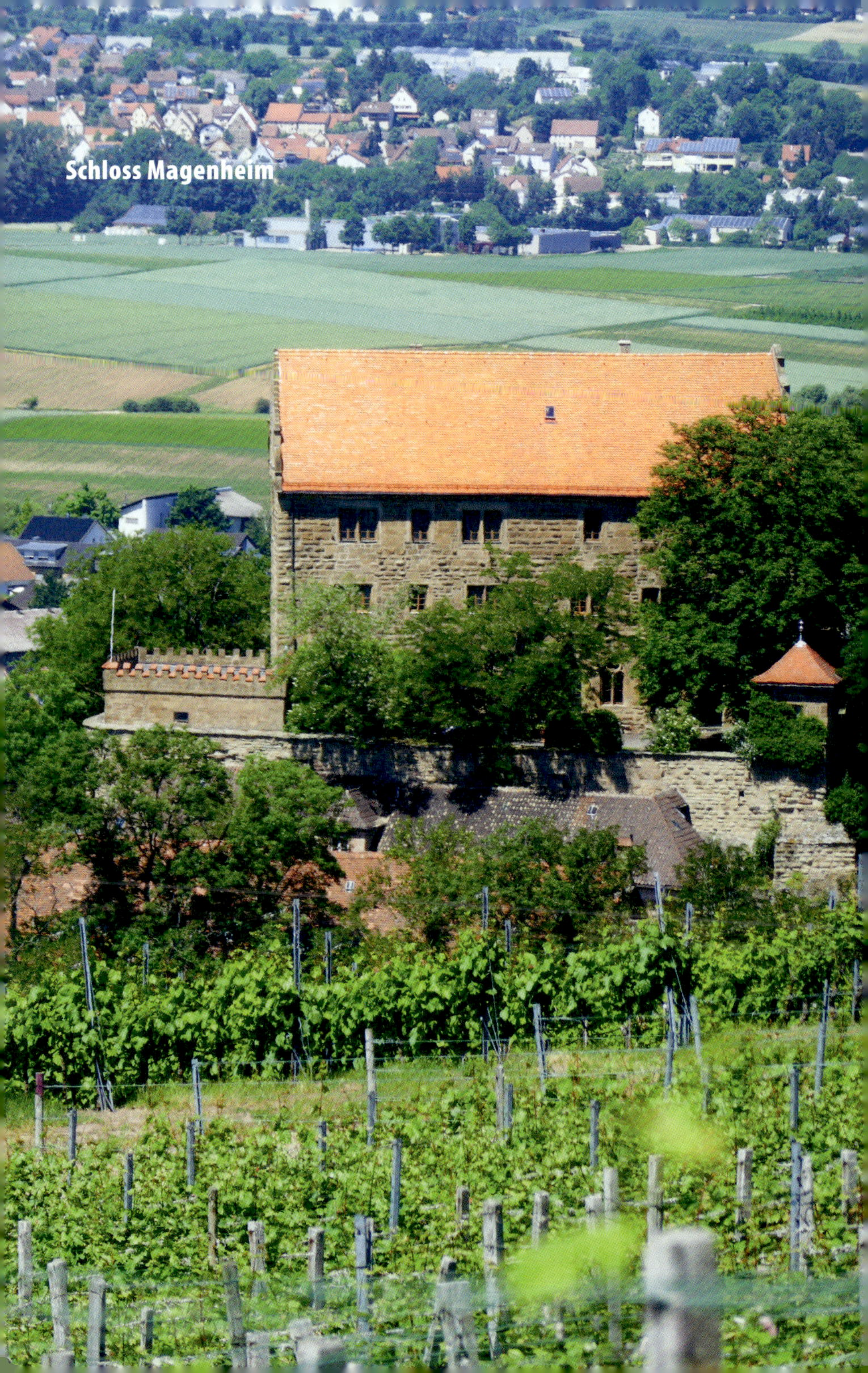
Schloss Magenheim

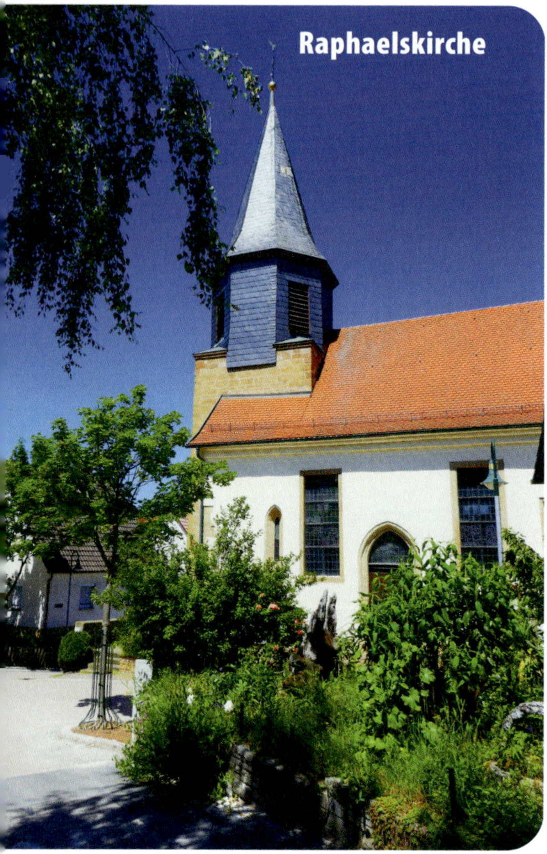

von Cleebronn. Wir nehmen geradeaus den **Schiedweg.** Der Weg führt abwärts. Bei nächster Gelegenheit biegen wir nach links in die **Alte Steige** und sehen gleich die Turmspitze der **Raphaelskirche ⑤,** die wir sicher noch läuten hören.

Links der Kirche gibt es eine Einkehrmöglichkeit, das **Gasthof Zum Ochsen ⑥.** Da wir für das Tourenende schon einen Tisch in der Gaststätte am Michaelsberg reserviert haben, gönnen wir uns lediglich ein Eis aus dem **Eiscafé Gelateria d'Alisha ⑦,** das sich die nächste Straße rechts befindet. An der Bäckerei Keppler biegen wir links ab und es geht bergan in die **Wilhelm-Fischer-Straße.** Auf einem Schild steht der Hinweis, noch 2,2 Kilometer bis zum Michaelsberg. Doch wir entscheiden uns, einen Umweg zu machen. Dann sehen wir rechts die Fahrradweg-Beschilderung, dort biegen wir ein. Es ist der **Michaelsberger Weg,** dem wir nach rechts folgen. Links sehen wir nun den Michaelsberg immer näher kommen. Und etwas weiter links das Schloss Magenheim. Wir bewundern schöne Privathäuser, sogar ein Bett steht in einem Vorgarten, es ist mit Blumen belegt. Wir laufen auf die Hauptstraße zu, die wir gleich überqueren. Hier ist Vorsicht geboten! Die nächste Möglichkeit biegen wir rechts ein, kommen an einem Regenrückhaltebecken vorbei und laufen auf eine Pferdekoppel zu. Wir folgen dem Weg in eine Rechtskurve und biegen am Schild, dass das Ende der 30er-Zone markiert, links in die Weinberge ein. Vor uns erstreckt sich jetzt der

Die Raphaelskirche wurde 1351 urkundlich als Raphaelskapelle erwähnt, bevor sie Graf Eberhard im Bart 1479 zur Pfarrkirche erhob. Sie liegt im württembergischen Ortsteil von Cleebronn. Die Bewohner des mainzischen Ortsteils wurden erst 1736 eingepfarrt.

Wald. Nach etwa der Hälfte der Strecke verlassen wir Cleebronn wieder. Wir müssen einer Links-rechts-Kombination in den Wald hinein folgen. Dort geht's aufwärts, dann geradeaus weiter bergab. Wir folgen aber dem Weg bergauf nach links in eine Linkskurve. Beim Aufwärtswandern wechseln sich Schattenstreifen und Sonnenflecken ab. Da es keine Bänke gibt, machen wir nach etwa einem Dreiviertel der Gesamtstrecke Rast im Schattenwald auf Baumstämmen. Auch gemütlich. Nach einer kleinen Pause wandern wir weiter, wir wollen am Michaelsberg Zeit verbringen, bevor wir zur besten Kaffeezeit unseren reservierten Tisch unterhalb des Berges in Anspruch nehmen. Am Wegesrand wachsen Blätter, die wie Schiffe aussehen, so riesig sind sie. Als Nächstes stoßen wir auf den vollen Wanderparkplatz Cleebronn, rechts davon nutzen Kinder ein geologisches Fenster als Rutschbahn. Der Erlebnispark Tripsdrill liegt nun direkt vor uns und die Achterbahnen sind wieder zu sehen. Wir folgen dem Radlerschild nach Cleebronn, das 1,3 Kilometer entfernt ist, nach links. Oh, hier wird Wein ausgeschenkt. Viele Ausflügler sitzen auf Bänken in der Sonne, der Wein glänzt in den Gläsern. Doch wir verzichten aufgrund der Hitze und folgen dem Weg mehr oder weniger geradeaus am Weinausschank vorbei. Gleich könnten wir rechts hinauf viele Treppen zum Michaelsberg besteigen, wir entscheiden uns aber für den asphaltierten Weg. Links unterhalb sehen wir Cleebronn, Schloss Magenheim und in der Ferne das Schloss Stocksberg. Und bald sehen wir – ebenfalls links – das Weingut Lutz, an dem wir vorhin vorbeigelaufen sind. Jetzt nehmen wir bergauf die Kehre schräg nach rechts, Richtung Cleebronn. Als wir die **Kirche**

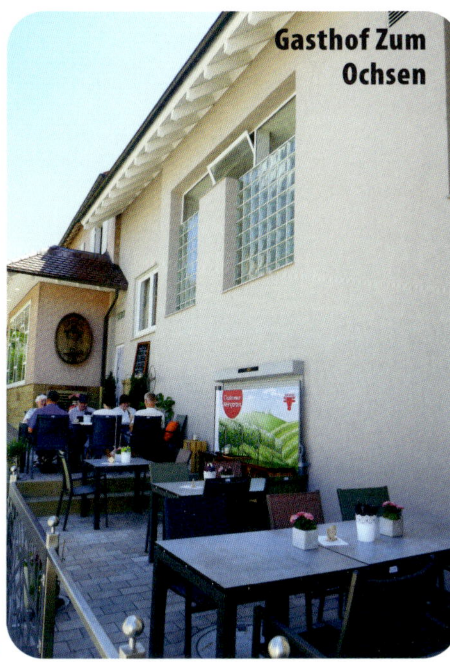

Gasthof Zum Ochsen

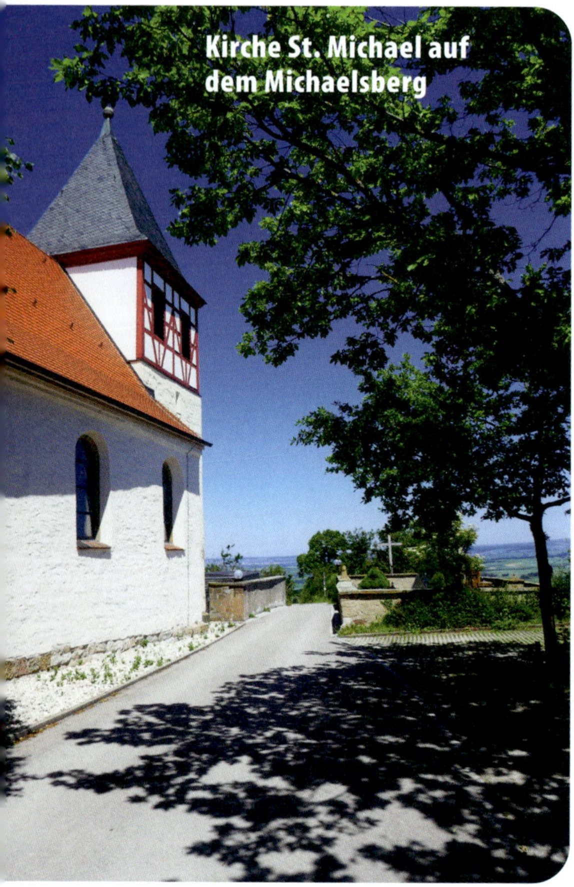
Kirche St. Michael auf dem Michaelsberg

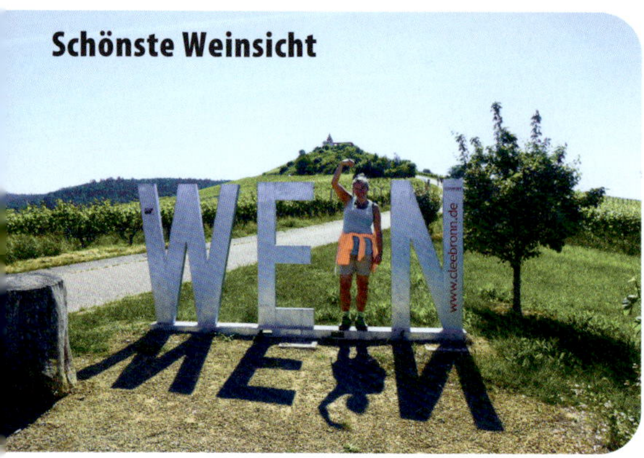

Schönste Weinsicht

St. Michael auf dem Michaelsberg 8 erreichen, ist das Kreischen begeisterter Achterbahnfahrer recht laut zu hören. Dennoch ist das Verweilen auf dem 394 Meter hohen **Michaelsberg** 9 ein Traum. Die Aussicht zeigt mehr als den Erlebnispark Tripsdrill, wir sehen weit ins Neckartal und auch ein paar Gleitschirmflieger am Himmel.

Mit der schönen Aussicht im Kopf verlassen wir den Michaelsberg und gehen an der Gedenkstätte im Friedhof für Nichtbestattetes menschliches Leben vorbei die Treppen hinunter. Aber halt! Noch ein schöner Platz zum Innehalten und In-die-Ferne-Schauen stellt sich uns vor: Die schönste **Weinsicht 2020 Württemberg** 10. Wir verweilen noch einmal sehr gerne, bevor wir schließlich rechts davon die Treppen hinunter nehmen. Nachdem wir 4 Stunden lang die kräftig grünen Weinreben, Vogelstimmen und Sonnenwärme, Stille und großartige Panoramen genossen haben, erreichen wir pünktlich unseren reservierten Tisch im Biergarten der **Gaststätte am Michaelsberg** 11. Dort trinken wir – nein – keinen Wein, sondern kühles Radler und lassen uns Linsen mit Spätzle und Saiten sowie

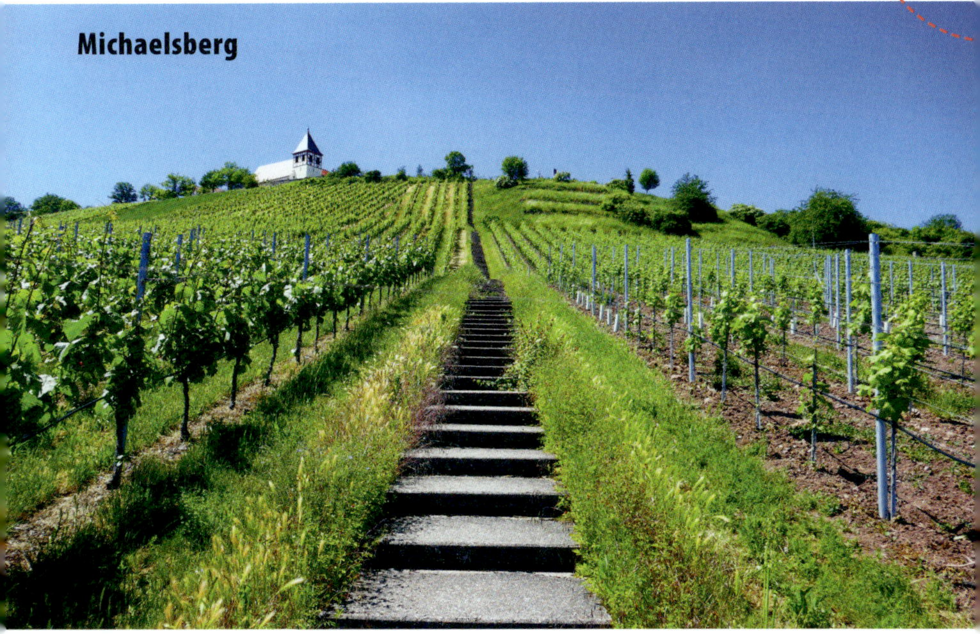

Michaelsberg

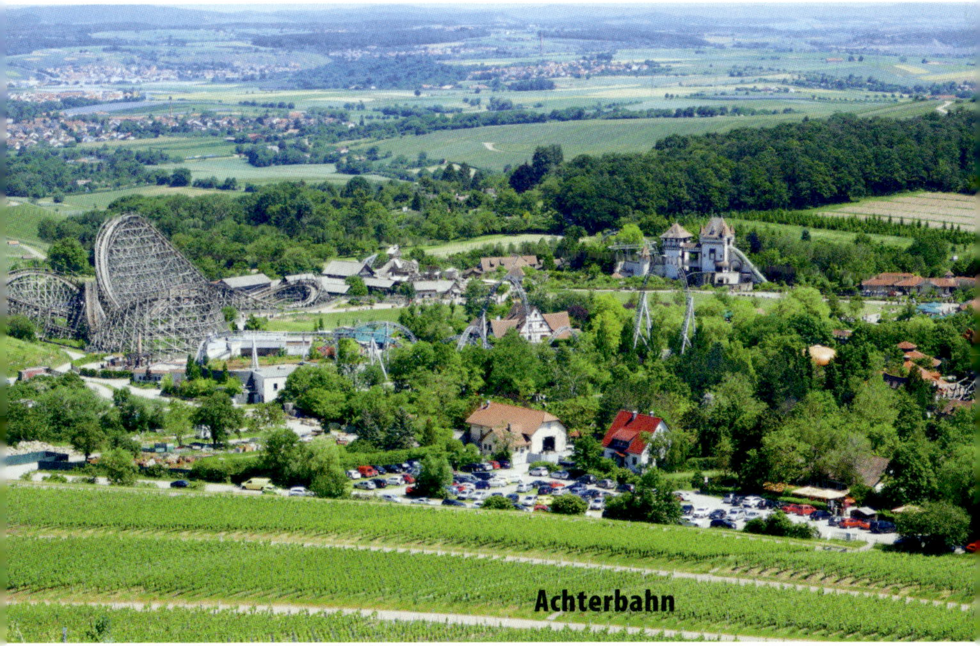

Achterbahn

Das Gebiet um den Michaelsberg wurde bereits von Kelten und Römern besiedelt. Im 5. Jahrhundert v. Chr. soll auf dem Michaelsberg eine keltische Fliehburg gestanden haben. Durch Ausgrabungen entdeckte man auch ein römisches Heiligtum, vermutlich einen Luna-Tempel.

den rustikalen Salatteller schmecken. Gesättigt verlassen wir die Gaststätte, gehen gegenüber auf den asphaltierten Weg und biegen gleich rechts ab. Natürlich schenken wir dem Michaelsberg links oben mehr als einen Blick, das Jauchzen der Achterbahnfahrer im Ohr. Die nächste Abbiegung nach links geht's nochmal bergan zum Katharinenplaisier, das nur 300 Meter entfernt ist. Schon sehen wir rechts den Parkplatz, erkunden aber vor Heimfahrt die Attraktion links, einen **Weinfotospot ⓬**. In großen Lettern lesen wir „WE N" und dürfen mit unserem Körper das I bilden, eine herrliche Idee und ein witziges Bild, das entsteht.

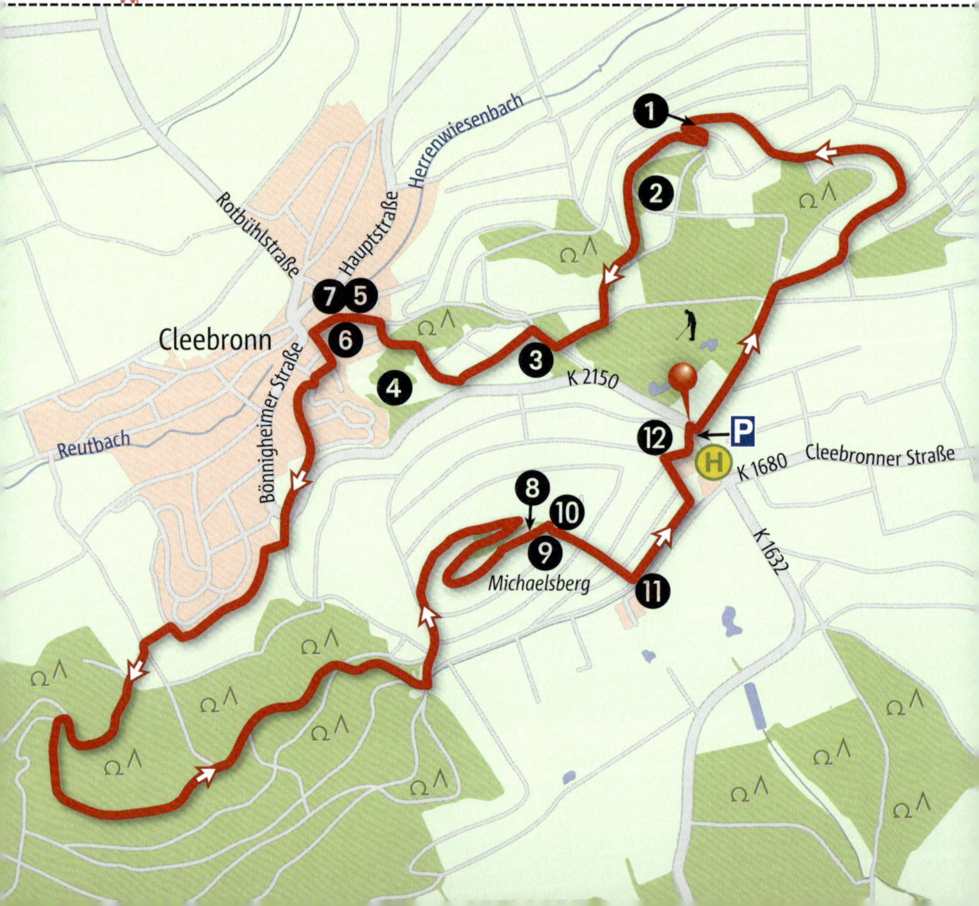

Alles auf einen Blick

WIE & WANN:
Breite asphaltierte Wege, zudem Schotter-, Wald- und Wiesenwege sowie schmale Treppen. Beste Wanderzeit März bis Oktober

HIN & WEG:
Auto: Wanderparkplatz Katharinenplaisier, 74389 Cleebronn (GPS: 49.04129, 9.05341)
ÖPNV: Bus 666, Haltestelle Cleebronn Abzweig Tripsdrill

Entspannung ✸✸✸✸✸
Genuss ✸✸✸✸✸
Romantik ✸✸✸✸✸

ESSEN & ENTSPANNEN:
Besenwirtschaft Leiterwägele ❸ Gut Neumagenheim 1, 74389 Cleebronn, Tel. (0174) 2 43 96 13, www.leiterwaegele.com
Gasthof Zum Ochsen ❻ Keltergasse 18, 74389 Cleebronn, Tel. (0 71 35) 97 47 00, www.ochsen-cleebronn.de
Eiscafé Gelateria d'Alisha ❼ Brückenstraße 2, 74389 Cleebronn, Tel. (0 71 35) 9 33 39 10
Gaststätte am Michaelsberg ⓫ Treffentrill 15, 74389 Cleebronn, Tel. (0 71 35) 80 22, www.gaststätte-am-michaelsberg.de

ENTDECKEN & ERLEBEN:
Aussichtskanzel Botenheimer Heide ❶
Botenheimer Heide ❷
Schloss Magenheim ❹
Raphaelskirche ❺
Kirche St. Michael auf dem Michaelsberg ❽
Michaelsberg ❾
Schönste Weinsicht 2020 Württemberg ❿
Weinfotospot ⓬

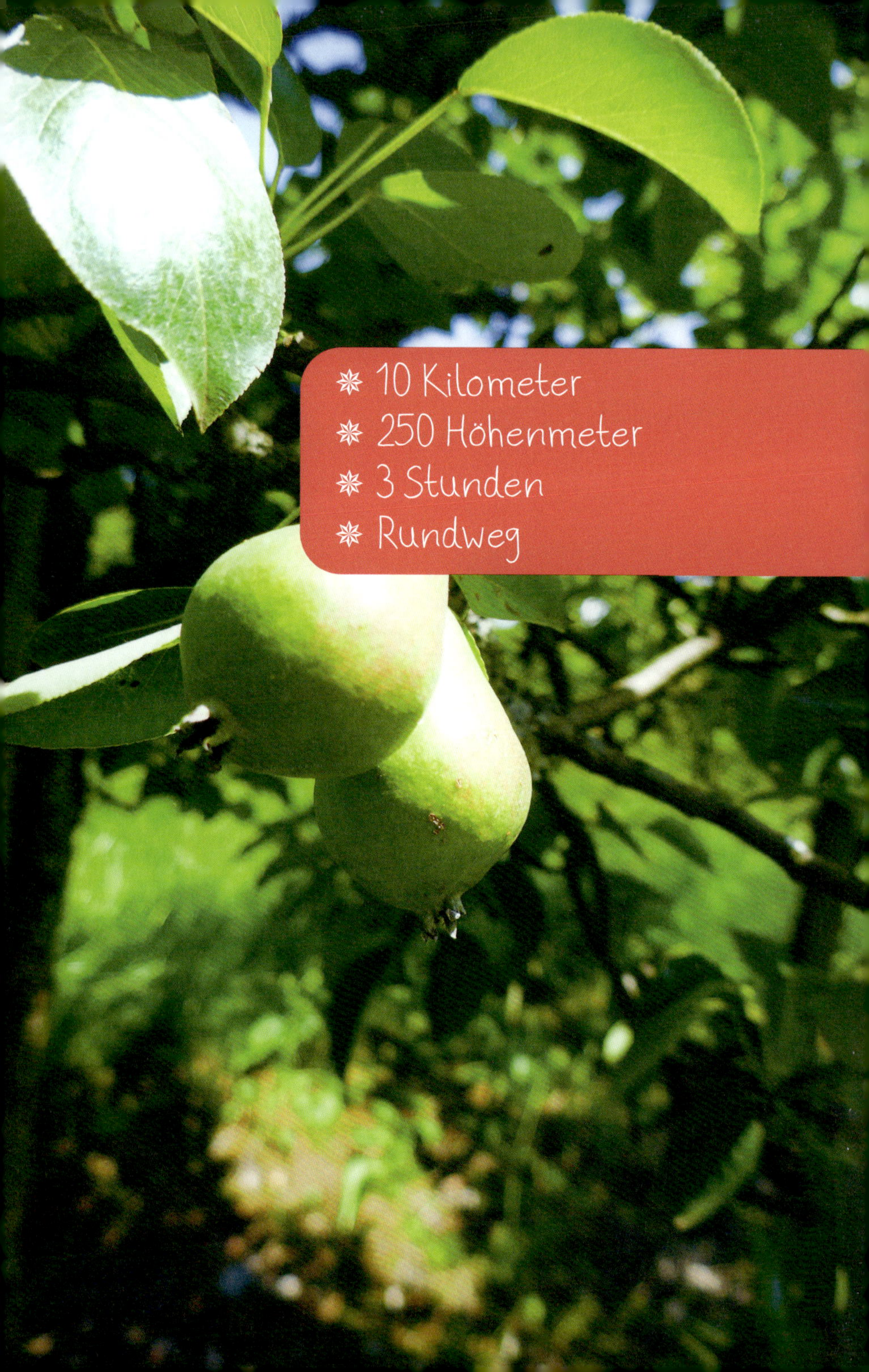

- 10 Kilometer
- 250 Höhenmeter
- 3 Stunden
- Rundweg

Heute möchten wir nach einem Blick in den Garten von **Zinsers Flämmle** am liebsten sofort einkehren, allerdings ist es auch im Juli um die Mittagszeit noch geschlossen, sodass wir vorsichtshalber für später einen Tisch reserviert haben.

Wir laufen die Leintalstraße Richtung **Winzercafé**

Romantische Spur

Wein und Burgblick Neipperg

Neipperg ❶ und uns entfährt erneut ein „Ah, was für ein schöner Garten!“, aber auch dieser ist noch geschlossen. Zudem wollen wir erst wandern, dann einkehren. Am Café biegen wir links auf den **Panoramaweg,** der gleich wieder links abgeht. Schon sind wir im Grünen und werden auf den **Naturlehrpfad** hingewiesen, dem wir heute eine ganze Weile folgen wollen. Der Pfad gabelt sich, wir bleiben links. Gleich sieht man linker Hand Burg Neipperg. Den asphaltierten Weg gehen wir links bergab, biegen rechts

Früher dienten die Fremdenzimmer im Landgasthaus Flämmle als Gefängniszellen. 1836 wurde das Fachwerkhaus erbaut und fungierte zunächst als Rat- und Schulhaus. Heute kommen hier vor allem Weinliebhaber auf ihre Kosten.

Weinberglandschaft

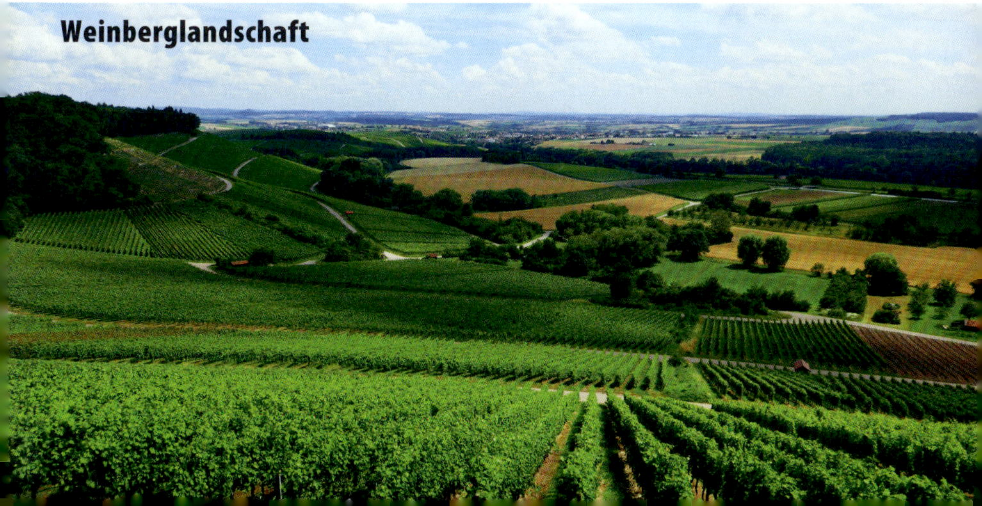

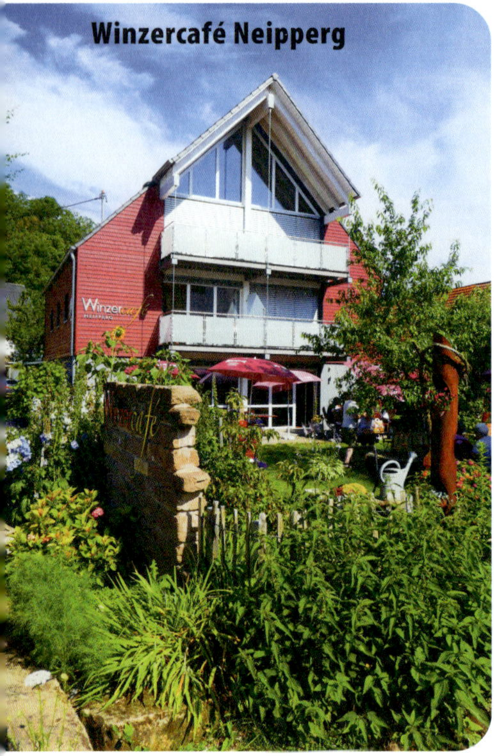

Winzercafé Neipperg

ein, zur Linken befindet sich mit dem **Restaurant zur Traube** ❷ eine weitere Einkehrmöglichkeit. Wir überqueren die Schwaigerer Straße, lassen das Restaurant links liegen und laufen den **Klingenweg** bergauf in einen Hohlweg hinein. Eine Weinberglandschaft begrüßt uns. Wir verlassen den Schotterweg und biegen rechts auf den Asphaltweg ein, sodass die Weinberge links liegen. Zurückschauend haben wir einen Blick auf den Turm der Burg Neipperg. Jetzt, Mitte Juli, begleiten uns Unmengen Schmetterlinge. Der Weg gabelt sich, wir müssen rechts den Schotterweg nehmen, auch hier steht eine Tafel des Naturlehrpfads. Das nächste Schild dieser Art heißt uns Willkommen im **Hohlweg Deckerhohle.**

Der alte Hohlweg liegt links unseres Weges, rechts bemühen sich die Birnen zu wachsen. Wir laufen den Wiesenweg entlang und Gras kitzelt die Waden, bevor wir nach links auf Asphalt biegen. Am **Gewann Klinge** ❸ lädt eine erste Sitzgelegenheit zur Rast. Das als Regenrückhaltebecken gedachte kleine Gewässer entwickelte sich bis heute zum vielseitigen Lebensraum. Wie schön hier, auch der Haselnussbaum gegenüber. Nach kurzer Verschnaufpause folgen wir dem Weg links abwärts und sehen Burg Neipperg vor uns. Wir biegen rechts ab und folgen dabei übrigens immer noch dem Naturerlebnispfad. Und schon geht's wieder hinauf. Der Wein wurde inzwischen zurückgeschnitten, damit die Energie ins Traubenwachstum fließen kann und nicht in die Blätter. Nach dem leichten Anstieg empfängt uns rechter Hand ein traumhafter Sitzplatz unter einer uralten Eiche. Hier kann man im Schatten ruhen und

Die Deckerhohle steht als Naturdenkmal unter Schutz. Sie bietet Vögeln Nistmöglichkeiten, beherbergt Insekten wie das Grüne Heupferd und den Marienkäfer, bietet aber auch dem Bittersüßen Nachtschattengewächs und der Echten Nelkenwurz einen Lebensraum.

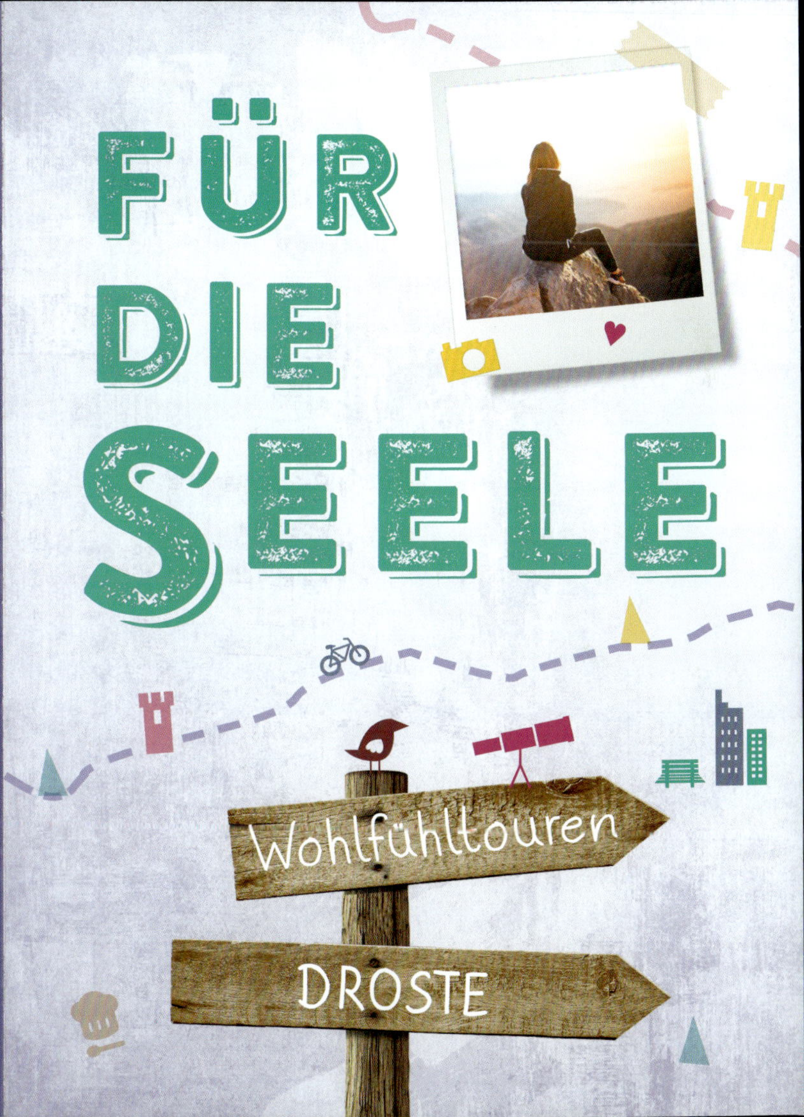
FÜR DIE SEELE
Wohlfühltouren
DROSTE

zwischen den Reben hindurch auf die Burg schauen. Schweift der Blick nach links, begegnet ihm das Neckartal. Unser Weg führt uns weiter am Wein entlang. Unser nächstes Ziel ist ein überdachter Aussichtspunkt. Grade sehen wir die Kirche im Ort, wo wir vor einer halben Stunde geparkt haben. Erstaunlich, wie schnell wir so weit und so hoch gekommen

Für die Seele

Auf diesem Weg genießen wir immer wieder romantische Ausblicke und kehren am Ende in einem malerischen Garten ein.

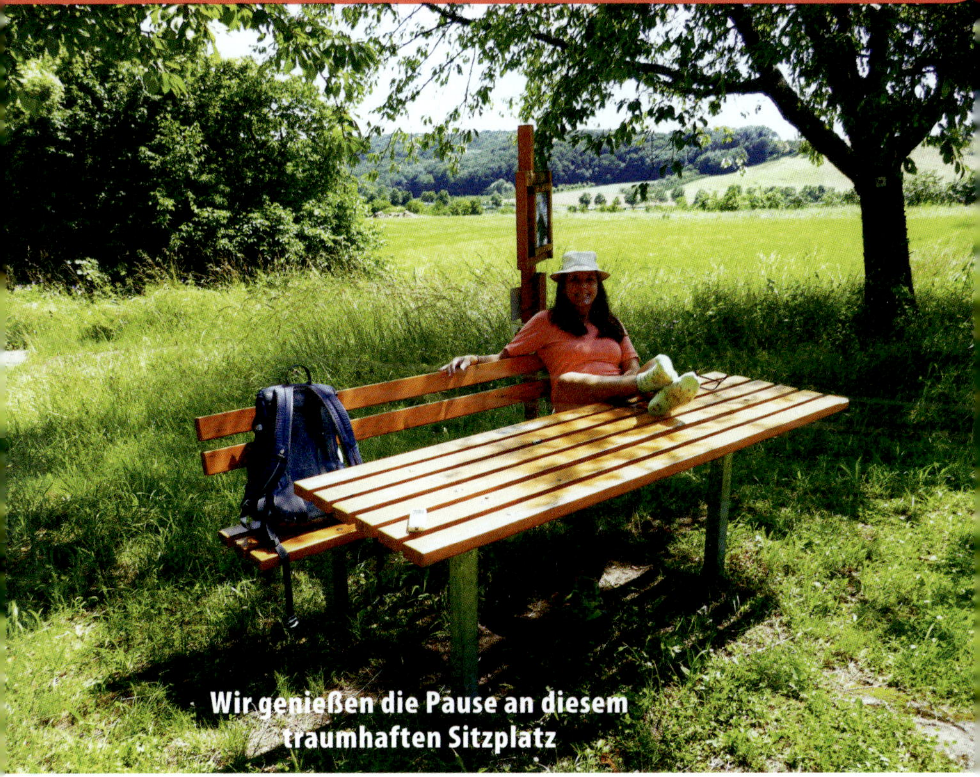

Wir genießen die Pause an diesem traumhaften Sitzplatz

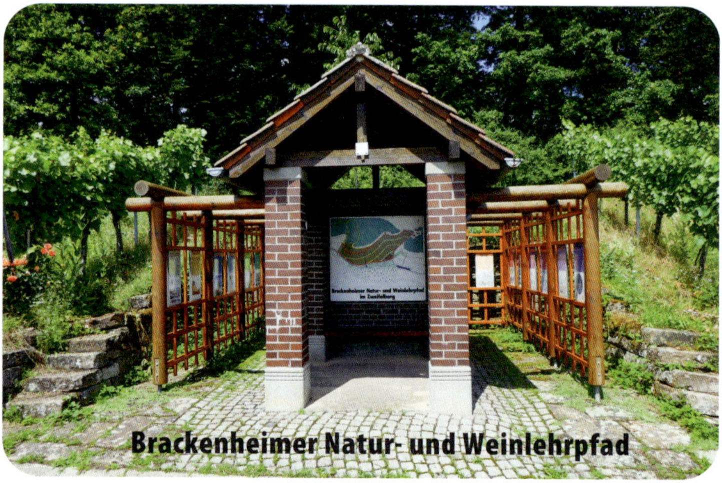

sind und eine großartige Aussicht genießen können. Nach einer Dreiviertelstunde erreichen wir den **Aussichtspunkt** ❹ – eine Art selbst gebastelter Unterstand rechts am Hang – von dem aus man einen wunderschönen Blick hat. Den genießen wir natürlich! Links vom Schild des Naturerlebnispfads führt uns der Weg in Serpentinen bergab einen schmalen, betreppten romantischen Pfad entlang. Nach dem Pfad geht es links bergab auf dem Erlebnispfad, dem **Wasserfallenweg,** weiter, rechts über das Neipperger Bächle und danach nehmen wir an der Kreuzung den linken von vier Wegen, sodass wir auf einen Wiesenweg gelangen. Rechts steht eine kleine Bank unterm Baum. Links sehen wir die Burg. Durchs hohe Gras marschieren wir dann einen schmalen Pfad bergauf. Ein Schild rechter Hand erzählt etwas über die Streuobstwiesen. Wir gelangen an eine asphaltierte Straße an den Weinbergen, biegen rechts ab und folgen dem Weg dann nach links. Nun liegt das Neckartal wieder vor uns. Weinhänge, die Burg und der Blick ins Neckartal erhöhen den Romantikfaktor dieser Wanderung. Links an einem kleinen Häuschen steht „Weinberge, nicht nur Reben“ angeschrieben, hier gehen wir rechts und am Wegende nochmals rechts. Wir sind froh, nun wieder im Schatten laufen zu dürfen. Wir kommen auf ein Schildermeer zu und verlassen hier den Naturerlebnispfad, halten uns rechts auf dem schmalen Pfad aufwärts am Schild „Die Landschaft am Heuchelberg" vorbei. Gleich erreichen wir einen weiteren wunderschönen Rastplatz mit Aussicht auf die Burg. Gegenüber sehen wir den Michaelsberg und die Michaelskapelle, vor uns erkennen wir das Schloss Stocksberg in der Ferne. Auf dem Pfad hängen die Kirschen auf Mundhöhe, sind aber um diese Zeit noch nicht reif. Kurz verlassen wir den Pfad links abwärts, um uns an einem Backsteinhäuschen über den **Brackenheimer Natur- und Weinlehrpfad im Zweifelberg** 5 zu informieren. Ein paar Minuten später erreichen wir die **Rolf-Kieser-Kanzel** 6 und schauen in die Ferne. Eine Tafel erklärt, was wir sehen können und führt auch die schon erkannte Michaelskapelle auf. Nebenan befindet sich ein kleiner Spielplatz und ein Hügelsofa, unterhalb ein Weinausschank. Ein kleines Paradies ist das hier! Das Foto am Weinfotospot muss natürlich sein. Schade, dass heute kein Wein ausgeschenkt wird, denn hier könnte man ihn

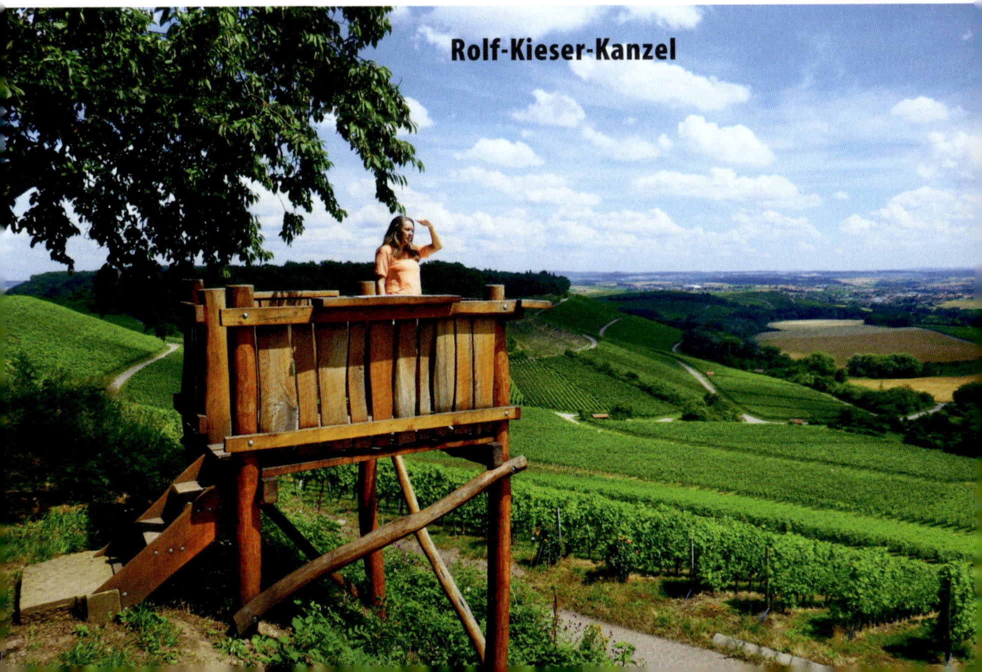
Rolf-Kieser-Kanzel

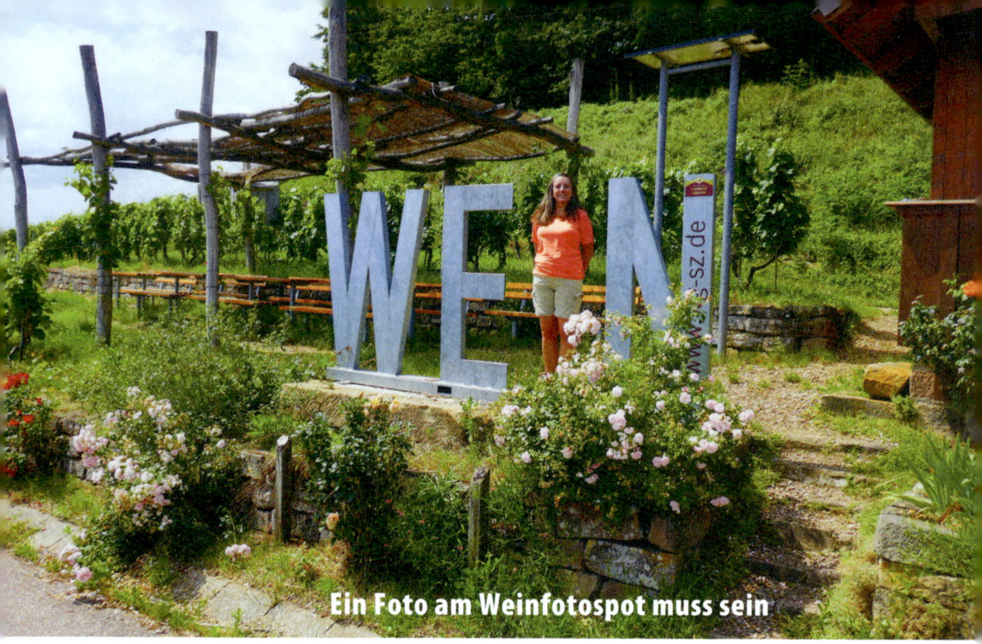

Ein Foto am Weinfotospot muss sein

auch im Schatten genießen. Wer sichergehen möchte, der Weinausschank ist von März bis November an Sonn- und Feiertagen geöffnet. Abwärts geht es weiter und aufwärts die Laune mit jedem Schritt, es lockt ja die baldige Einkehr am Ende unserer Tour. Das Hupen aus dem Dorf, das womöglich einer Hochzeit geschuldet ist, erhöht den Romantikfaktor dieses Weges noch einmal mehr. Allmählich verschwindet Schloss Stocksberg aus unserem Sichtfeld. Wir gelangen an eine Kreuzung und müssen links abwärts. Unten angekommen, müssen wir gleich wieder rechts. Wir folgen dem asphaltierten Weg in Richtung einer Hütte, die wir oben am Waldrand gesehen haben. Die Hütte entpuppt sich als Unterstand oder kleines Lager für die Weinbauern.

Für uns geht es nun im Schatten bergan. Am Ende des Weges geht es an der Bank rechts, dann links, als Nächstes überqueren wir die **L 1107** und gehen geradeaus weiter. Das erste Korn wurde schon geerntet. Vor den eingezäunten Tannenbäumen biegen wir am Kornfeld links ein auf den Wiesenweg, danach rechts einen je nach Pflanzenwachstum leicht übersehbaren schmalen Pfad bergab, wir gelangen auf

Schotter. Die Bank am Weinberg nutzen wir natürlich, anschließend gehen wir zwischen den Reben hindurch bergab, dann rechts. Erneut freuen wir uns über ein kurzes Stück im Schatten. Rechts von uns befindet sich der Forstbach, in dem nichts fließt. Vor uns liegt der Ort **Haberschlacht,** wir bleiben auf dem Weg immer abwärts. Wenn wir auf das Fahrradweg- und Wanderschild stoßen, folgen wir diesem aufwärts in die Weinberge. Hier sehen wir rechter Hand die Turmspitze von Schloss Stocksberg. An der Leitplanke, vor der eine Bank steht, geht's links hinauf. Wir bleiben an der Leitplanke und gelangen wieder zur **L 1107,** die wir noch einmal überqueren. Und zwar gehen wir gegenüber am Schild „Land und forstwirtschaftlicher Verkehr frei" bergab. Unten halten wir uns rechts. Wir gelangen an eine Minihütte mit Beschilderung, und können uns anschauen, wo wir schon überall waren. Bald danach gabelt sich der Weg und wir gehen wieder links aufwärts. Links am Hang sehen wir die Rolf-Kieser-Kanzel. Der Weg macht dann eine Rechtskur-

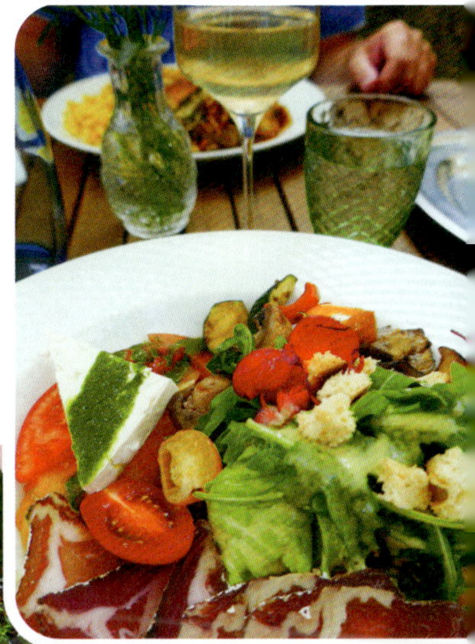

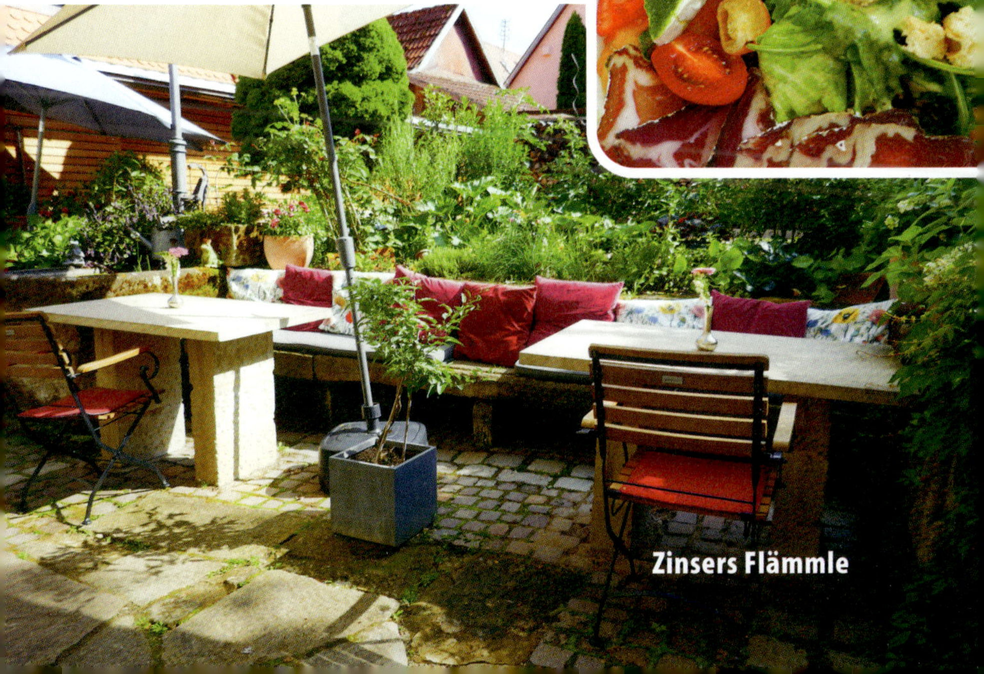

Zinsers Flämmle

Um 1650 wurde Anna Maria Wagemann in Neipperg geboren und fiel 1717 einem Hexenprozess zum Opfer. Am 5. Februar des Jahres wurde sie öffentlich verbrannt und ging als letzte Hexenverbrennung im Kraichgau in die Geschichte ein.

ve aufwärts und bietet links eine alte Wasserquelle. Von hier aus hat man einen sehr schönem Rückblick auf Schloss Stocksberg. Rechter Hand stoßen wir auf den Wanderparkplatz des Wanderdreiklangs, wir müssen bis zur Straße und biegen rechts ab. Jetzt laufen wir direkt auf Burg Neipperg zu. In der **Pizzeria il Padrino 7**, die auf dem Weg liegt, gönnen wir uns ein Radler, lassen die Gaststätte dann hinter uns, gehen abwärts und am Ende rechts, wiederum am Ende links und wieder links. Rechter Hand sehen wir das Winzercafé Neipperg, nun ist es gut besucht. Wir jedoch freuen uns auf Wein und andere Köstlichkeiten in **Zinsers Flämmle 8**, wo wir pünktlich zur reservierten Zeit eintreffen und auch kulinarisch keineswegs enttäuscht werden.

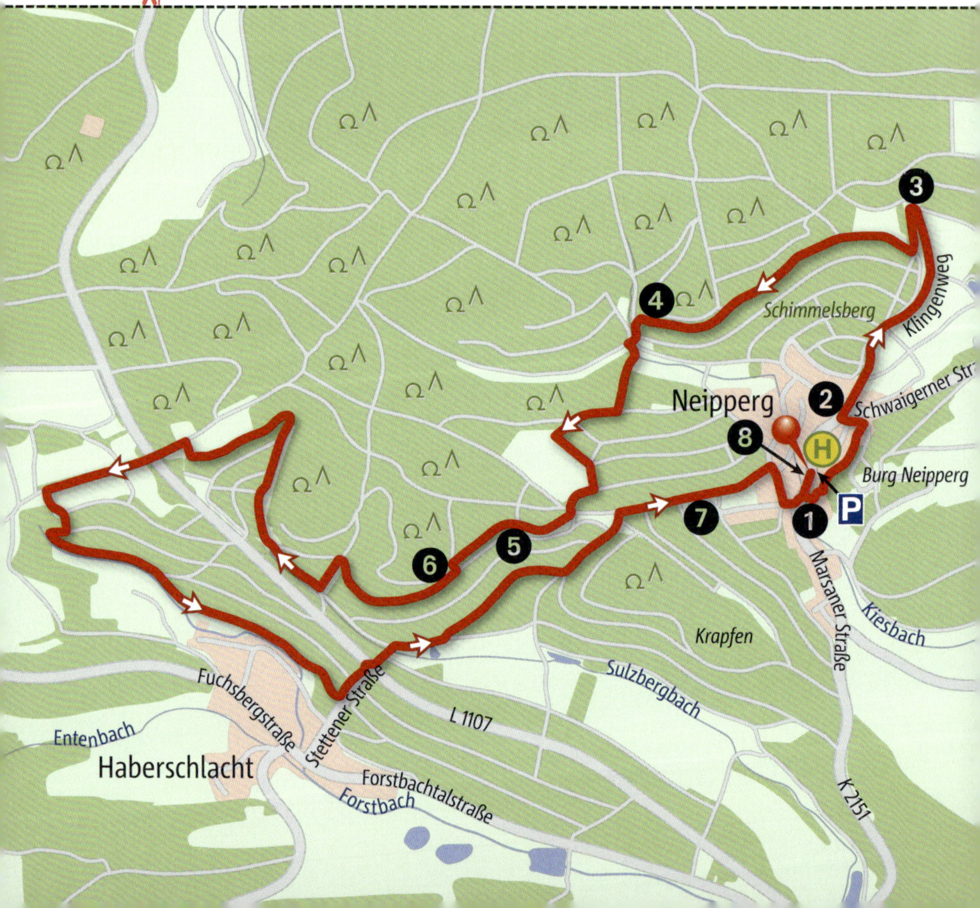

Alles auf einen Blick

WIE & WANN:
Breite Asphalt-, Schotter- und Wiesenwege, wenige Pfade.
Beste Wanderzeit März bis November

HIN & WEG:
Auto: Parkplatz, Leintalstraße, 74336 Brackenheim (GPS: 49.10497, 9.0492)
ÖPNV: Buslinie 665 zwischen Kleingartach und Brackenheim, Haltestelle Neipperg

Entspannung ★★★★☆
Genuss ★★★★☆
Romantik ★★★★☆

ESSEN & ENTSPANNEN:
Winzercafé Neipperg ❶ Wilhelmshof 2, 74336 Brackenheim,
Tel. (07 13 5) 96 54 71, winzercafe-neipperg.de
Restaurant zur Traube ❷ Klingenweg 1, 74336 Brackenheim,
Tel. (07 13 5) 9 38 83 58, zurtraube-neipperg.com
Pizzeria il Padrino ❼ Heerstraße 29, 74336 Brackenheim,
Tel. (07 13 5) 9 36 31 65, www.il-padrino.de
Zinsers Flämmle ❽ Leintalstraße 15, 74336 Brackenheim,
Tel. (07 13 5) 9 38 70 60, www.zinsersflaemmle.de

ENTDECKEN & ERLEBEN:
Gewann Klinge ❸
Aussichtspunkt ❹
Brackenheimer Natur- und Weinlehrpfad im Zweifelberg ❺
Rolf-Kieser-Kanzel ❻

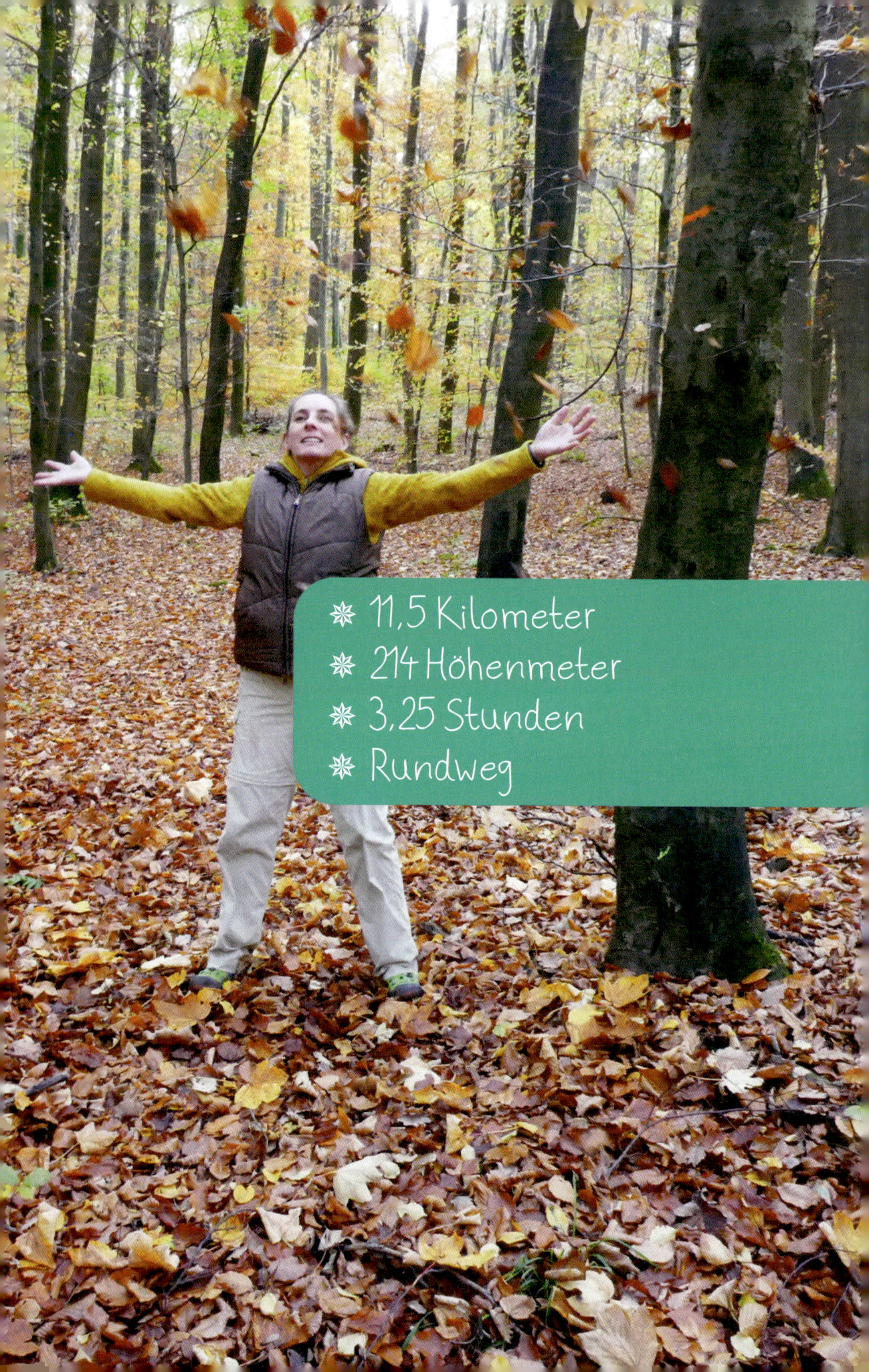

- 11,5 Kilometer
- 214 Höhenmeter
- 3,25 Stunden
- Rundweg

Das Thermometer zeigt an einem frühen Novembermorgen oft nur knapp über 0 Grad an, weshalb wir beschließen, ein wenig zu warten, bis die Sonne genug Kraft haben wird, um uns Herbstwanderer zu wärmen. Und siehe da, am Startpunkt scheint die Sonne um die Mittagszeit kräftig. Doch nicht nur die Sonne lockt an diesem Ort, sondern auch die **Alte Schule 1**, aber nicht etwa zum Lernen.

Doch heben wir uns die Einkehr für später auf. Begrüßt werden wir auf unserer Tour zunächst vom **Tiefenbacher Mondbuzzer 2**. Die von Heinrich Zibuschka entworfene Bronzefigur erzählt ihre Geschichte: „Der Legende nach wollten die Tiefenbacher einst die hinter dem Wormsberg aufgehende dunkle

Die Alte Schule entstand 1868, wurde aber ihrer eigentlichen Funktion beraubt. Thomas Wyrwa investierte, sanierte und so gibt es keine Lehrpläne mehr, sondern welche zur Speise: Traditionelle spanisch-katalanische Küche. Und übernachten kann man auch.

Herbstfrische

Tiefenbachs laubige Plätze

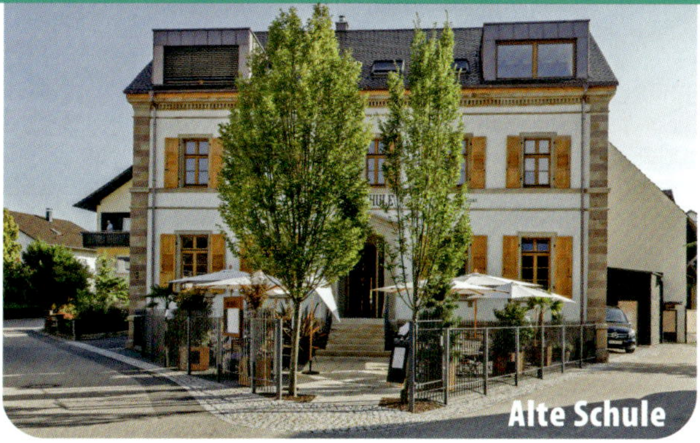

Alte Schule

Mondscheibe gründlich buzzen. Der Mondbuzzer reckt sich daher, auf einem Weinfass stehend, dem Mond entgegen, um ihn zu säubern.“ Wir orientieren uns bei inzwischen zweistelligen Temperaturen je-

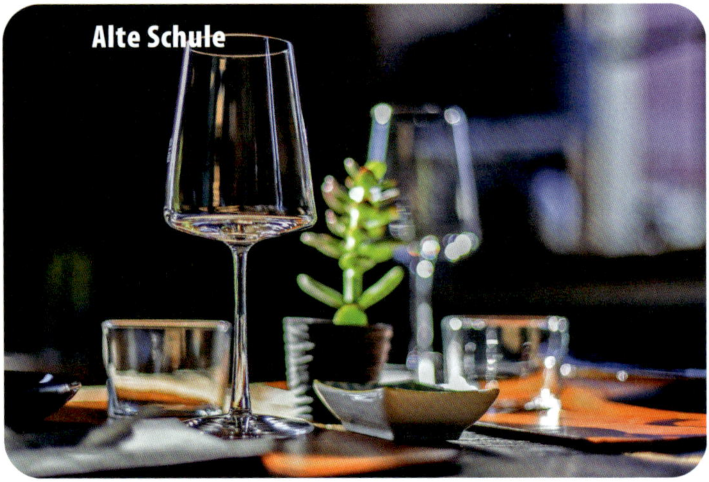

doch nicht am Mond, sondern am Wanderschild Ö 3, das uns heute den ganzen Weg über sehr gut leiten wird. Der **Katzbach** plätschert, die Blätter rauschen, wir biegen schnell rechts ein, überqueren die **Westliche Hauptstraße** und laufen links auf der Straßenseite. An der Skulptur, einer riesigen Gabel mit aufgespießter Tomate, gehen wir nach rechts und kommen am Weingut Heitlinger vorbei. Die **Vinothek Heitlinger** ❸ merken wir uns ebenfalls für später. Vorerst begnügen wir uns mit frischer Herbstluft und blauem Himmel, laufen etwas bergauf und biegen rechts ab. Zum Kreuzbergsee, der ein Zwischenziel darstellt, sind es 5,6 Kilometer. Vorbei geht es an Weinreben, die schon orange-rot-gelbe Herbstblätter tragen. Im Hintergrund leuchtet bunt der Mischwald. Bald sehen wir die Kirchturmspitze von Tiefenbach herausragen, wir gehen links hinauf in die Weinberge. Die frohen Farben und frischer Wind machen uns munter. Der asphaltierte geht in Schotterweg über, wir überqueren die Straße und gehen gegenüber den Berg hinauf, kurz darauf nehmen wir links den Schotterweg am Waldrand. Mit Wald, Wein, Blätterrauschen, Vogelzwitschern, einem Meer an warmen Herbstfarben um uns und der Sonne im Rücken fühlen wir uns nach dieser ersten halben Stunde sehr wohl. Nun laufen wir oberhalb von Tiefenbach, nach einer Dreiviertelstunde lädt eine Bank zum Sitzen und Schauen ein. Diese Jahreszeit und das viele abgefallene Laub lassen den Ort zu einem „laubigen" Plätzchen werden. Spaziergänger grüßen, sie haben in der Natur Herbstschmuck für daheim gesammelt. Gleich dürfen wir rechts das erste Mal bergab wandern. Wir sehen Tiefenbach und auch das Restaurant Kreuzberghof in der Ferne. Weiter geht es nun bergab auf asphaltiertem Weg an Streuobst vorbei – ein Apfelbaum breitet seine Äste wie Arme aus, als würde er uns willkommen heißen.

Wir sehen den Ort **Eichelberg** vor uns. Nach dem Fußballplatz biegen wir links in die **Burgholzstraße.**

Für die Seele

Im herbstbunten Wald werfen wir das Laub in die Luft und nehmen ein Blätterbad.

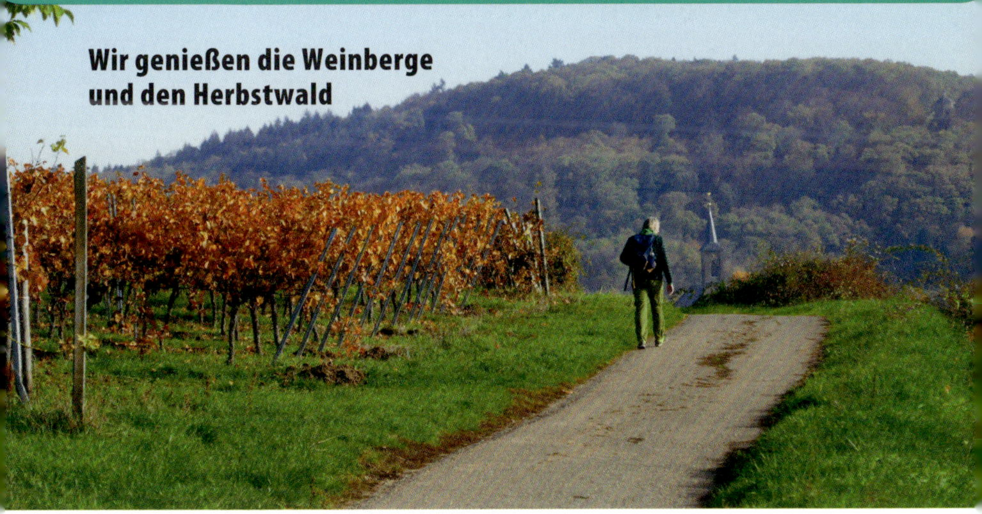

Wir genießen die Weinberge und den Herbstwald

Dort geht es wieder bergab an einem zweiten Fußballplatz mit Kunstrasen vorbei, dann müssen wir rechts in einen kleinen Weg einbiegen – also nicht bis zur Hauptstraße entlanglaufen! Der laubig-matschige Weg endet an der **St. Jakobuskirche 4**. Hier beteten schon Jakobuspilger zwischen 813 bis 1492 auf dem Weg nach Santiago de Compostela. Ein paar Meter weiter sehen wir das Wahrzeichen von Eichelberg, den **Historischen Ziehbrunnen 5**, der um 1700 erbaut wurde. Gegenüber zeigt ein Schild, dass das Wandergebiet Kraichgau Stromberg von vier Autobahnen umkreist ist, zum Glück hören wir nichts davon. Das gelbe Wanderschild an der Laterne, das auch unseren Wegweiser Ö 3 zeigt, besagt, dass es zum Kreuzbergsee noch 2,2 Kilometer sind. Wir müssen bald von der **Parkstraße** links in den **Gartenweg** einbiegen, dann nehmen wir rechts den Weg Am **Hardweg**, der sich durch das Wohngebiet schlängelt, bis wir nach dem letzten Haus – einem Blockhaus – rechts abwärtsgehen. Links leuchtet bunter Mischwald und im Vordergrund strahlt eine saftig grüne Wiese. Ach, wenn man Farben einatmen könnte … Am Ende des Wegs müssen wir scharf rechts, machen aber zunächst einen Abstecher nach links, um das **Viadukt 6** anzuschauen.

Das 40 Meter lange und 15 Meter hohe dreibogige Viadukt wurde 1898 bis 1900 von italienischen Gastarbeitern erbaut und trug Namen wie Entenköpfer oder Feuriger Elias. Heute dient er als Wegbrücke.

Viadukt

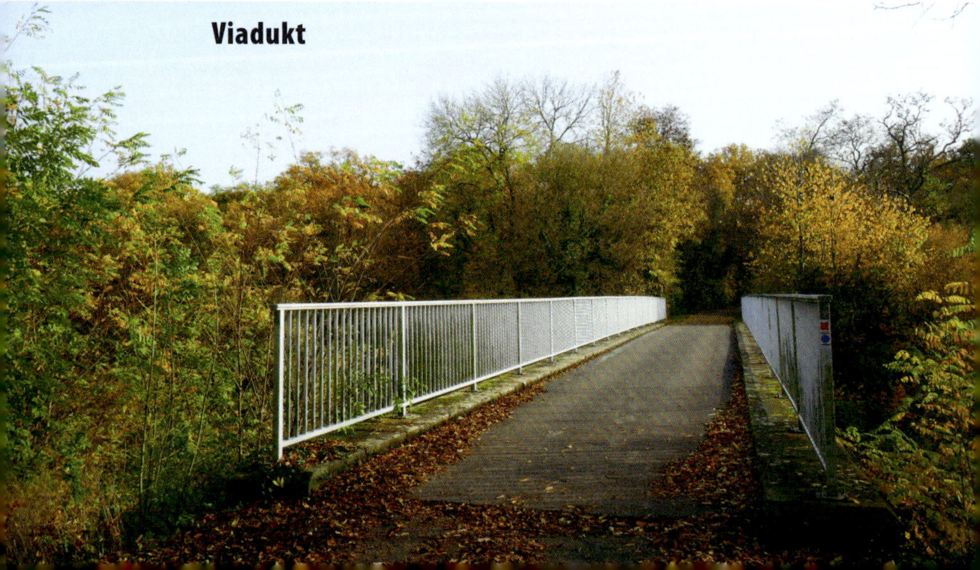

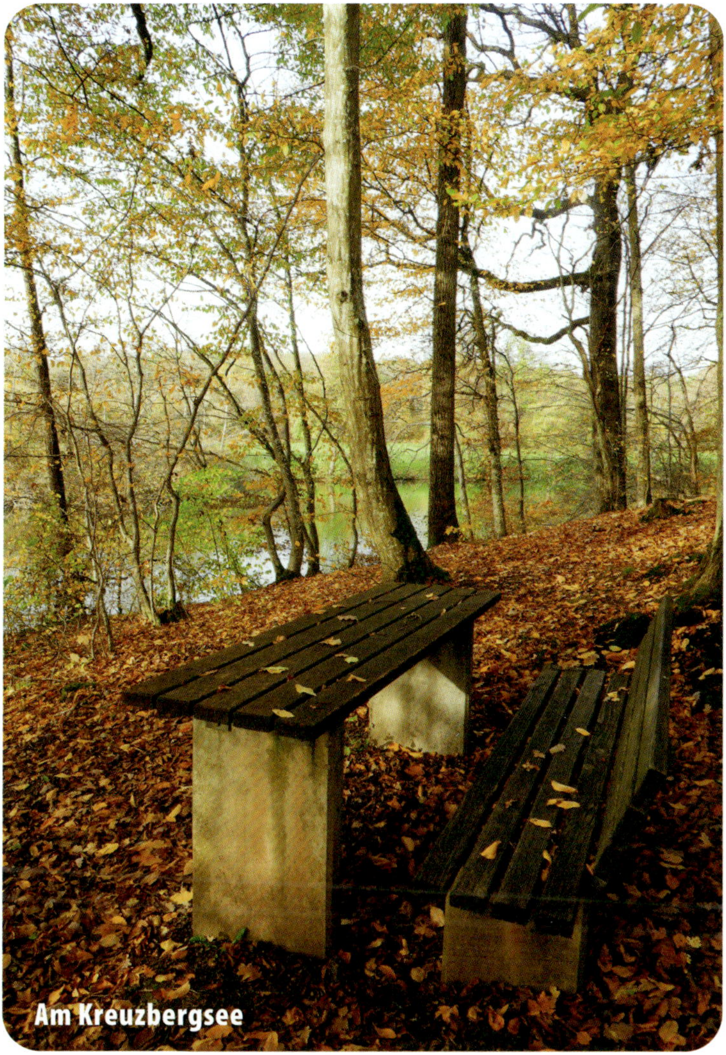

Am Kreuzbergsee

Zurück an der scharfen Rechtsabbiegung wandern wir wieder wie geplant unseren Weg. Die ehemalige Bahntrasse der Katzbachbahn, die von 1900 bis 1960 von Tiefenbach über Eichelberg und Elsenz nach Hilsbach führte, dient heute als Rad- und Wanderweg. Sie ist ein Teil des **Historien- und Weinwanderwegs,** der uns ab und an begegnet. In 1,5 Stunden, die wir langsam unterwegs waren, haben wir nun ungefähr die Hälfte der Wanderung bewältigt. Der Ö 3 führt uns über die **K 3518,** danach links abwärts Richtung **L 552.** Es sind noch einige Meter bis zum **Kreuzbergsee 7.** Wir überqueren die **L 552** nach links. Kurz darauf sehen wir ein weiteres Plätzchen, das von herbstlichem Laub übersät ist, eine Himmelsliege im bunten Mischwald und den Kreuzbergsee. Hier setzen wir uns für ein Viertelstündchen. Der November meint es gut mit uns, er wärmt wie ein Spätsommermonat. Leider können wir am **Kreuzberghof 8** heute nicht einkehren. Den Kreuzbergsee umkreisen wir nicht ganz, wir gehen auf den Parkplatz zu, orientieren uns am gelben Schild mit dem Hinweis **Kreuzbergkapelle 9** 2,3 Kilometer und biegen links hügelaufwärts ein. Hier kreuzen wir einen Teil des **Naturerlebnispfades beim Kreuzbergsee.** Noch einmal überwältigt uns die Farbenfroheit eines Bilderbuchherbstes. Tristesse? Ach wo! Nicht hier! Der breite Waldweg ist auch etwas matschig, wir müssen auf unsere Schritte achten. Bevor wir die Kapelle erreichen, belohnt uns der kleine Aufstieg linker Hand mit großartigen Ausblicken in die Weinberge. Schöner könnte es nicht sein. Jetzt noch ein Glas Wein wäre herrlich. Vorerst kommen wir in den Genuss, das Wahrzeichen Tiefenbachs – die Kreuzbergkapelle –, zu besuchen. Wer möchte, trägt sich ins Gästebuch ein und

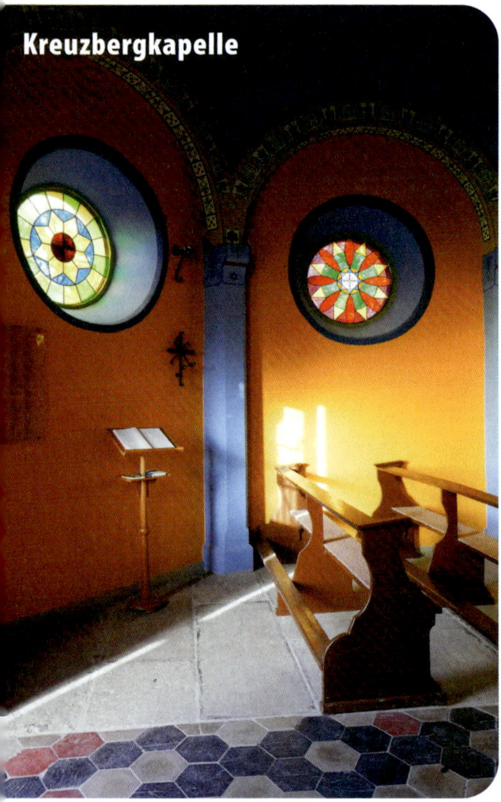

Kreuzbergkapelle

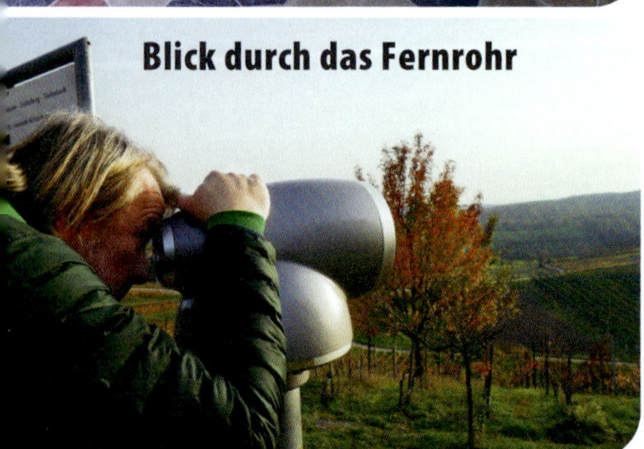

Blick durch das Fernrohr

genießt natürlich die **Aussicht Kreuzberg** und beliest sich über die **Kraichgaumulde.**

Von hier aus können wir gut in die Weite sehen. Wer es genauer wissen will, blickt durch das Fernrohr neben der Infotafel. Es benennt die Orte, die man sieht. Weil die Zeit vorangeschritten ist und es zu dieser Jahreszeit früh dunkel wird, verlassen wir diesen zauberhaften Ort schweren Herzens, läuten aber zuvor die Glocke in der Kapelle und laufen nun auf asphaltiertem Weg abwärts. Noch einmal werden wir aufgehalten, denn eine überdachte **Weinberghütte** ⑩ lädt geradezu zum Verweilen ein! Abwärts, an Obstplantagen vorbei, sehen wir rechter Hand Tiefenbach. Aber auch der Blick zurück zur Kapelle lohnt sich.

Noch 1,6 Kilometer, dann haben wir Tiefenbach erreicht. An der Kreuzung müssen wir rechts einbiegen und auf den Wiesenweg – links sind Weinre-

Geologen sprechen beim Kraichgau von einer tektonischen Mulde. Die tiefste Senke bildet die Langenbrückener Senke. So wird der Kraichgau auch mit dem Boden eines Suppentellers verglichen, der Schwarzwald im Süden und der Odenwald im Norden bilden den Tellerrand.

Weinberghütte

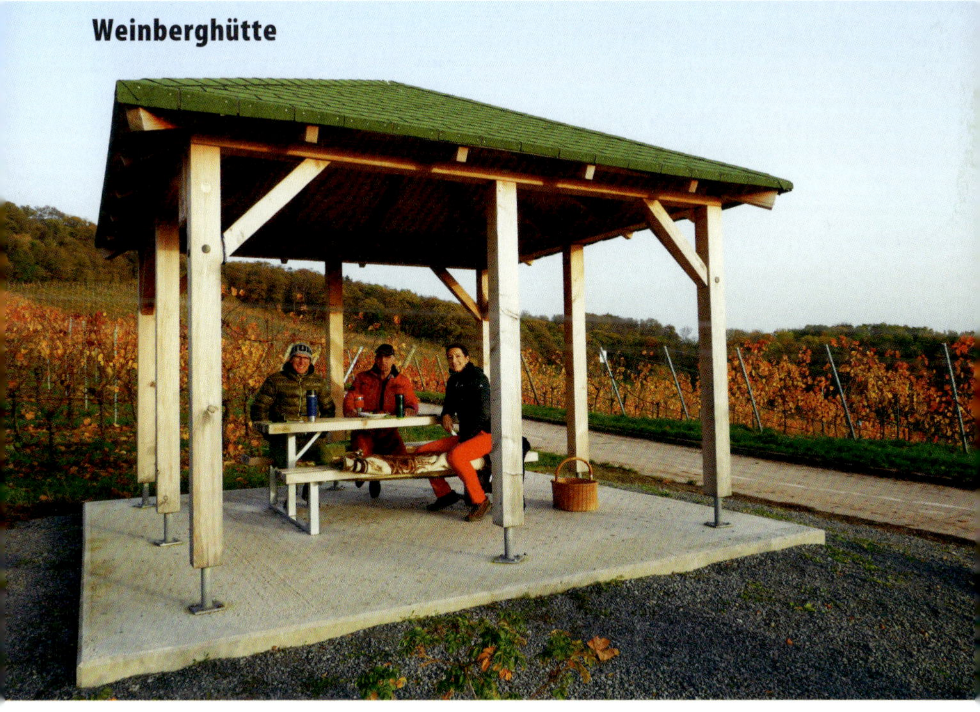

ben – wandern. Achtung, der Weg ist nicht gut erkennbar! Danach zeigt das Schild Ö 3 die Richtung wieder deutlich an. Unten rechts einmal um die Kurve und gleich wieder links. Noch scheint uns die Nachmittagssonne entgegen, aber es ist frisch geworden. Gleich gehen wir rechts den Hügel hinauf. Vielleicht leuchtet am Wegesrand eine einsame Ringelblume in kräftigem Orange. Nach knapp 4 Stunden begrüßen wir diesmal den Mondbuzzer. Bald kann er sich wohl an die Arbeit machen. Wie schon viele Bäume die Blätter haben wir heute manch Alltagslast verloren. Um den gelungenen Wandertag abzurunden, lassen wir nun in der **Alten Schule** unseren Tag ausklingen. Alternativ liegt in der Nähe am Golfplatz das **Restaurant Albatros ⑪.**

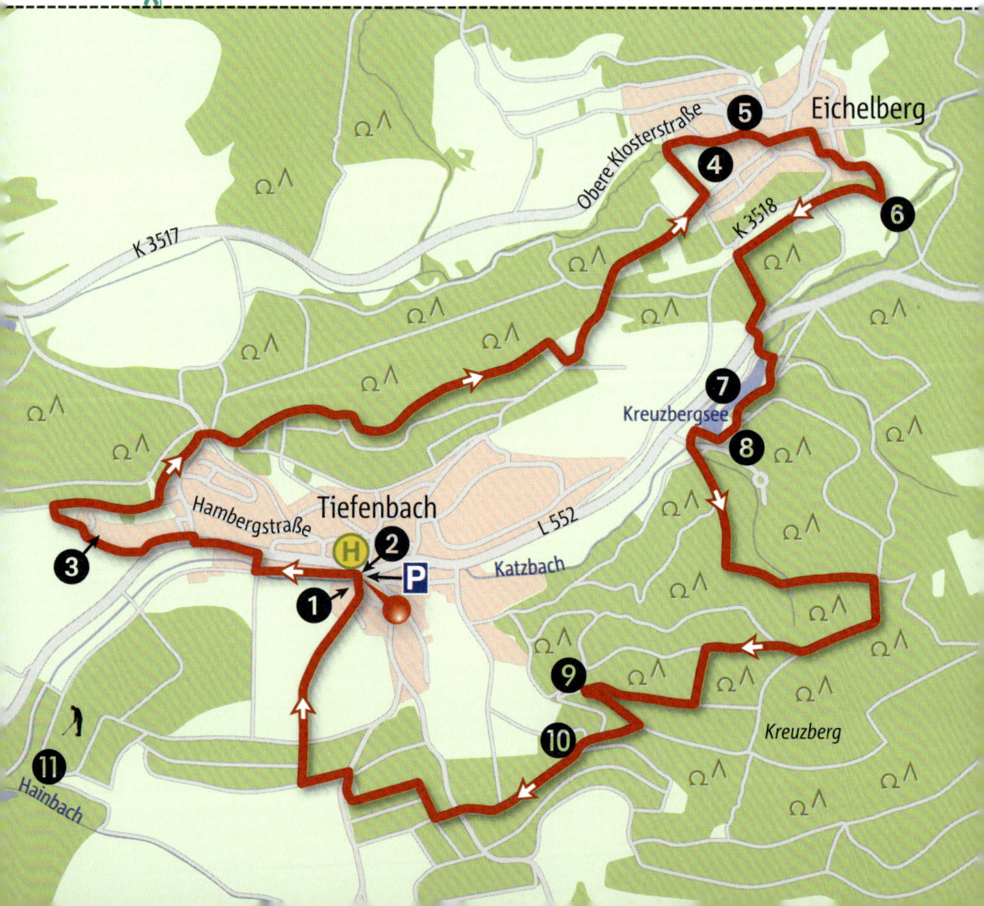

Alles auf einen Blick

WIE & WANN:

Breite asphaltierte Straßen, Schotterwege und Waldpfade, beste Wanderzeit ganzjährig

HIN & WEG:

Auto: Wanderparkplatz, Ortsmitte Tiefenbach (GPS: 49.17532, 8.79556)
ÖPNV: Stadtbahn S 31 von Bruchsal nach Odenheim, dann Bus 134 bis Haltestelle Tiefenbach Rathaus

ESSEN & ENTSPANNEN:

Alte Schule ❶ Hofstraße 3, 76684 Östringen-Tiefenbach,
Tel. (0 72 59) 92 88 10, www.alte-schule-tiefenbach.de
Vinothek Heitlinger ❸ Am Mühlberg 3, 76684 Östringen-Tiefenbach,
Tel. (0 72 59) 4 64 0-1 20, heitlinger-genusswelten.de
Kreuzberghof ❽ Am Kreuzbergsee 1, 76684 Östringen-Tiefenbach,
Tel. (0 72 59) 9 26 74 90, www.kreuzberghof.de

Entspannung ✱✱✱✱✱
Genuss ✱✱✱✱✱
Romantik ✱✱✱✱✱

Restaurant Albatros ⓫ Birkenhof 1, 76684 Östringen-Tiefenbach,
Tel. (0 72 59) 4 64 01 40, heitlinger-genusswelten.de

ENTDECKEN & ERLEBEN:

Tiefenbacher Mondbuzzer ❷
St. Jakobuskirche ❹
Historischer Ziehbrunnen ❺
Viadukt ❻
Kreuzbergsee ❼
Kreuzbergkapelle ❾
Weinberghütte ❿

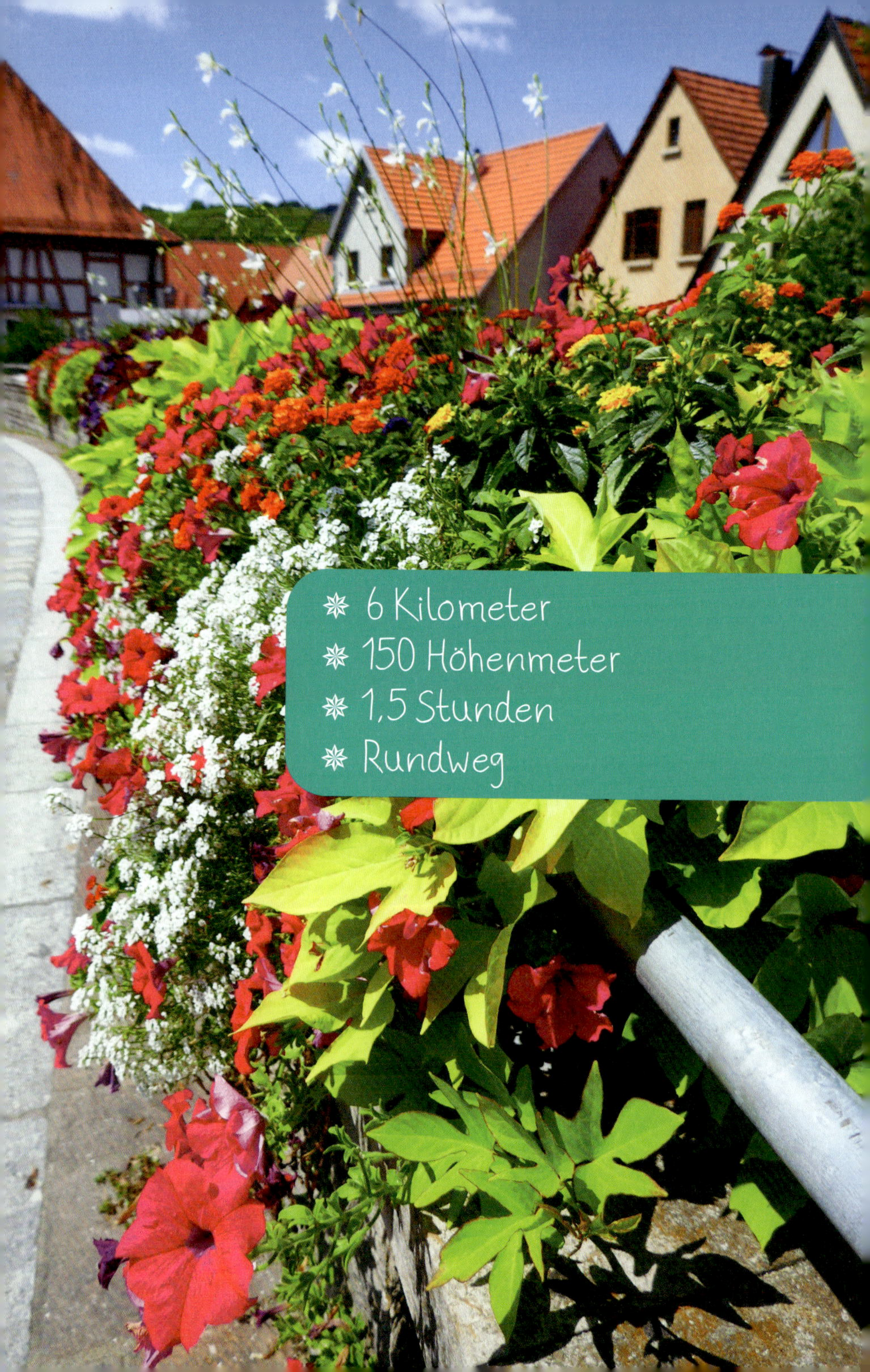

- 6 Kilometer
- 150 Höhenmeter
- 1,5 Stunden
- Rundweg

Dass unsere Verwöhntour an einem heißen Sommertag auf der kurzen Strecke von 6 Kilometern Hand und Fuß hat, erfahren wir schon am Start, denn überdimensional große Hände und Füße schmücken den Startpunkt – die **Enzbrücke** (1). „Ingresso“ nennt der Künstler Gunther Stilling sein Werk, das Teil des Besigheimer Skulpturenpfades ist und uns die Richtung in die historische Altstadt weist.

Wir überqueren die Brücke, folgen der **Hauptstraße** aufwärts und biegen an der historischen Stadtmauer rechts ein. Knallrot klettert die Skulptur „Flossi“ – erschaffen von der Künstlerin rosalie – scheinbar mühelos wie Spiderman das raue Gemäuer hinauf. Wenige Meter später geht's links die Treppe hinauf, dann

In Besigheim, 1153 erstmalig erwähnt, mündet die Enz in den Neckar. Seit 1000 Jahren baut man Wein an, seit 2005 ist die Stadt staatlich anerkannter Erholungsort. Barack Obama hat seine Wurzeln hier, denn ein Vorfahr wurde in Besigheim geboren.

Enz und Neckar

Historisches Besigheim

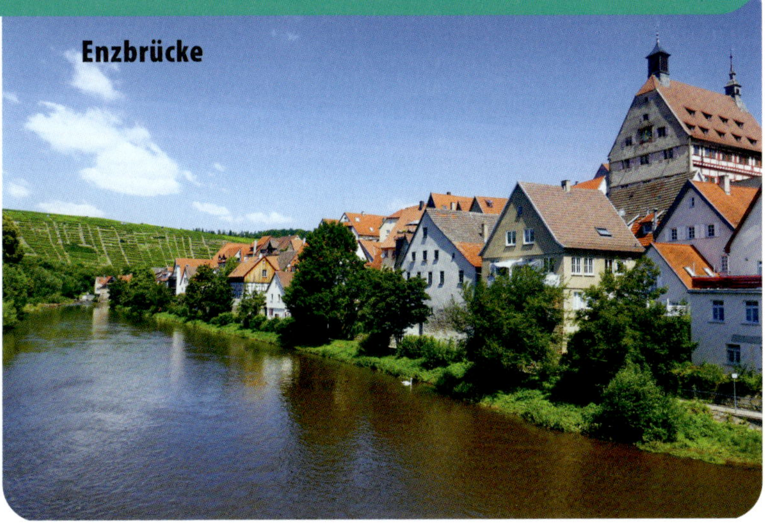

Enzbrücke

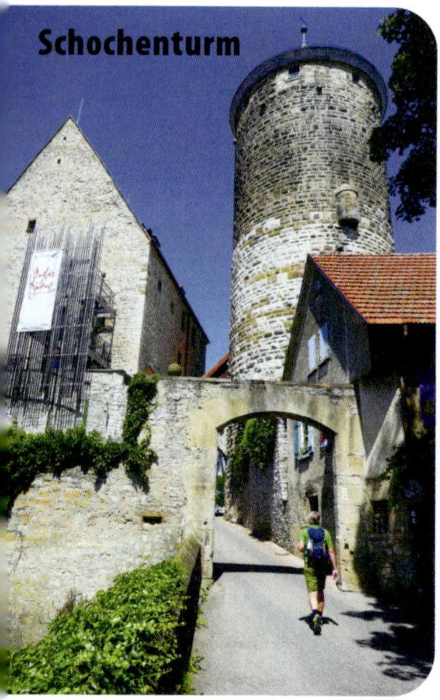
Schochenturm

rechts und schon haben wir ein paar Höhenmeter bewältigt. Wir lassen den Blick über die Dächer von Besigheim und bis hin zu den Weinbergen schweifen. Über den Straßennamen **Auf der Mauer** schmunzeln wir. Nach ein paar Augenblicken bewegen wir uns Richtung **Schochenturm ❷**, der nach dem Turmwächter Schoch benannt und schon um 1220 erbaut wurde. Es gibt allerlei Geschichtliches zu lesen, den Turm besteigen kann man nicht immer. Wir gehen einmal durchs Tor und schauen den Turm von der anderen Seite an, dann gehen wir wieder zurück, links an der **Evangelischen Stadtkirche** vorbei die Treppen hinunter, hier ist ein Wanderschild in Form einer schwarzen Figur auf gelbem Grund angebracht. Wir spazieren die **Kirchstraße** entlang und erfreuen uns am wunderschönen Blumenschmuck in den Gas-

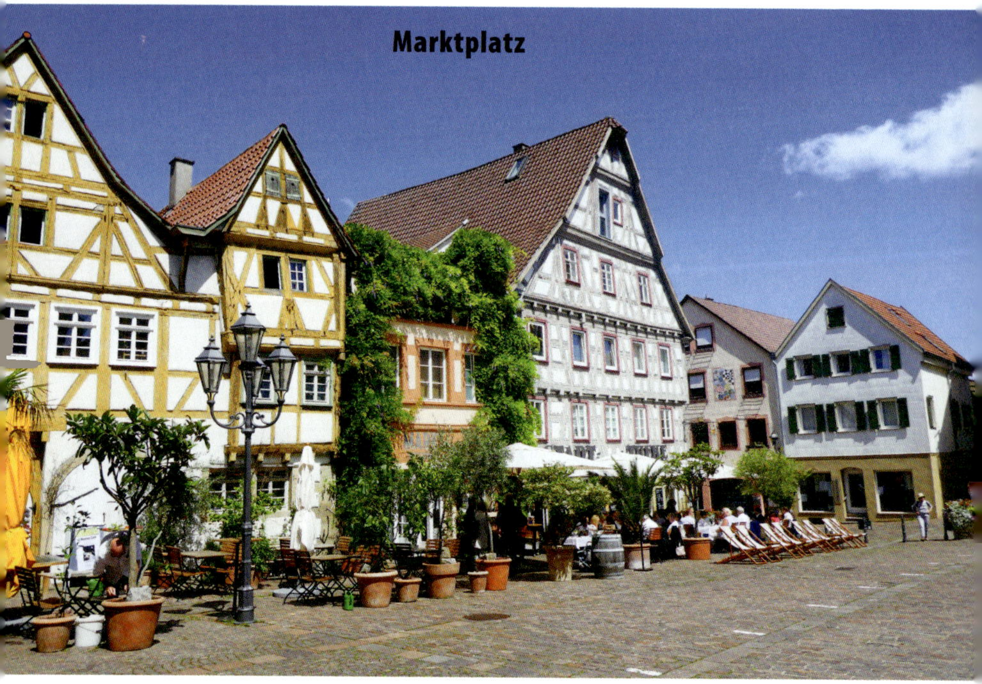
Marktplatz

sen der pittoresken Altstadt. Der **Waldhornturm** zeigt sich, wir werden ihn gleich besteigen. Zuvor bestaunen wir die Schönheit des Marktplatzes mit dem **Marktbrunnen ③** und seiner Geschichte.

Hier sitzt es sich überall so gemütlich, hier, wo die Deutsche Fachwerkstraße hindurchgeht. Wir freuen uns jetzt schon, später wiederzukommen, um einzukehren. Am Restaurant Hirsch halten wir uns links. Wir stoßen auf die Bushaltestelle Kelterplatz und ein gelbes Schildermeer, das auf „Die schönste Weinsicht 2012" verweist, eines unserer Ziele. Zunächst widmen wir uns dem 1220 erbauten staufischen **Waldhornturm ④,** der seinen Namen vom Gasthaus Waldhorn hat. Das erfordert Schwindelfreiheit, auch Platzangst sollte man wegen der engen Win-

Das Besondere am Marktbrunnen aus dem 16. Jahrhundert in Besigheim (bis 1595 badisch) ist der Schildhalter. Der Legende nach genehmigte Markgraf Phillip II. die Errichtung einer herrschaftlichen Figur nur, die mit dem Rücken nach Stuttgart zeigt.

Für die Seele

An der Enz lauschen wir dem Rauschen, steigen die Himmelsleiter empor und kehren am Ende der Tour in der pittoresken Altstadt ein.

dungen nicht haben. Oben zeigt eine Flagge an, woher der Wind weht. Für uns weht er eindeutig aus Richtung Entschleunigung. Selbst wenn uns in der Sommerhitze noch mehr Stufen bevorstehen, wandern wir insgesamt nur eine kurze Tour, die wir durch Verweilen in eine Länge ziehen, die Körper, Geist und Seele entspannen sollen. Hier oben spüren wir jetzt schon einen Moment der Vollkommenheit. Nachdem wir eine Weile Ausschau gehalten haben, verlassen wir den Turm und biegen auf die gegenüberliegende Straßenseite links in die Straße mit Namen **Vorstadt,**

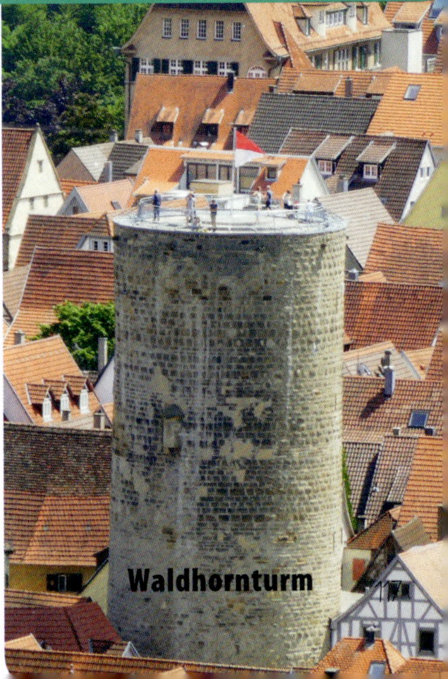

Waldhornturm

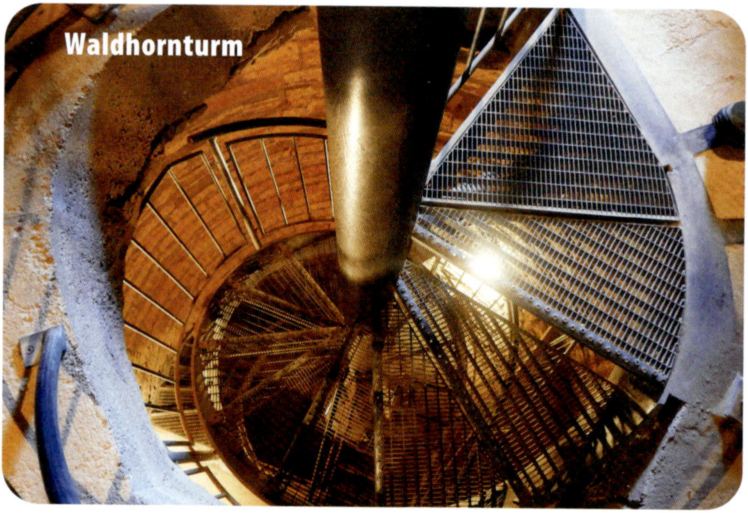

dann rechts in die **Jakobstraße** und bald einen schmalen Pfad bergab. Er weist den Weg Richtung **Enzdamm/Wahlheim.** Am Pfadende müssen wir nach rechts und bleiben auf diesem Weg geradeaus. Links ragen die Weinberge majestätisch empor, in der Ferne erkennen wir eine Aussichtskanzel, von der wir später einen großartigen Rundblick genießen wollen. Ein Schotterweg führt uns beschattet an der Enz entlang, die flotter unterwegs zu sein scheint als wir. Eine Bank reiht sich an die nächste, sodass einer kleinen Pause zwischendurch nichts im Wege steht. Wir nutzen die Gelegenheit, dem Rauschen der Enz zu lauschen und schlechte Gedanken gegen gute zu tauschen. Links am Hang spähen wir nach der Himmelsleiter, die wir bald hinaufsteigen werden. Die Brücke überqueren wir nach links, erfreuen uns mittig am wunderschönen Blick und entdecken am Ende des Wegs den Wegweiser zur Himmelsleiter. Nun gehen wir auf der anderen Flussseite wieder zurück. Rechts oberhalb von uns verläuft eine Bahntrasse. Der Anfang der **Himmelsleiter** **5** versteckt sich mitten im Mauerwerk. Bevor wir aber die 411 Stufen angehen, können wir uns an der nebenstehenden Infotafel über die Stadt Besigheim informieren. Nach wenigen Stufen gelangen wir linker Hand schon an den ersten Aussichtspunkt. Da es heiß ist, verschnaufen wir gerne gleich und lesen auf Tafeln Wissenswertes über den Weinbau. Auch über die Auswirkungen des Klimawandels wird gesprochen. Die lang andauernden Hitzeperioden verbunden mit extremer Trockenheit beeinflussen das Rebenwachstum negativ. Sogar Trauben bekommen Sonnenbrand.

Gegenüber erblicken wir von unserem ersten Aussichtspunkt den Waldhornturm, den wir vor einer halben Stunde bestiegen haben. Weiter geht's. Wir steigen die flachen Stufen weiter empor, zwei auf einmal ist kein Problem. Oben angekommen sagt das Wanderschild, dass wir in 200 Metern die **Schönste**

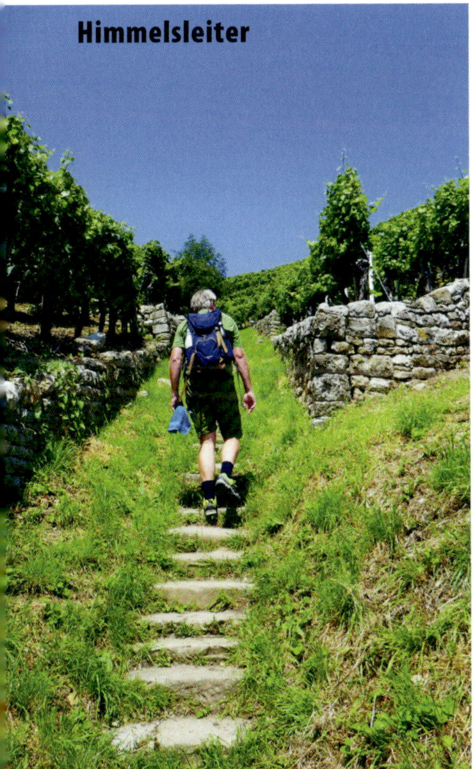

Himmelsleiter

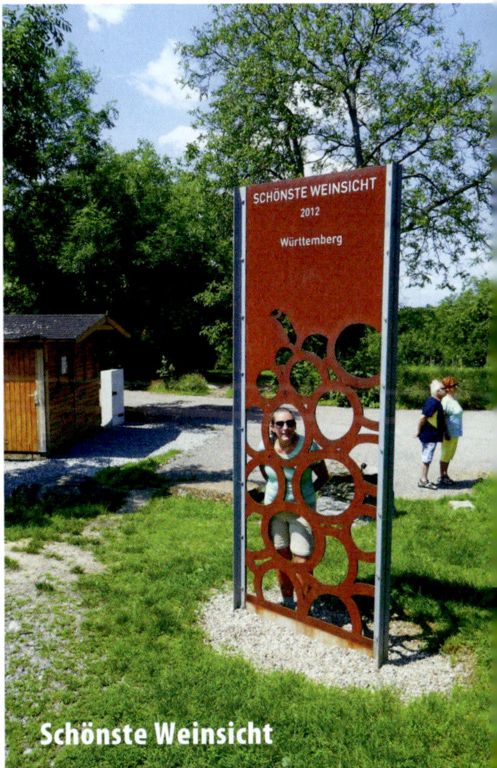

Schönste Weinsicht

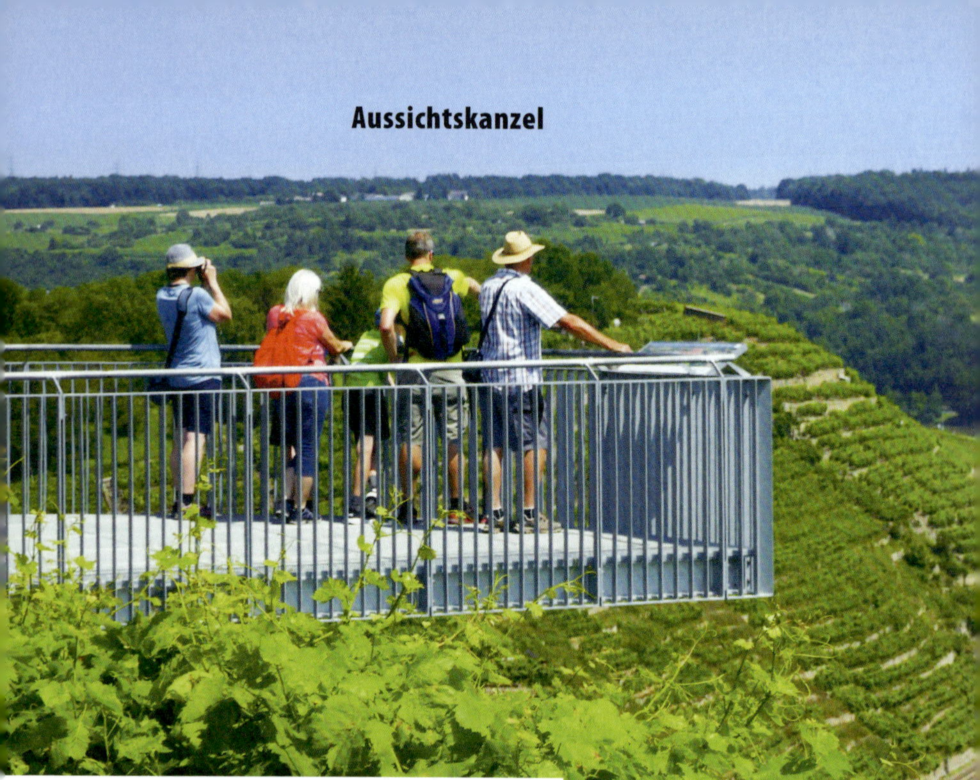
Aussichtskanzel

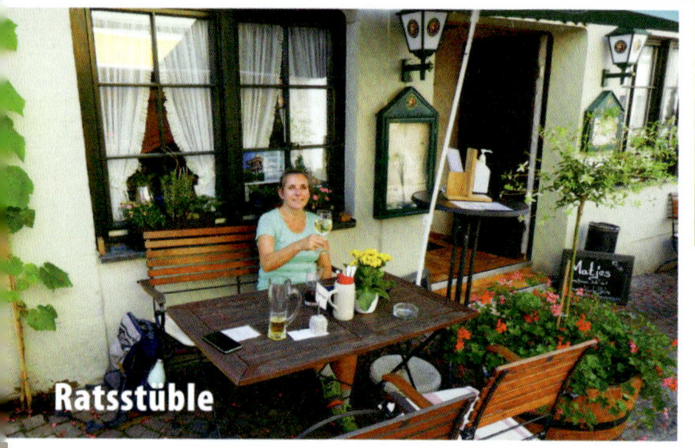
Ratsstüble

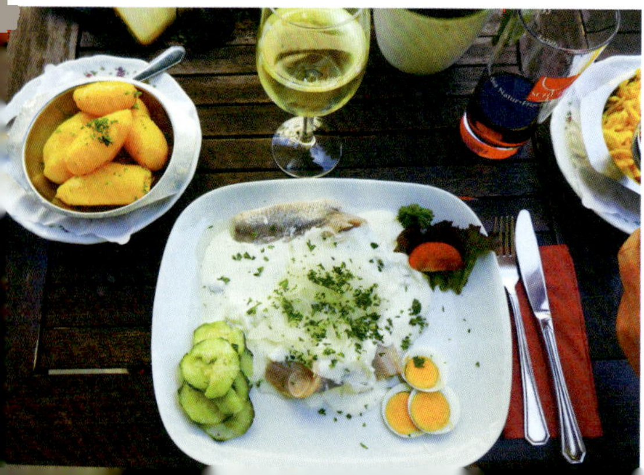

Weinsicht Württemberg 2012 6 erreichen. Schon erkennt man von hier oben eine der vielen Enzschleifen. Und – wie der Name schon sagt – Weinberge. Für ein Weilchen nutzen wir die Bank, sehen in die Ferne, folgen mit den Blicken der Enz und linker Hand dem Neckar. Wie schön, sich hier vom Sonnenlicht streicheln zu lassen. Dann gehen wir ein Stück zurück, und folgen dem Weg

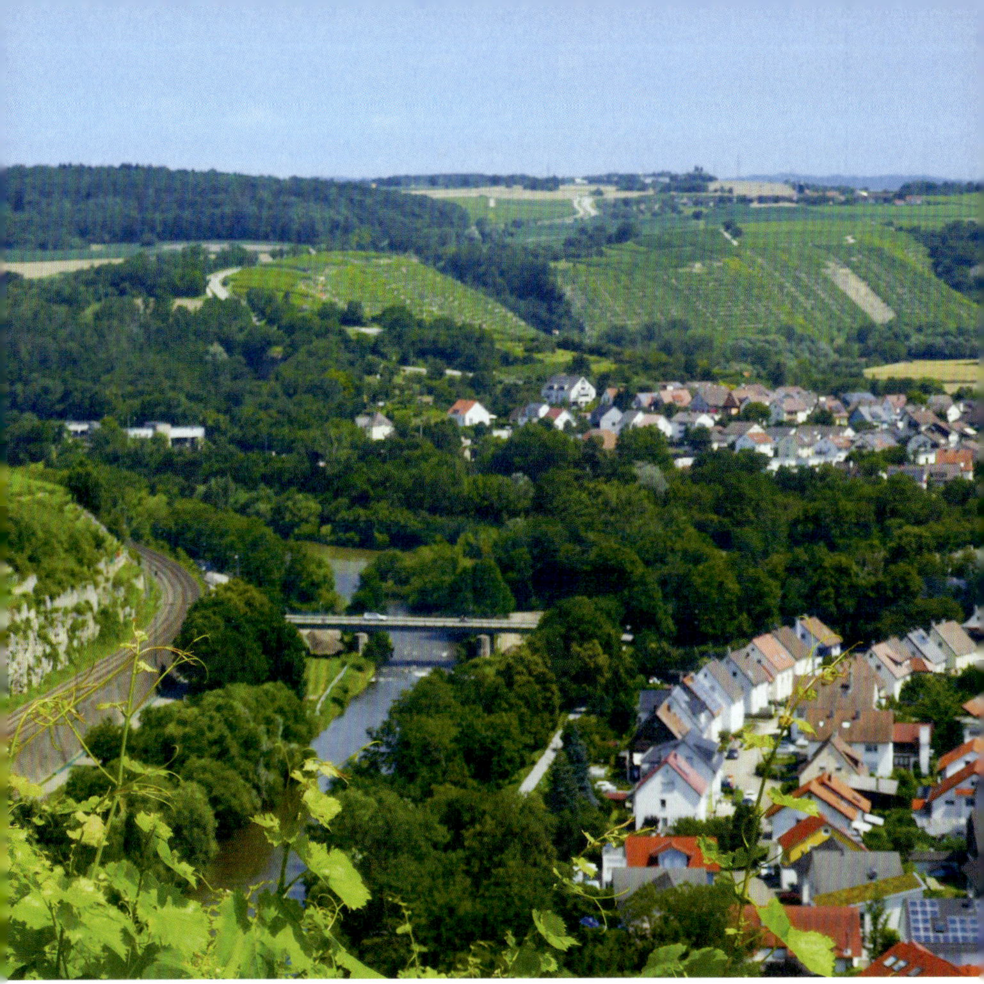

geradeaus weiter. An der Kreuzung müssen wir links abwärts, die **Aussichtskanzel am Niedernberg** 7 sehen wir gleich vor uns. Wir betreten sie und freuen uns, dass man von hier aus links hinter der Brücke den Zusammenfluss von Enz und Neckar sieht. Nach der Aussichtskanzel folgen wir unserem Weg weiter und kommen nach einer Weile an einem Sendemast vorbei. Danach gehen wir links abwärts. Das gelbe Wanderschild gegenüber sagt, dass es nach Besigheim nur noch 800 Meter sind. Das, was wir vorhin über die Himmelsleiter an Höhenmetern gewonnen haben, verlieren wir jetzt auf der **Löchgauer Steige** wieder an Höhe. Unten überqueren wir die **Froschbergstraße** und biegen links ein über die Bahnbrücke wieder Richtung Besigheim zurück, dabei halten wir uns links an der Bahn auf dem Fußgänger- und Radweg entlang und spazieren vor der Post rechts ein in die **Bahnhofstraße.** Von hier aus können wir die **Enzbrücke** schon sehen, die wir jetzt erneut überqueren werden. Ein zweites Mal begeben wir uns in die schmucke Altstadt und kehren im **Ratsstüble** 8 ein. Wir freuen uns, draußen zu sitzen und den Menschen beim Flanieren zusehen zu können. Den Kaffee trinken wir im Anschluss wenige Meter weiter im **Restaurant Café Hirsch** 9**,** das Eis auf die Hand holen wir im **Eiscafé Bataja** 10**.** Beim Spaziergang zum Auto zurück verweilen wir noch einmal auf der Enzbrücke.

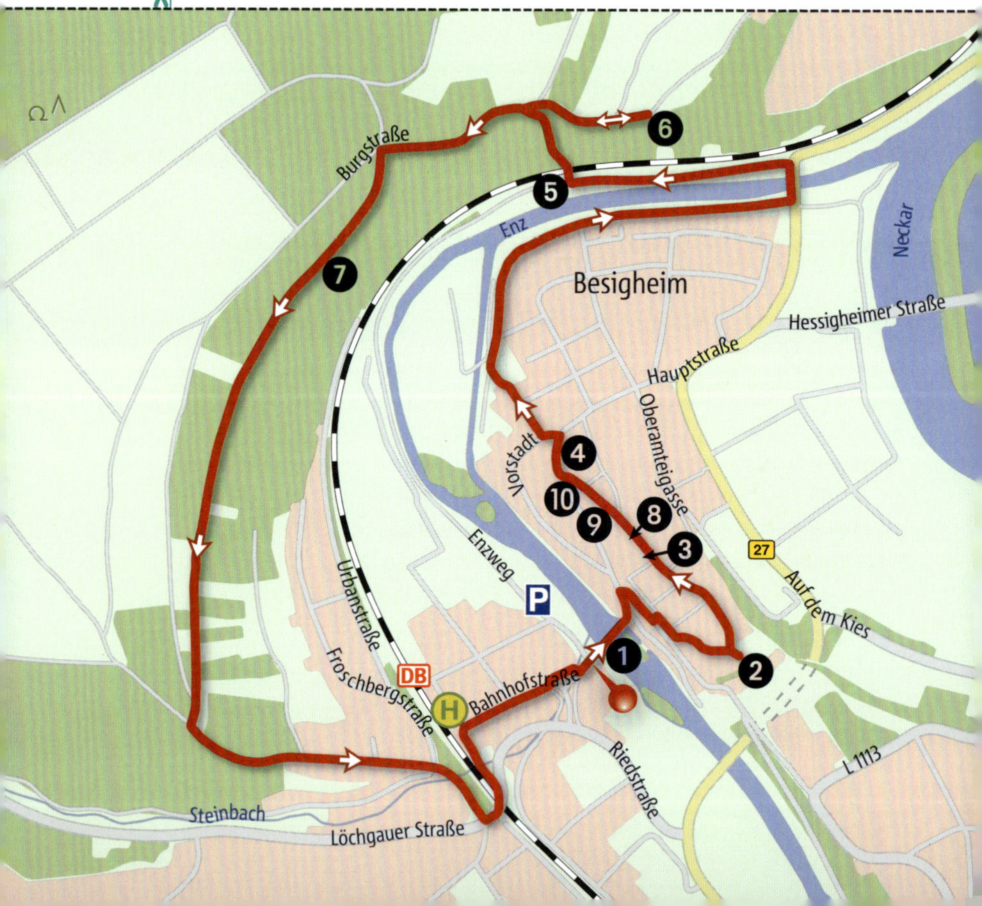

Alles auf einen Blick

WIE & WANN:
Breite asphaltierte Straßen, Schotterwege, Treppen, beste Wanderzeit im Sommer

HIN & WEG:
Auto: EnzParkhaus unweit der Enzbrücke (kostenpflichtig), Riedstraße 5, 74354 Besigheim (GPS: 48.99631, 9.14208)
ÖPNV: Buslinien 560, 568, 574, 459 bis Besigheim Bahnhof

ESSEN & ENTSPANNEN:
Ratsstüble ❽ Kirchstraße 22, 74354 Besigheim, Tel. (0 71 43) 3 59 41, www.ratsstueble-besigheim.de
Restaurant Café Hirsch ❾ Kirchstraße 16, 74354 Besigheim, Tel. (0 71 43) 3 17 18, www.hirsch-besigheim.de
Eiscafé Bataja ❿ Hauptstraße 26, 74354 Besigheim, Tel. (0 71 43) 40 54 58

Entspannung ✱✱✱ (3 von 5)
Genuss ✱✱✱✱✱
Romantik ✱✱✱✱✱

ENTDECKEN & ERLEBEN:
Enzbrücke ❶
Schochenturm ❷
Marktbrunnen ❸
Waldhornturm ❹
Himmelsleiter ❺
Schönste Weinsicht Württemberg 2012 ❻
Aussichtskanzel am Niedernberg ❼

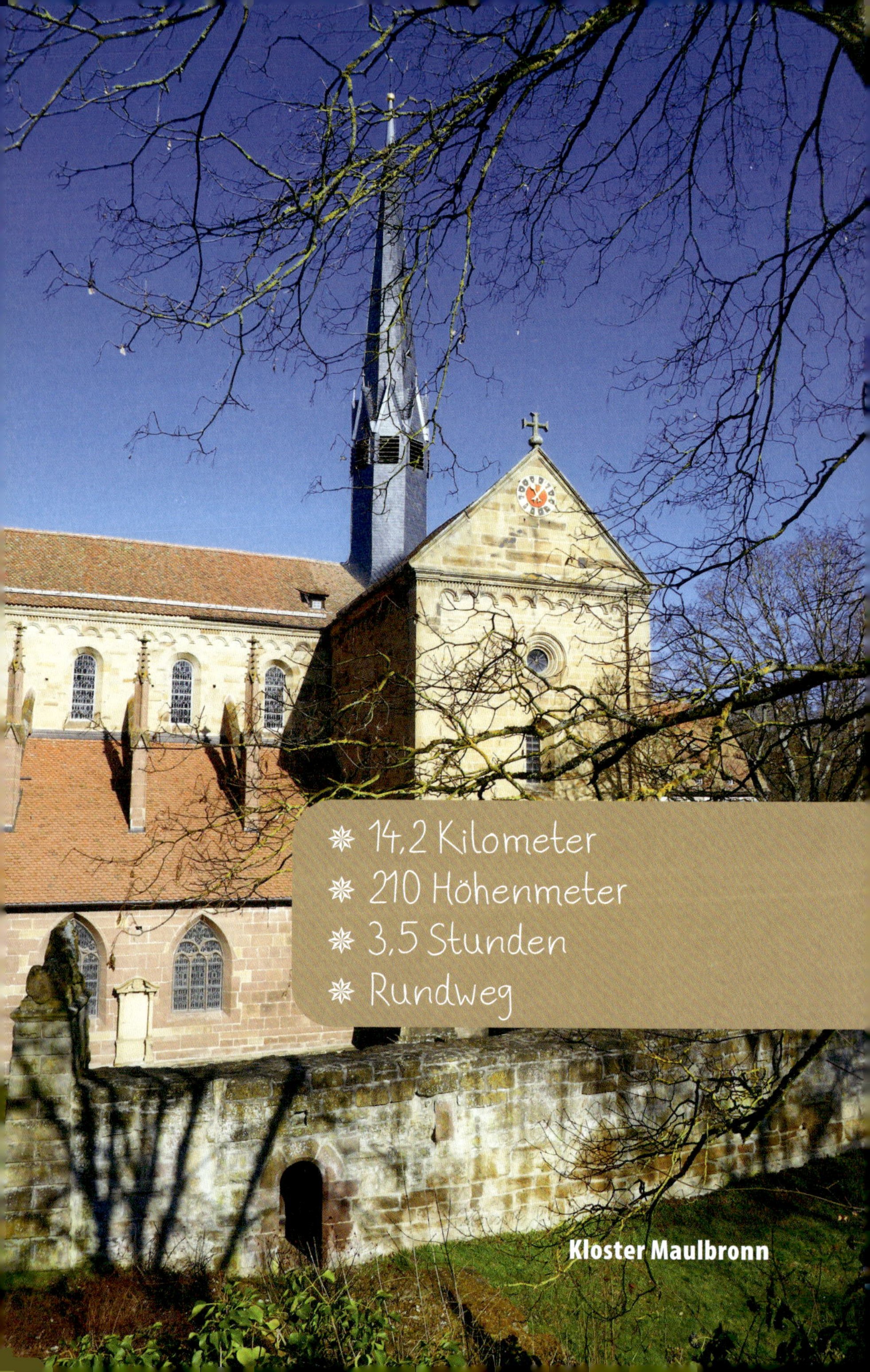

Kloster Maulbronn

Wir starten 11 Uhr am UNESCO-Weltkulturerbe **Kloster Maulbronn** ❶ bei herrlichem Sonnenschein unsere Tour, deren Wegweiser heute MB 1 lautet. Wie es sich für einen Wintermonat gehört, ist die Temperatur im einstelligen Bereich, aber uns wird eher warm ums Herz, als wir die Klosteranlage bestaunen. Einst besuchte Johannes Kepler, Begründer der modernen Naturwissenschaften, die höhere Klosterschule Maulbronn. Auch Hermann Hesse, der sagte, er wolle lieber 2 oder 3 Stunden Cicero schaffen, als eine Turnstunde durchzumachen, ging hier zur Schule. Uns ist nach Bewegung, das Klostermuseum, das Alltagsgegenstände aus sechs Jahrhunderten zeigt, sehen wir uns ein andermal an.

Angeblich suchte ein Maulesel den Klosterstandort aus. Er war mit einem Geldsack beladen von Ritter Walter von Lomersheim losgeschickt worden und warf an dieser Stelle seine Last ab.

Wir verlassen die Klosteranlage rechter Hand hinauf, schauen noch einmal zurück, folgen dem MB 1 die **Stuttgarter Straße** entlang. Pflastersteine und eine Skulptur mit Schafen, die uns auf das Schafhof-Museum aufmerksam macht, lassen sie recht außergewöhnlich erscheinen. Dann biegen wir rechts in den **Wannenbachweg** ein, den eine Wannenbach-Kastanie

Historie wandern

Eppinger Linien bei Maulbronn

ziert. Leicht bergauf geht's und nach wenigen Metern links in den Wald hinein. Der Kalender spricht noch nicht von Frühling, aber die Sonne scheint kräftig und die Vögel zwitschern fröhlich. Nur 10 Minuten und wir sind in der Natur. Nach mehrmaligem Rechts-Links gelangen wir in den **Schelenackerweg.** Der leichte Wind kitzelt die letzten noch hängenden vertrockneten Winterblätter von den Bäumen. Den Schelenackerweg verlassen wir nach links – Vorsicht, das Wanderschild ist etwas weiter hinten. Wenn bunte Schilder an den Bäumen hängen, gab es eine Kindergartenaktion. Da gibt es Gute-Laune-Stationen, die Witze und leichte Übungen abbilden, die man nachmachen kann, um so beweglich zu werden wie Kinder selbst. Wenn wir nicht mehr laubraschelnden Schrittes durch den Wald laufen, sondern auf Asphalt gelangen, hören wir die Vögel wieder deutlich. Wir überqueren die **B 35** in den Wald hinein und kommen zum Wanderparkplatz an den **Eppinger Linien** ②, über die wir uns an der Tafel belesen. Leider müssen wir nicht über die schnuckelige Holzbrücke, die uns anlacht, sondern links. Wir wandern auf dem **Wall der Eppinger Linien** entlang. Der Schanzgraben ist mit Palisaden rekonstruiert. In der Nähe befindet sich die Waldgaststätte **Maulbronn** ③, für uns ist es aber zu früh zur Einkehr.

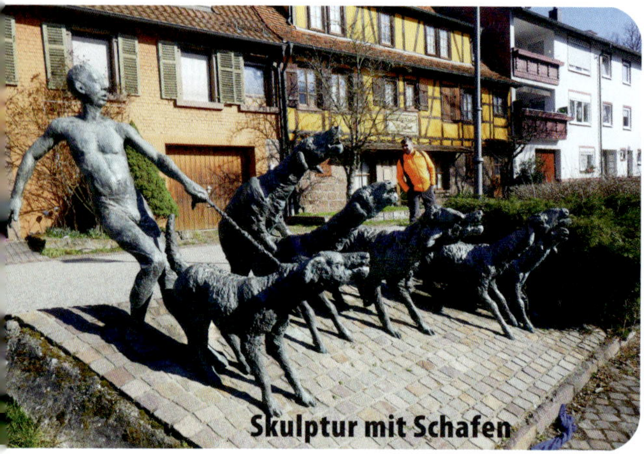

Skulptur mit Schafen

Als Schutz gegen französische Raubzüge, ließ Markgraf Ludwig Wilhelm von Baden-Baden einen Verteidigungswall anlegen. Die Eppinger Linien waren 87 Kilometer lang, sie reichten von Weißenstein über Mühlacker, Sternenfels und Eppingen bis nach Neckargemünd.

Wir sind eine Dreiviertelstunde unterwegs. Der Pfad ist jetzt weitaus wurzeliger und wird hier und da zum hügeligen Mountainbikepfad. Ein paar Fahrer überholen uns und grüßen freundlich. Uns sind die Beine lieber, die nach etwa 4 Kilometern und 1 Stunde in Bewegung an der **Wolfgang-Uhlarz-Linde** ④ eine Pause bekommen. Im Anschluss laufen wir noch ein paar Minuten den Pfad, der dann auf einen breiten Weg wechselt. Unser Wegweiser MB 1 weist uns den Weg nach rechts. **Am Sauberg** noch 1,5 Kilometer, lesen wir. Nach etwa 150 Metern Asphaltweg verlassen wir diesen nach links, gelangen auf einen schmalen Pfad an einer Erdgaspipeline vorbei und erreichen das Plateau

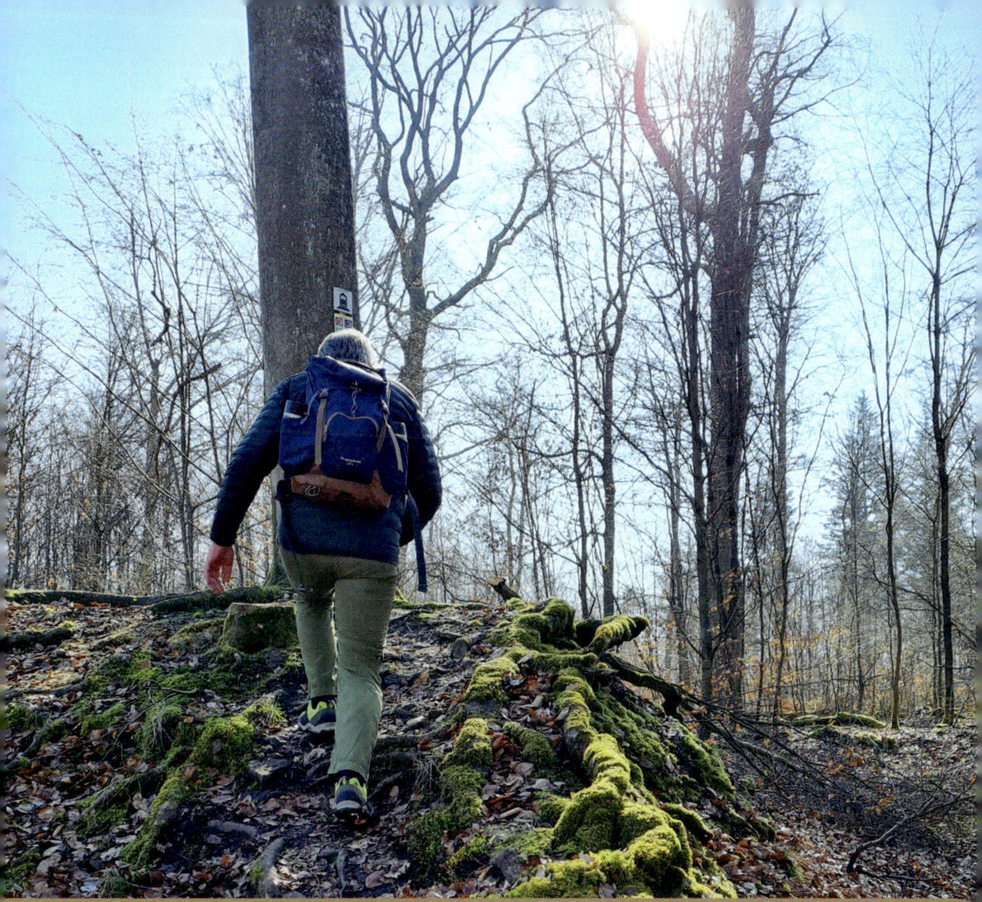

Für die Seele

Die Waldstille entschleunigt uns und für unser zukünftiges Leben nehmen wir eine Dosis wohltuende Ruhe mit, die diese Wege bieten.

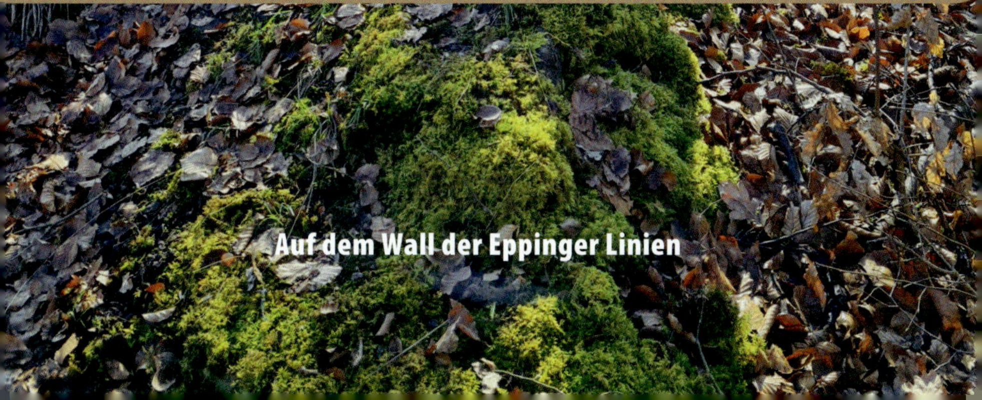

Auf dem Wall der Eppinger Linien

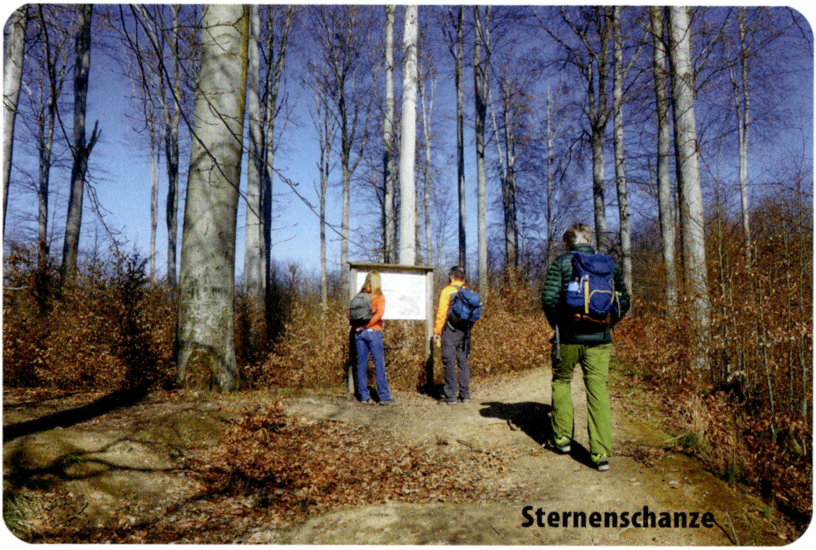

zur **Sternenschanze** ⑤. Sie ist über 300 Jahre alt und gehört als fünfeckige Verteidigungsanlage zu den Eppinger Linien.

Durch die kahlen Winterbäume sehen wir schon den nächsten Aussichtspunkt, den **Chartaque am Sauberg** ⑥, einem wieder errichteten Wachturm. Chartaque, das klingt französisch, denken wir, lernen aber direkt vor Ort, dass der Begriff aus dem Ungarischen stammt und ursprünglich einen Tabaktrockenturm bezeichnet. Wissen macht hungrig und muss sich setzen, wir pausieren. Andere Wanderer haben sogar Tischdecke, Sektgläser und entsprechendes Getränk dabei. „Alkoholfrei" sagen sie, „man will ja beim Wandern nicht stolpern." Wir besteigen den Turm und genießen den Ausblick über Schöneberg und die Weinberge unter uns. Wir verabschieden uns von der Ruhestätte – wenn wir vor dem Turm stehen, orientieren wir uns nach links, dort finden wir unseren MB 1 an schmucker **Kunst im Wald** ⑦ vorbei. Mehrere riesige Bilder hängen zwischen zwei Bäumen. Wir fragen uns, wie die Farben dem Wetter trotzen können. Sie scheinen vor allem in Grün und Blau zu leuchten.

„Kunst wischt den Staub des Alltags von der Seele – Pablo Picasso“ lesen wir zu dieser Freiluftausstellung. Danach biegen wir rechts ab und laufen bergab der Sonne entgegen. Dann geht es nochmals rechts unterhalb der Weinberge weiter und da kommt schon der nächste schöne Pausenplatz. Es leuchten uns gelbe verbogene Schilder an, das Kunstobjekt trägt den Titel Zerstörung und gehört zum **Skulpturenprojekt Eppinger Linien (8).** Um noch mehr zu entschleunigen, legen wir uns auf die **Himmelsliege (9),** die nicht weit entfernt nach uns zu rufen scheint. Wir sind so entspannt, wir merken gar nicht, dass wir schon 3 Stunden unterwegs sind. Wir verlassen den Weg nach rechts, links ginge es nach Schöneberg und zur **Gaststätte Lamm (10).** Wer hier einkehren möchte, dem sei der Rostbraten ans Herz gelegt. Wir wollen jedoch erst am Ende der Wanderung speisen. Eine Weile laufen wir plauderlustig durch die Gegend, verpassen aber die Abzweigung nach rechts nicht, die wir am Schild erkennen, auf dem unter anderen Hummelsklinge Nord, 0,1 Kilometer zu lesen ist. Es geht leicht bergan. Im Wintersonnenschein begegnen uns Weihnachtsbäume rechter Hand und lassen uns an Vergangenes denken. Für

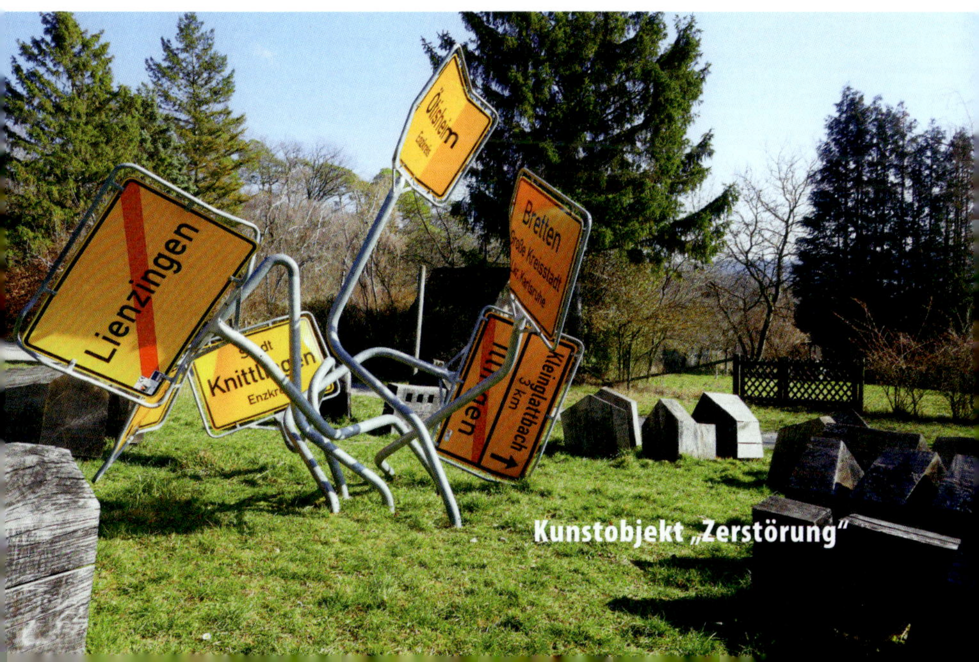

Kunstobjekt „Zerstörung“

Der Legende nach erfand ein Zisterziensermönch die Maultasche. Er gelangte kurz vor Ende der Fastenzeit zu einem Stück Fleisch, das er zerhackte und unter Gemüse mischte. Ein Nudelteig drum herum verbarg es vor Gottes Augen, daher der Name Herrgottsbescheißerle.

die kommenden Tage nehmen wir etwas von dieser wohltuenden Ruhe mit, die diese Wege bieten. Nach einer gefühlten Ewigkeit hören wir die Autos von der B 35 wieder. Ein Schild zeigt **Kloster Maulbronn,** 2,6 Kilometer an, dem wir folgen. Wir müssen unter einer Brücke hindurch. Danach geht es wieder bergab, es sind noch 2 Kilometer bis zu unserem Ausgangspunkt. Wir erreichen ihn mit Leichtigkeit und durch die viele Waldstille unterwegs fühlen wir uns entschleunigt. Jetzt genießen wir natürlich ein paar Maultaschen im **Restaurant Klosterkatz** (11). Glück hat, wer reserviert hat! Allerdings bietet Maulbronn mit weiteren Lokalitäten wie **Zum Scheffelhof** (12) und dem **Restaurant Klosterblick** (13) in der Nähe ausreichend Möglichkeiten, gut einzukehren.

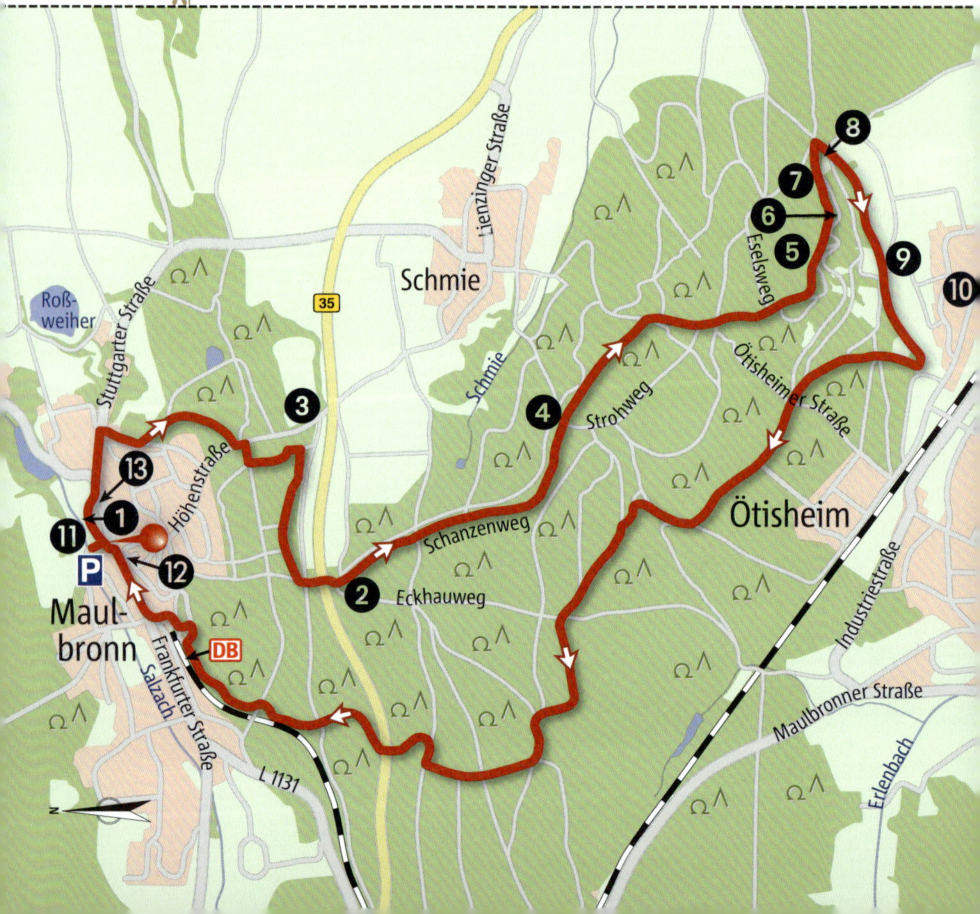

Alles auf einen Blick

WIE & WANN:
Geteerte Wege, breite Waldwege, schmale Pfade. Beste Wanderzeit ganzjährig

HIN & WEG:
Auto: Parkplatz Friedhofweg, 75433 Maulbronn, (GPS: 49.0004, 8.80963)
ÖPNV: Buslinien 700, 704 bis Haltestelle Kloster, Maulbronn

ESSEN & ENTSPANNEN:
Waldgaststätte Maulbronn ❸ Höhenstraße 69, 75433 Maulbronn,
Tel. (0 70 43) 69 09, www.waldgaststaette-sawwidis.de
Gaststätte Lamm in Schöneberg ❿ Henri-Arnaud-Straße 10,
75443 Ötisheim, Tel. (0 70 41) 52 27, www.gasthaus-lamm-schoenenberg.de
Restaurant Klosterkatz ⓫ Klosterhof 21, 75433 Maulbronn,
Tel. (0 70 43) 8089, www.kloster-katz.de
Zum Scheffelhof ⓬ Frankfurter Straße 9, 75433 Maulbronn,
Tel. (0 70 43) 95 25 17, www.scheffelhof-maulbronn.de
Restaurant Klosterblick ⓭ Stuttgarter Straße 22, 75433 Maulbronn,
Tel. (0 70 43) 21 89, www.klosterblick-maulbronn.de

ENTDECKEN & ERLEBEN:
Kloster Maulbronn ❶
Eppinger Linien ❷
Pausenplatz Wolfgang-Uhlarz-Linde ❹

Entspannung ✱✱✱✱
Genuss ✱✱✱✱
Romantik ✱✱✱✱

Sternenschanze ❺
Chartaque am Sauberg ❻
Kunst im Wald ❼
Skulpturenprojekt Eppinger Linien ❽
Himmelsliege ❾

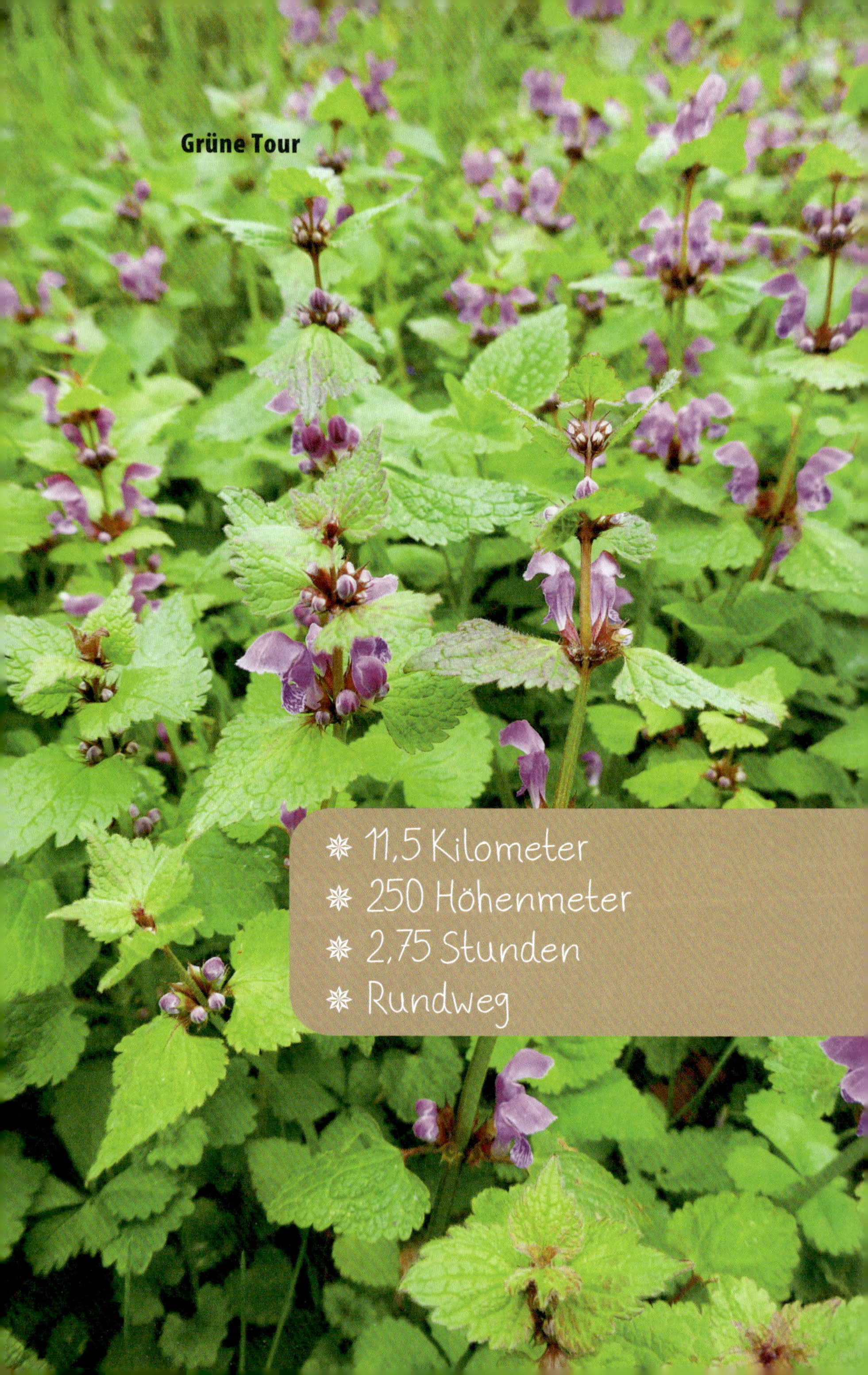
Grüne Tour
11,5 Kilometer
250 Höhenmeter
2,75 Stunden
Rundweg

Kurz vor 11 Uhr, knapp unter 10 Grad und auch wenn es apriltypisch leicht tröpfelt, beginnen wir unserer Tour. Wir laufen am alten Bahnhäuschen an den Schienen entlang auf das Wanderschild „Wandern im Land der 1000 Hügel“ zu und aufwärts in die **Neuenwegstraße.** Ein Uhu ruft freundlich und Ginster erhellt das Asphaltgrau. Wir gehen geradeaus durchs Dorf, biegen nach der Bushaltestelle am Friedhof rechts ein, kurz darauf links und überqueren den Dorfbach ebenfalls noch einmal nach links. Wir hören Plätschern, Zwitschern, einen Hahn krähen und Hunde bellen, nur zwei Esel schweigen in den Tag hinein. Nach der Feuerwehr biegen wir rechts ab in die **Planstraße** und folgen somit der **Kraichtal Jubiläumstour,** auch die **ÖkoRegio-Tour** verläuft ganz in der Nähe. Die Straße gabelt sich in drei Teile, wir nehmen den mittleren Weg Richtung Schützenhaus. Es geht bergauf, links führen Treppen zu einem schmucken Brunnen. Keine halbe Stunde ab Start beginnt der erste Hohlweg. Vor allem Ginster und Löwenzahn peppen das viele Grün nochmals auf. Zehn Prozent Steigung müssen wir

Die grüne Stille

Hohlwege Oberöwisheim

bewältigen. An der nächsten Abzweigung bleiben wir rechts auf dem Hohlweg, genannt **Hohlgasse Schützenhaus.** Ein gelbes Wanderschild weist den Weg, obenauf steht Neuenbürg 1,3 Kilometer. Scharbockskraut am Rand öffnet die Köpfe und streckt seine Blütenblätter aus, als wollten sie das Fehlen der Sonnenstrahlen ausgleichen. Vielleicht ist es gut, dass die Sonne nicht von oben brennt, denn wir haben ja eine Steigung zu bewältigen. Als wir aus diesem ersten Hohlweg herauskommen entfährt uns ein „Wow!“ Über blühende Rapsfelder blicken wir in die hügelige Landschaft des Kraichgaus, sogleich nutzen wir einen Baumstamm als Sitzgelegenheit und schauen uns glücklich.

An der Kreuzung biegen wir links ab, dem angeschriebenen Oberöwisheimer Rundweg nach und verlassen die Jubiläumstour. Linker Hand die Weinberge, rechter Hand der Ausblick, Kirschbäume blühen – was will man mehr? Ein Greifvogel schwebt über den Feldern.

Wir bleiben auf dem asphaltierten Weg und gehen wieder etwas aufwärts. Der Weg macht eine Linkskurve, oben an der Kreuzung biegen wir rechts ab durch die Weinfelder hindurch und laufen auf eine Bank zu. Den Weinstöcken sieht man ihr Alter an. Schmeckt der Wein besonders gut, wenn die Altersweisheit in ihm steckt? Wir sind nun eine Dreiviertelstunde unterwegs und freuen uns über die **Wiesenbank mit Aussicht** 1, wenngleich wir eigentlich noch keine Pause brauchen. Aber gerade darin liegt ja das Geheimnis des Entspannens – man nimmt sich etwas, das man nicht braucht, weil man es kann. Hier sitzen und schauen entschleunigt. Vor der Bank biegen wir

Wiesenbank mit Aussicht

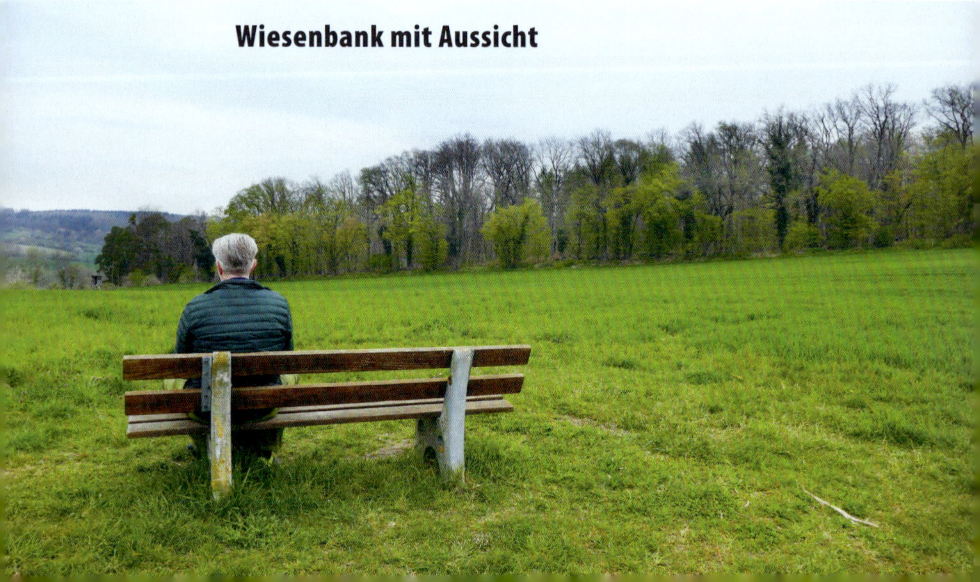

dann links ab und folgen der ÖkoRegio-Tour auf einem Feldweg. Das Klopfen eines Spechts, das eher wie ein Rattern klingt, durchdringt die Naturstille. Wir wandern bergab und entdecken links eine eingezäunte wunderschöne Gänseblümchenwiese. Ein Schild vor dem Tor warnt nicht etwa vor dem Hund, nein, es warnt vor Bienen. Ja, manchmal muss man Schönes einzäunen. Der Feldweg macht eine Rechtskurve, gerade laufen wir im Naturschutzgebiet. Jetzt geht es steil abwärts, der Hochsitz linker Hand sieht aus wie ein Sofa in der Natur. Links hat man den Hügel in einen Terrassenbau umgewandelt, so kann man hier besser arbeiten. Wie viele Tiere wohl in den vielen Erdlöchern leben? Wir gelangen an den **Kleinen Kraichbach.** Links sehen wir die Kirchturmspitze von Oberöwisheim. Wir überqueren den Bach und biegen rechts ab. Achtung

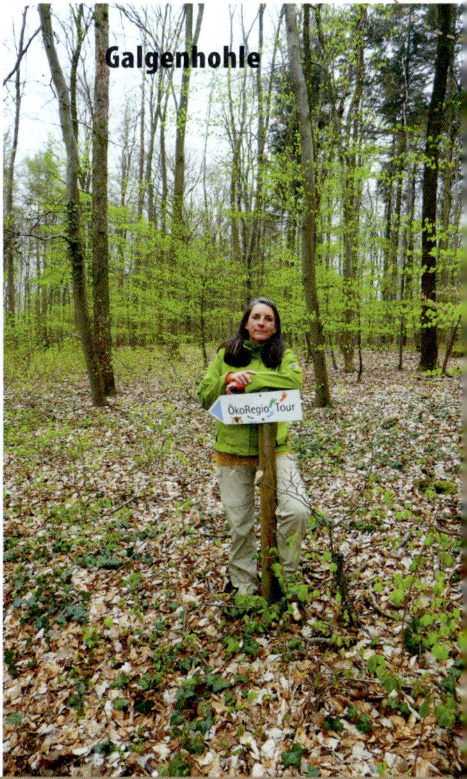

Galgenhohle

Für die Seele

Trunken von Grüntönen schauen wir uns auf dieser Tour glücklich, wenn wir an besinnlichen Plätzen innehalten.

hier fahren Autos! Wir kommen an einen **Picknickplatz am Kraichbach** ❷, davor laufen wir links hoch, der Autostraße nach. Das saftige Grün und die Naturstille, die wir genießen, sind Programm auf dieser Tour, weshalb sie auch den Titel „Die grüne Stille" bekam.

Wir verlassen die asphaltierte Straße und biegen links ein – der ÖkoRegio-Tour nach. **Galgenhohle** ❸,

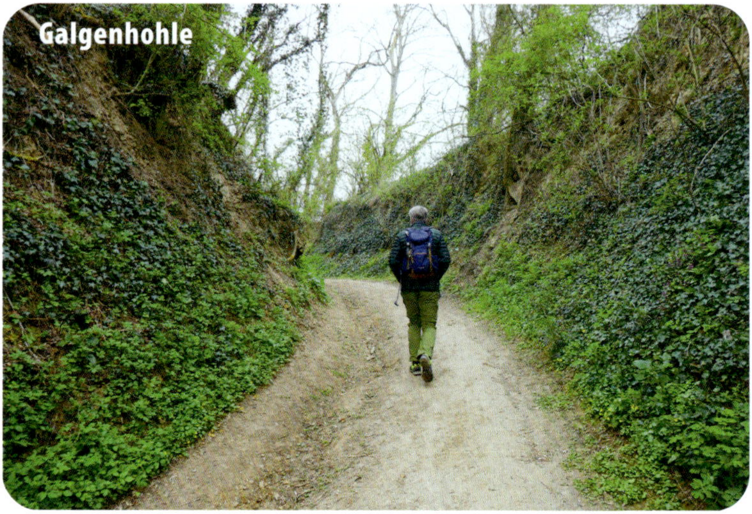

lesen wir ganz klein auf dem gelben Wanderschild, das gleichzeitig sagt, dass wir in 1,3 Kilometern „Beim Himmelreich" seien. Auf der Infotafel „NSG Kleiner Kraichbach – Galgenhohle" gibt es einiges zu erfahren, sodass man sich unwillkürlich umschaut, um das Echte Labkraut zu entdecken, das hier überall wächst.

Die 13 Meter tiefe Galgenhohle ist mit 600 Metern die längste Hohle im Kraichgau. Einst wurde sie als Zufahrt zu einer Richtstätte auf dem Galgenberg genutzt – daher rührt auch der Name. Hinrichtungen sollten als Mahnung weit zu sehen sein.

Auf dem Hohlweg darf man nicht versäumen, nach oben zu schauen und das Wurzelwerk zu bewundern. Man kann auch ab und an rechts einbiegen und einen schönen Ausblick über die Felder hin zum Wald genießen. Der Hohlweg wird immer flacher, wie aus einem Tunnel taucht man auf und blickt in das Katzbach- und das Kraichbachtal. Rechter Hand sehen wir ein Himmelssofa. Auf die nebenstehende Informationstafel hat schon lange die Sonne geschienen, die Schrift, die über das hiesige Getreide informiert, ist ausgebleicht, aber zu lesen. Wir setzen uns und strecken unsere Füße den Hügeln entgegen. Etwa 5 Kilometer sind wir bis hierher gewandert. Wenn wir die Galgenhohle verlassen, müssen wir uns unbedingt umdrehen und den Rückblick genießen. Auf unserem weiteren Weg bedanken wir uns bei den Menschen, die am Wegesrand immer mal wieder Tulpenzwiebeln ausgesetzt haben, nun haben wir etwas davon. Dann folgen wir dem Schild **ÖkoRegio-Tour** nach links in den Mischwald hinein. Ein ziemliches Gefälle – **die Himmelreich-Steige.** Unten blicken wir in eine zwar von Menschen geformte, aber doch sehr schöne Kulturlandschaft. Am Wegesrand brummt eine Hummel von Blütenkelch zu Blütenkelch und betrinkt sich. Wir sind trunken von den Grüntönen, die dafür sorgen, dass der Sehsinn entschleunigen kann. Klein wie eine Ameise wirkt der Mensch, der hier durch die Landschaft wandert. Und doch fühlt man sich selbst als Teil eines großen Ganzen. Am nächsten Schild folgen wir der **ÖkoRegio-Tour** nach rechts, an der Weggabelung bleiben wir rechts. Schon sind wir im nächsten Hohlweg und kommen an eine Art Hohlwegkreuzung, an der wir geradeaus weitergehen. Es geht auf halb zwei zu und ist jetzt wärmer. Nach dem Hohlweg müssen wir rechts und wieder ist oben der Ausblick fantastisch. Menschen in der Ferne sehen aus, als liefen sie im Himmel spazieren. Himmelsläufer. Wir

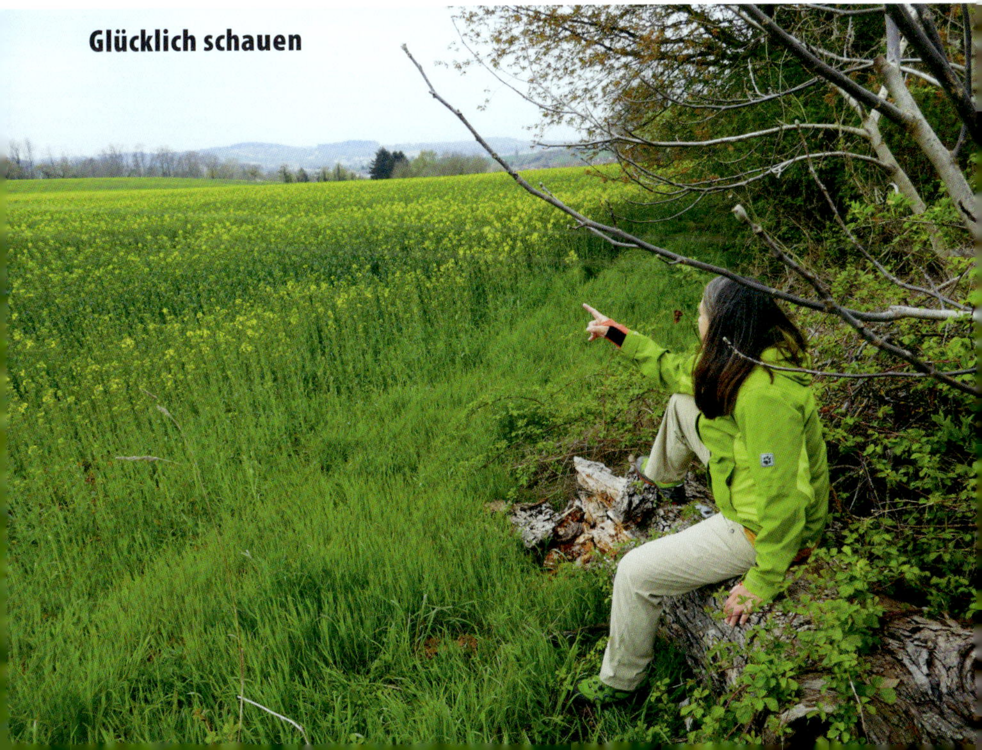

Glücklich schauen

kommen auf den asphaltierten Weg, dem wir Richtung Unteröwisheim, das von hier noch 1,9 Kilometer entfernt ist, folgen. Linker Hand stehen an einem Kreuz zwei Holzstämme bereit, um sich zu setzen. Hier zu ruhen und nur in die Ferne zu schauen, vielleicht mal ein Reh springen zu sehen, Reiter am Horizont zu betrachten oder vorbeikommende Radler und Wanderer zu grüßen, entschleunigt zu 100 Prozent. Immerhin sind wir etwas mehr als 8 Kilometer gewandert. Diesen Ort taufen wir **Stammplatz zum Entschleunigen** ❹. Etwa 3 Stunden nach Start verlassen wir diesen wunderschönen Pausenplatz und laufen geradeaus auf dem Asphalt. Nach ein paar Minuten sehen wir Unteröwisheim vor uns und laufen geradcaus darauf zu. Wir kommen an die **Klopferhütte** ❺ und lesen den Hinweis auf die **Besenwirtschaft Zum Kannenbesen** ❻, die wir gerne einmal aufsuchen werden. Und nur ein paar Meter weiter lädt das nächste Himmelssofa ein, den Ausblick zu genießen.

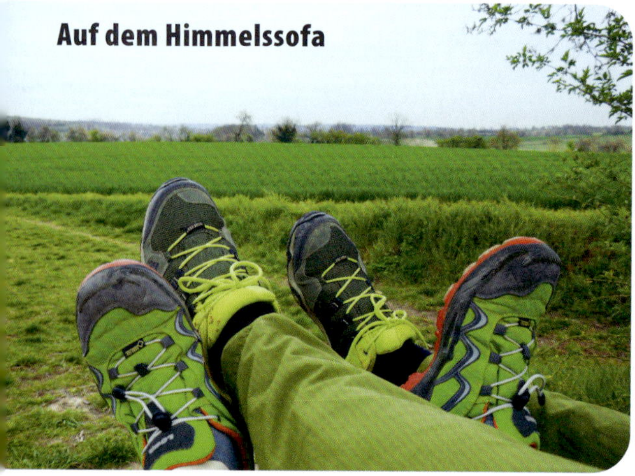

Auf dem Himmelssofa

Wir lassen Unteröwisheim links von uns liegen und gehen geradeaus die Straße bergab. Noch einmal kommen wir an einen Hohlweg, der auch fast den Abschied von der heutigen Tour bedeutet. Unten angekommen biegen wir links ein, überqueren den **Kraichbach** nach rechts und gelangen an die S-Bahn. Wer will, steigt hier ein und fährt zum Startpunkt, wir allerdings empfehlen, die 2 Kilometer noch zu laufen, dann nämlich sehen wir auch das **Schloss Unteröwisheim.** Hierzu biegen wir vor dem **Restaurant Kraichtaler Hof** ❼ links ein, laufen an den Bahnschienen entlang und folgen dann dem Asphaltweg rechts durch die

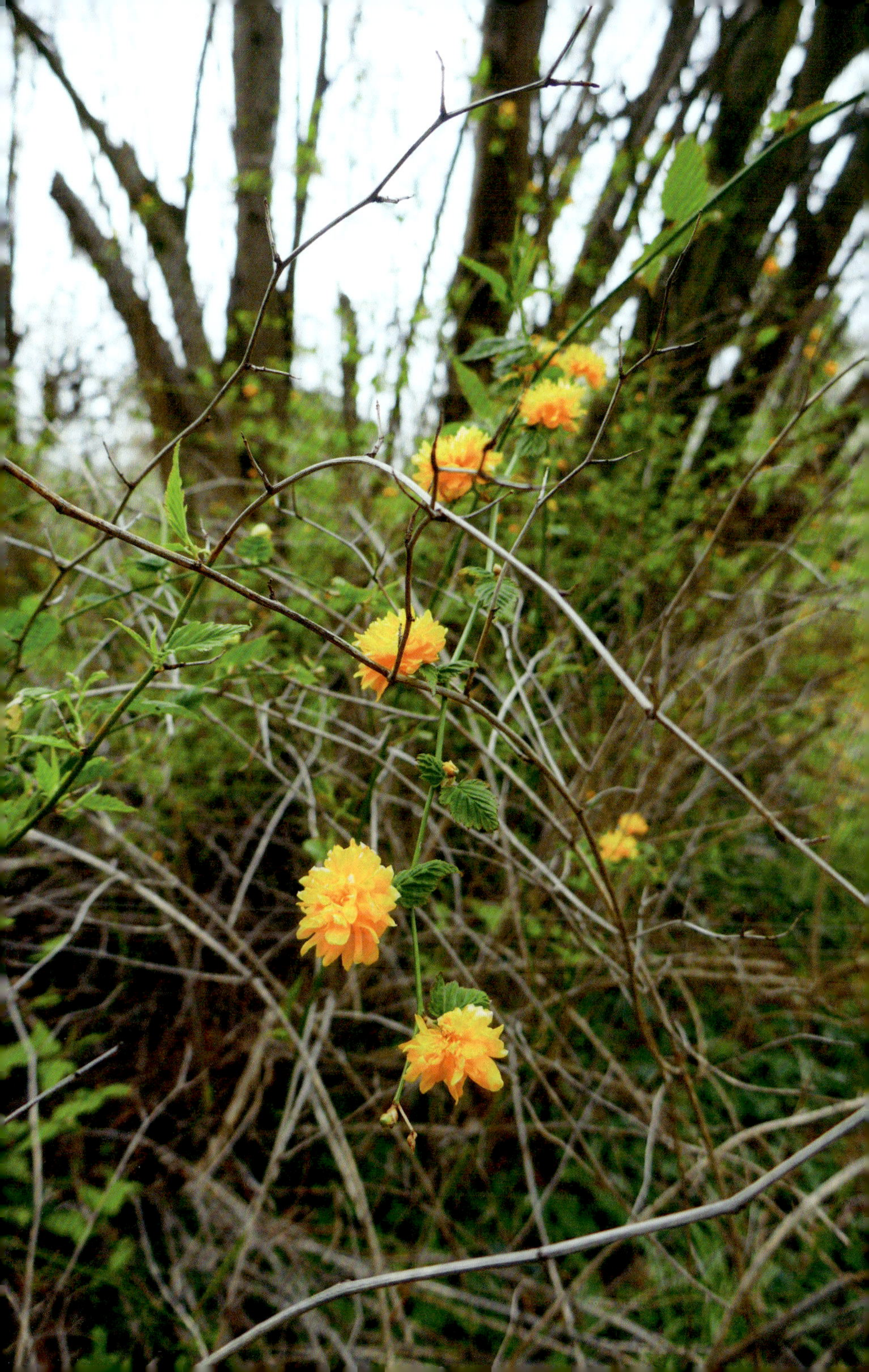

Schrebergärten. Hier gibt es eine Menge zu entdecken. Es gibt Pferde und Hühner, die sich rege zu unterhalten scheinen. Und da ragt auch schon das **Schloss Unteröwisheim 8** heraus.

Schloss Unteröwisheim war einst Pfleghof des Klosters Maulbronn. 1249 wird erstmals eine Kapelle urkundlich erwähnt. 1709 ließ der Herzog zu Württemberg Friedrich August die Anlage erneuern. Viele Unteröwisheimer gingen hier zur Schule.

Wir nehmen den Schotterweg nach links unterhalb des Schlosses und spazieren die restlichen Meter am Kraichbach entlang, überqueren ihn an der Brücke nach links und setzen uns links um die Ecke ein letztes Mal auf eines der Himmelssofas. Dieses Mal mit Bachplätschern im Rücken, eine Massage der besonderen Art. Dann gehen wir die 3 Meter wieder zurück zu unserem Schotterweg. Den Bahnhof können wir schon sehen. Wir finden den Weg am Bach entlang so schön, dass wir froh sind, nicht die Bahn genommen zu haben.

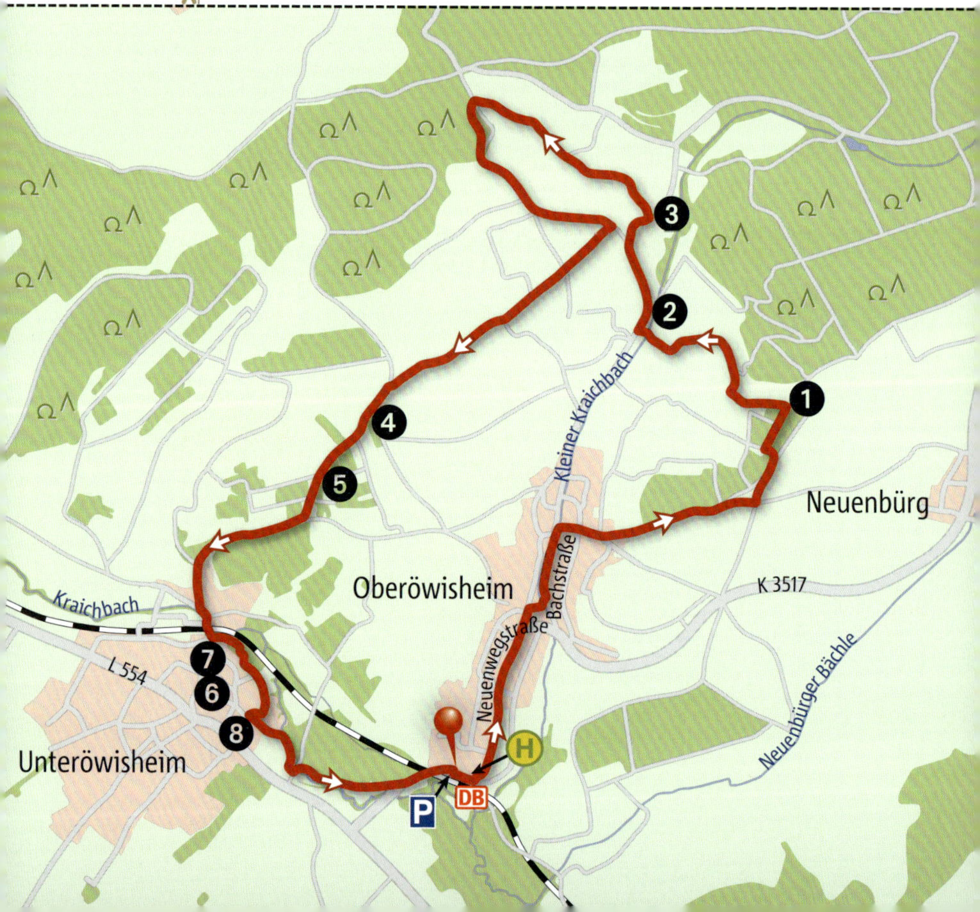

Alles auf einen Blick

WIE & WANN:
Asphaltierte Wege, breite Feld-, Wald- und Wiesenwege.
Beste Wanderzeit von März bis November

HIN & WEG:
Auto: Parkplatz S-Bahnhof Neuenwegstraße, 76703 Kraichtal (Oberöwisheim) (GPS: 49.14039, 8.68525)
ÖPNV: Bus 135 oder die S-Bahn S 32 (Karlsruhe – Menzingen) bis zur Haltestelle Bahnhof in Oberöwisheim

ESSEN & ENTSPANNEN:
Besenwirtschaft Zum Kannenbesen ❻ Herrenstraße 28, 76703 Kraichtal-Unteröwisheim, Tel. (0 72 51) 6 34 09, www.kannenbesen.de
Restaurant Kraichtaler Hof ❼ Eisenbahnstraße 36 a, 76703 Kraichtal-Unteröwisheim, Tel. (0 72 51) 9 37 70 90, www.kraichgauhotel.de

ENTDECKEN & ERLEBEN:
Wiesenbank mit Aussicht ❶
Picknickplatz am Kraichbach ❷
Galgenhohle ❸
Stammplatz zum Entschleunigen ❹
Klopferhütte ❺
Schloss Unteröwisheim ❽

Entspannung ✱✱✱✱ (4 von 5)
Genuss ✱✱✱ (3 von 5)
Romantik ✱✱✱ (3 von 5)

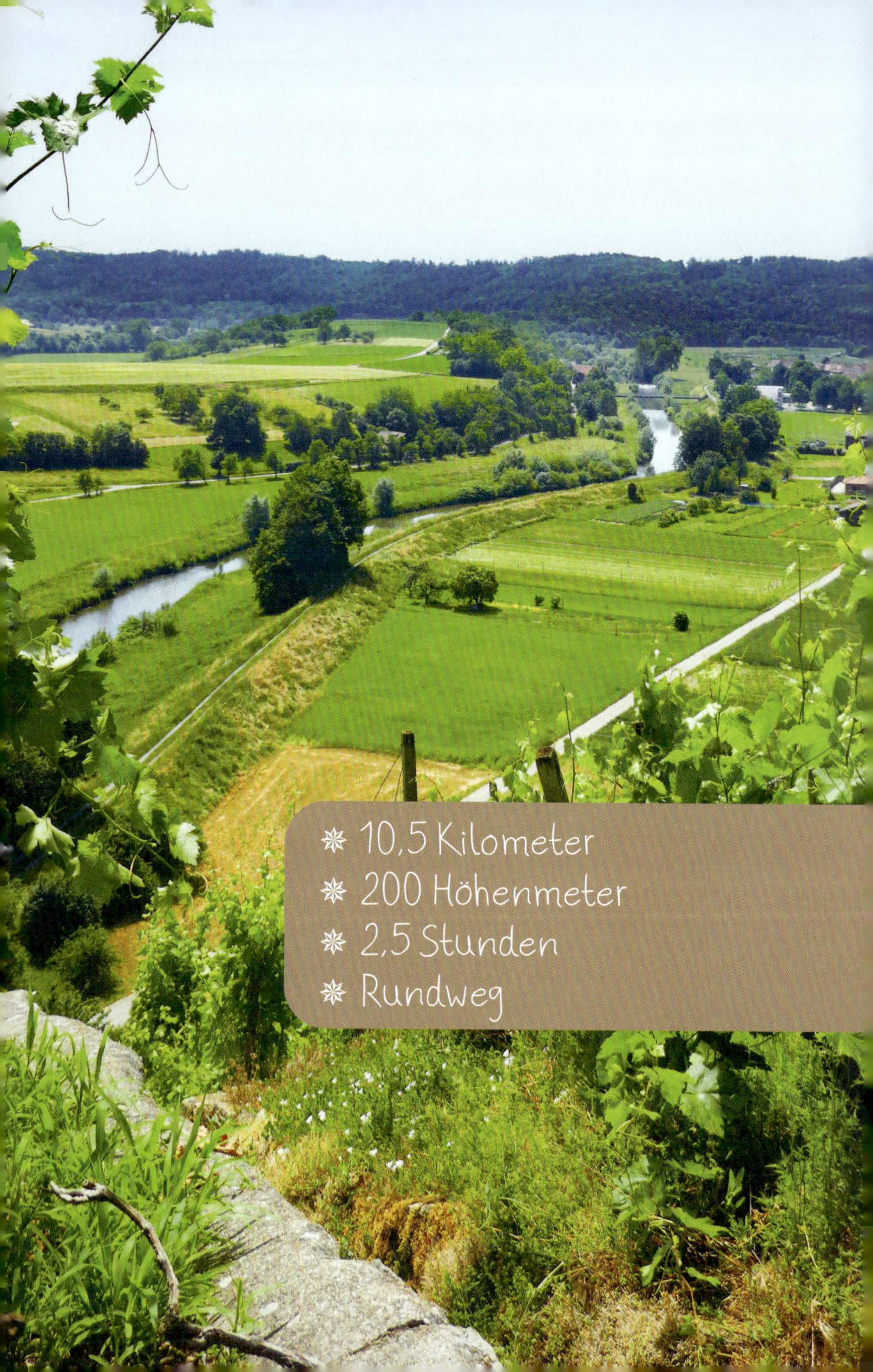

- 10,5 Kilometer
- 200 Höhenmeter
- 2,5 Stunden
- Rundweg

An einem heißen Junisommertag bekommen wir keinen Schattenparkplatz mehr, nicht zu ändern. Aber wir können uns gleich noch vor Wanderstart den **Flößerbrunnen** ① nebenan anschauen, dann marschieren wir los, dem Straßenschild „Vaihingen a. d. Enz 3 km" in die **Manfred-Behr-Straße** folgend. Kurz darauf biegen wir links ein auf den Kelterplatz. Rechtzeitig aufgebrochen, können wir uns im Lädle **Mit Charme** ② ein leckeres Frühstück servieren lassen. An warmen Tagen auch draußen unter großen Sonnenschirmen. Mit Blick auf den Weinberg und den net-

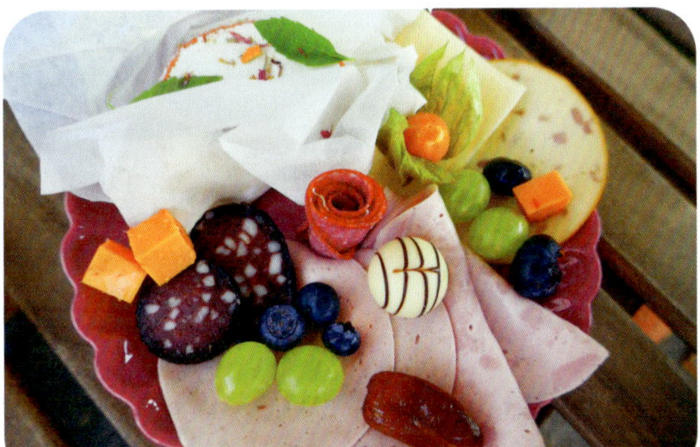

Ein Hauch Ägypten

Enzschleifen um Roßwag

ten Worten der Ladeninhaberin und ihrer Crew schmeckt es gleich noch mal so gut.

Nun geht es gestärkt an der **Mönchbergstraße** vorbei und den **Urbanweg** hinauf. Vorerst oben angekommen, gehen wir links und erfreuen uns schon jetzt an den malerischen Weinbergen und dem Rundblick. Die nächste Möglichkeit nehmen wir rechts hinauf, um

Mit dem Pyramidenbau im alten Ägypten vergleicht man hiesige Kulturlandschaft. In Roßwag gliedern Trockenmauern und Staffeln die Steilhänge in Terrassen. Millionen Mauersteine aus den Muschelkalk-Steinbrüchen der näheren Umgebung setzte man trocken auf.

Der malerische Ausblick tut unserer Seele einfach gut

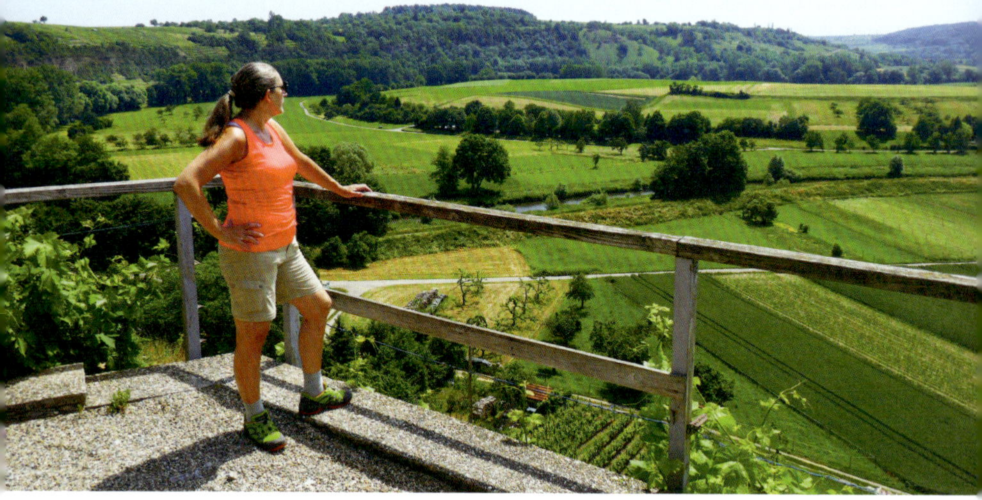

gleich darauf rechts die Treppen emporzusteigen. Ob oben ein laues Lüftchen weht, wir schwitzen schon! Zunächst nimmt uns ein traumhafter Blick gefangen, und ja, wir spüren eine leichte Brise. Am gelben Wanderschild orientieren wir uns am Hinweis „Weinberg Roßwag 0,6 Kilometer", wenngleich wir schon hier einfach auf der Mauer sitzen bleiben und nur schauen könnten – von den Weinbergen mit seinen Trockenmauern bis nach Vaihingen an der Enz.

Auf unserem weiteren Weg erlauben uns ab und an ein paar Bäume eine kleine Schattendusche. Die Luft wird kühler, je weiter wir nach oben kommen. Mohnblumen schmücken die Weinberge so wunderbar – Maler müsste man sein. Die Arbeiter in den Weinbergen beneiden wir nur um ihre Aussicht, denn ihre Arbeit ist hart. Nach einer halben Stunde sind wir fürs Erste oben. Wir wenden uns am breiten asphaltierten Weg nach links, rechts sehen wir den Waldrand. Wir verlassen den Enzschleifen-Rundweg, auf dem wir ein Stück gewandert sind. Auch heute bestaunen wir die riesigen Weinblätter.

An der Kreuzung nach dem kleinen Häuschen müssen wir rechts in Richtung Wald. Vier Straßen bieten sich an, wir nehmen die zweite von links. Unterwegs lachen uns außer Wein riesige Brombeersträucher an, zum Glück sind wir durch das wunderbare Frühstück gut gesättigt, denn die Beeren sind noch nicht reif. Nach 1,5 Kilometern erreichen wir die erste Bank. Juhu, sie steht im Schatten! Danach müssen wir die nächste Möglichkeit nach links leicht abwärtsgehen, wir laufen auf eine kleine Pferdekoppel zu, die rechter Hand liegt, und abwärts zur Hauptstraße. Das Gebiet hier nennt sich **Gartenhausgebiet Hardt.** Unser nächstes Ziel ist **Mühlhausen.** Wir überqueren eine Hauptstraße und gehen direkt danach rechts die Treppen aufwärts dem Straßenschild „Landwirtschaftlicher Verkehr frei" nach. Jetzt wandern wir parallel zur Hauptstraße. Zugleich geht es leicht abwärts und wir sehen Illingen vor uns. An der nächsten Kreuzung halten wir uns nahe der Hauptstraße auf Asphaltweg abwärts. Er geht in einen breiten Schotterweg über, der wiederum zu einem Trampelpfad wird, der uns in den Wald hineinführt. Wir spazieren

Für die Seele

Entlang der Enzschleife wandernd, verlassen wir die Endlosschleife der immer gleichen Belastungen im Alltag.

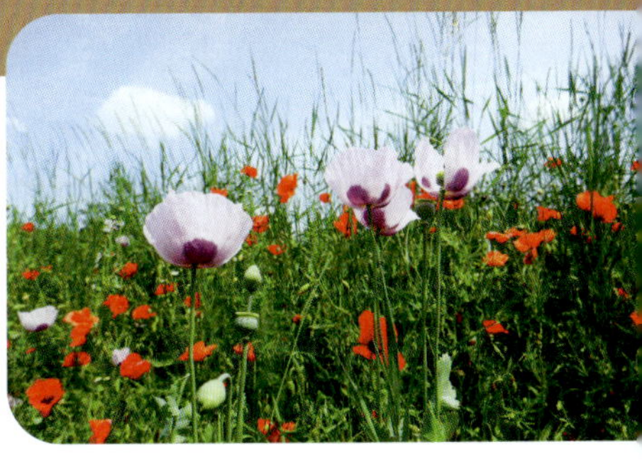

nun durch Naturschutzgebiet. Ach, wie sehr Schatten doch beglücken kann! Die nächste Bank mit Blick auf die Enz lädt uns zum Ausruhen ein. Brächte nun noch einer das Wasser zu uns hinauf und wir könnten eine Dusche nehmen! Nachdem wir uns sattgeschaut haben, verlassen wir den schönen Bankplatz. Eine Tafel weist darauf hin, dass wir hier im **Naturschutzgebiet Felsengärten Mühlhausen** ❸ unterwegs sind. Ein beeindruckendes Amphitheater aus Weinbergmauern, dass die Weingärtner in jahrhundertelanger Arbeit geschaffen haben, ist ebenso darauf zu lesen. Und ja, sie haben recht. Diese schüchtern lila blühenden Kleewiesen rechts und links sind einfach wunderschön. Wir stellen fest, dass man trotz Hitze hier oben gut wandern kann. Parallel zur Autostraße gehen wir nun links auf der Wiese am Wein entlang. Rechts sehen wir eine Bergkette, dahinter liegen Ortschaften wie Kürnbach und Sternenfels. Wir dürfen gleich den asphaltierten Weg links abwärts nehmen und uns von der Autostraße wieder entfernen. Auf diesem Weg ist Reiten oder Fahrradfahren verboten. Links in der Ferne sehen wir einen Wasserturm. Er sieht aus wie eine riesige Stehlampe.

Gleich darauf biegen wir links ab und laufen zwischen den Weinbergen steil abwärts. In roter Schrift lesen wir an einem Brett angeschlagen, dass wir in Mühlhausen einem Eisautomaten begegnen werden, der uns Bauernhofeis bietet. Wenn das keine guten

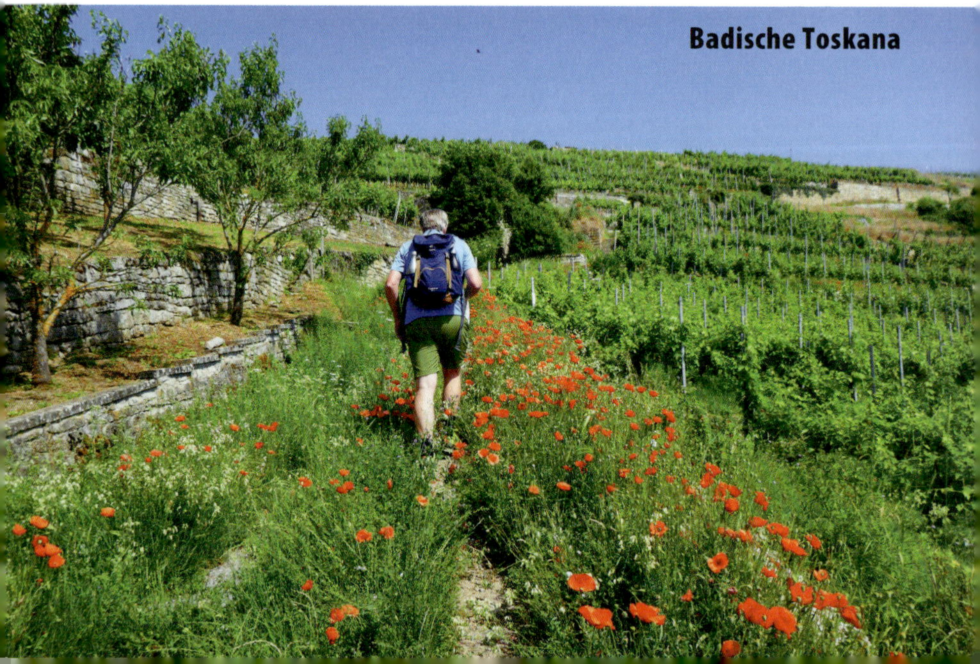

Aussichten sind! Und wer hätte gedacht, dass man im Land der 1000 Hügel das ein oder andere Mal schwindelfrei sein sollte? Aber die Sicht ist grandios. Wir sehen die Enz, Mühlhausen, Wiesen und Wälder. Unter einem Olivenbaum finden wir die nächste schöne Bank vor und verstehen nun, warum die Menschen von der Badischen Toskana reden. Hier sitzend, rauscht uns die Enz eine Erfrischung ins Ohr. Wir sind froh, diesen ebenen guten Weg laufen zu können und nicht die Treppen hinauf in die Weinberge zu müssen. Allerdings wissen wir das gute Tröpfchen jetzt noch viel mehr zu schätzen. Auf dem schönen Spazierweg finden wir sogar eine ausklappbare Bank vor, die man nach Gebrauch wieder einklappen soll. Wir schauen uns um und staunen über die Strecke, die wir schon zurückgelegt haben. Von hier aus sehen wir Radfahrer auf dem Enztalradweg. Baumbeschattet begrüßt uns nach 4 Kilometern die nächste Sitzgelegenheit. An diesem Ort belesen wir uns über das Gebiet und erfahren, vor wie vielen Millionen Jahren es entstanden ist. Unsere Vorstellungskraft endet hier. Für uns geht es abwärts weiter, **Mühlhausen** liegt zu unserer Linken. Jetzt müssen wir aufpassen, dass wir den Weg nicht verpassen, denn wir wollen rechts an der Mauer entlang in einen schummrig schaurigen Pfad einbiegen, sodass das **Schloss Mühlhausen** links von uns liegt. Ob es ein Schlossgespenst gibt? Vom Schloss selbst sehen wir zunächst und später auch nicht viel mehr als nur das Dach. Auf unserem Gehweg kom-

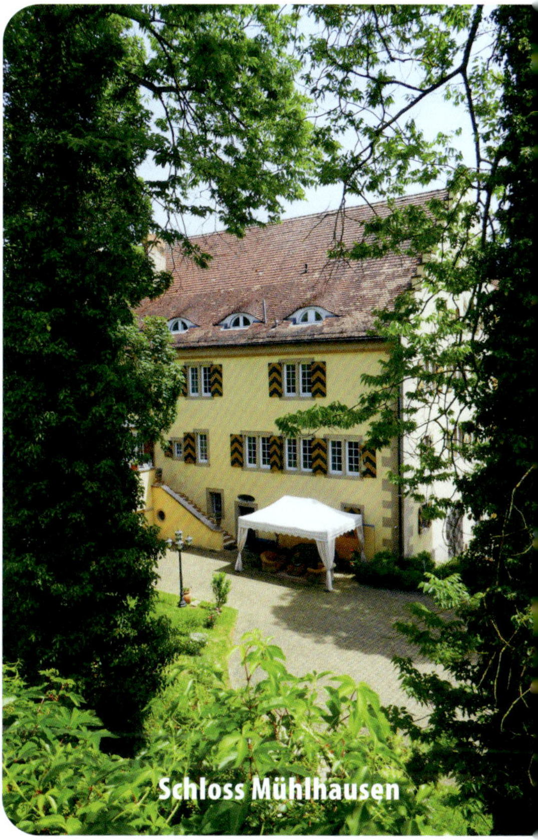
Schloss Mühlhausen

men wir ein Stück an der Autostraße entlang. Am Schloss vorbei überqueren wir die Hauptstraße rechts hinauf in die **Nachtigallenstraße,** die uns im Verlauf links abwärtsführt, bis wir rechts aufwärts in die **Flöhbergstraße** einbiegen. Bevor wir dann am Ende dieser Straße erneut nach links und auch bergab gehen, schauen wir nach rechts oben, wo zu gegebener Zeit die **Besenwirtschaft Im Krug zum grünen Kranze** ④ öffnet.

Wir laufen den Fuchsweg entlang und gehen am Ende links auf der **Gutenbergstraße** mitten durch den Ort. Das Automateneis sollte nicht mehr fern sein. Wenn wir an der Häuserwand rechts **Zwerchstraße** lesen, biegen wir rechts ein. Vor uns ragt links der Kirchturm heraus, auf der rechten Seite befindet sich das **Gasthaus zur Rose** ⑤. Wir haben nun gut die Hälfte der Wanderung geschafft und gönnen uns ein Bauernhofeis aus dem Automaten. Erfrischt laufen wir – die Kirche zu unserer Linken – weiter an der Bushaltestelle „Mühlacker Rathaus" vorbei und biegen zunächst links, dann vor dem Fußballplatz rechts ein. Am Vereinsheim können wir unseren Wasservorrat

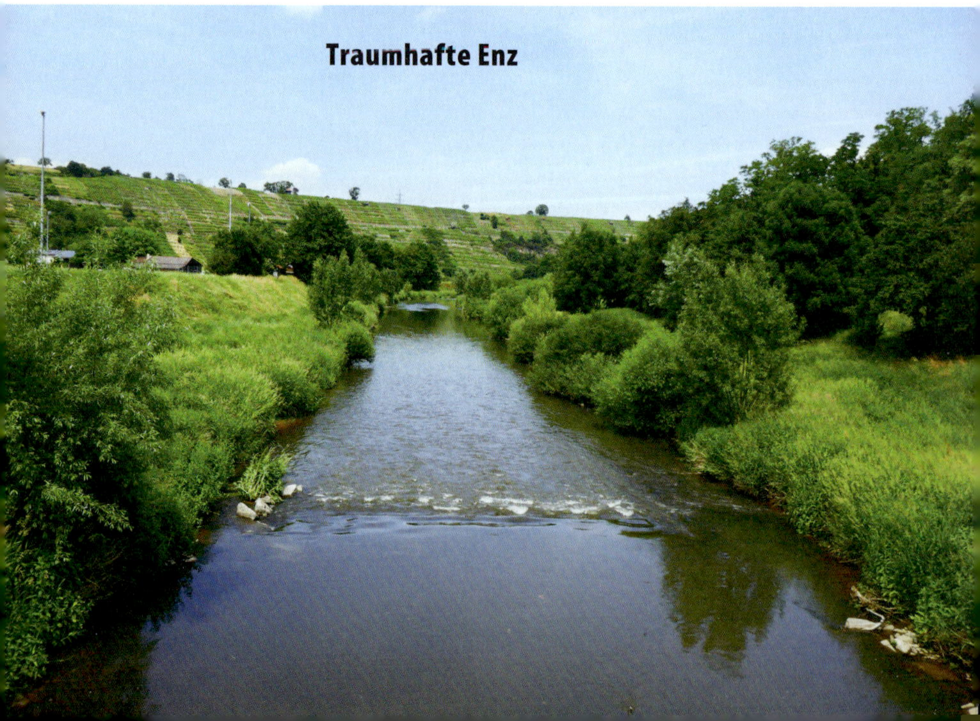

Traumhafte Enz

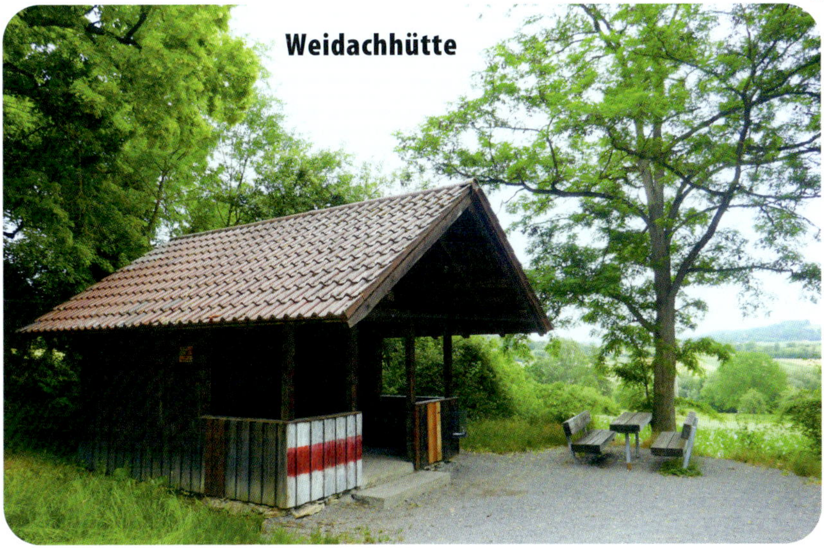

auffüllen. Über die Brücke überqueren wir nun die Enz und wandern geradeaus hoch. Gegenüber sehen wir noch einmal Schloss Mühlhausen, wenngleich es sich im Grünen zu verstecken versucht. Und siehe da – gegenüber sehen wir die Mauern, an denen wir vor einer Weile entlangspaziert sind. Unglaublich! Wir erkennen sogar den schönen Bankplatz unter dem Olivenbaum.

Wir folgen dem Fahrradweg nach rechts und sind jetzt wieder auf dem Enzschleifen-Rundweg. Rechts und links liegen Felder, Mühlhausen befindet sich zu unserer Rechten. Nach etwas mehr als 7 Kilometern erreichen wir die **Weidachhütte** ❻. Schafgarbe erhellt das Waldgrün. Der Radweg verläuft wie der Enzschleifen-Rundweg geradeaus, wir biegen aber bei nächster Gelegenheit links ein und kommen aus dem Wald heraus. Am Ende dieses Wegs laufen wir eine Links-rechts-Kombination ins hohe Gras hinein, das bis zu unseren Hüften reicht. Das Schild Naturschutzgebiet lassen wir rechts liegen, gehen geradeaus in den Wald hinein und stoßen bald auf einen Grenzstein von 1832. Links von uns fließt nun die Enz und wir treffen erneut auf den Enzschleifen-Rundweg. Am Ende sehen wir links **Roßwag,** wo wir vor einigen Stunden sehr gut gefrühstückt haben. Wie schön – eine Himmelsliege beglückt uns müde Wanderer! Da lassen wir uns nicht zweimal bitten.

Wenn wir dann linker Hand die Kirchturmspitze von Roßwag sehen, sind es nur noch ein paar Hundert Meter bis zum Startpunkt. Am Wegende müssen wir zum Parkplatz die Autostraße nach rechts überqueren, laufen dann wieder links und überqueren die Enz, wo gerade gebadet wird. Der Weinort Roßwag heißt uns auf einem Schild willkommen – und wir sind zurück am Ausgangspunkt.

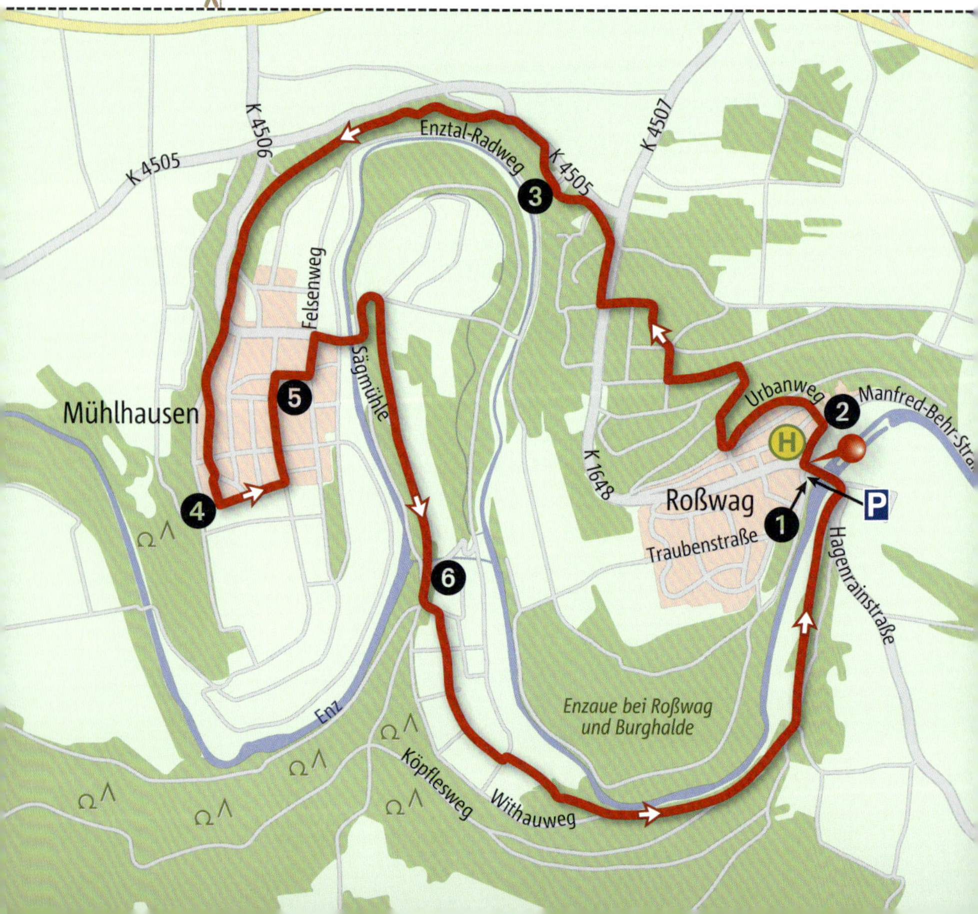

Alles auf einen Blick

WIE & WANN:
Asphaltierte und Schotterwege, breite Wald- und Wiesenwege, Pfade, Treppen. Beste Wanderzeit März bis Oktober

HIN & WEG:
Auto: Parkplatz Flößerstraße, 71665 Vaihingen-Roßwag (GPS: 48.93644, 8.91832)
ÖPNV: Buslinie 576 bis Haltestelle Roßwag Sporthalle

ESSEN & ENTSPANNEN:
Mit Charme ❷ Kelterplatz 7, 71665 Vaihingen-Roßwag,
Tel. (0 70 42) 8 12 93 61, www.mit-charme.de
Besenwirtschaft Im Krug zum grünen Kranze ❹ Flöhbergstraße12/1,
75417 Mühlacker Tel. (0 70 41) 43 34 7
Gasthaus Zur Rose ❺ Martin-Lutherstraße 11,
75417 Mühlacker Tel. (0 70 41) 86 49 65

ENTDECKEN & ERLEBEN:
Flößerbrunnen ❶
Naturschutzgebiet Felsengärten Mühlhausen ❸
Weidachhütte ❻

Entspannung ✱✱✱✱
Genuss ✱✱✱✱
Romantik ✱✱✱✱✱

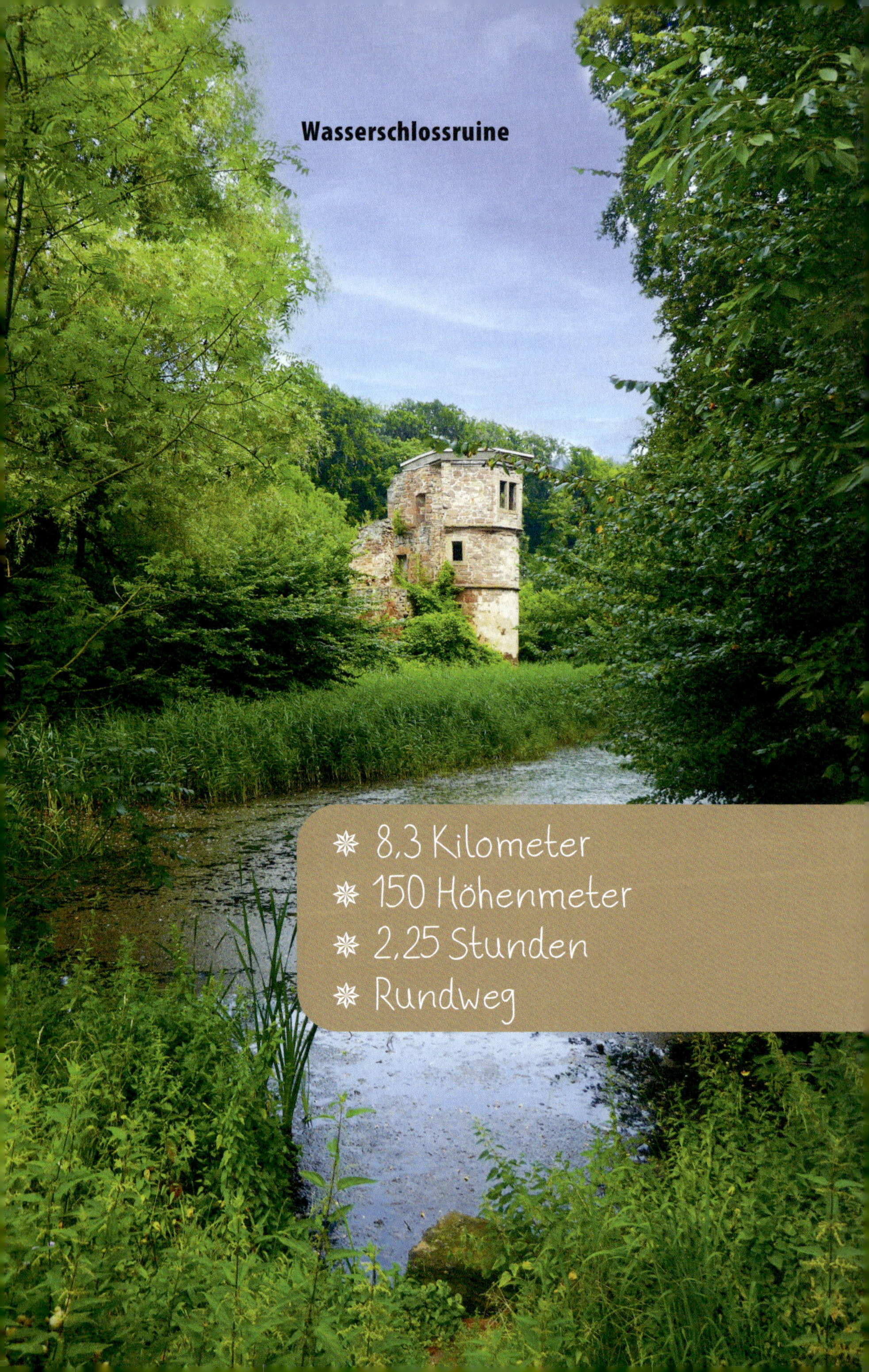
Wasserschlossruine
8,3 Kilometer
150 Höhenmeter
2,25 Stunden
Rundweg

An einem Tag im Hochsommer starten wir unsere Tour ab Menzingen. Wir biegen gegenüber des S-Bahnhofs links in die **Frühlingsstraße** ein, dem gelben K2-Wanderschild nach, das uns den Weg nach Schloss Menzingen weist. Nach 1 Kilometer werden wir es erreichen. Zum ersten Ziel, dem Wasserturm, gelangen wir nach nur 600 Metern. Am Ende der **Frühlingsstraße** stoßen wir auf die **Mittelstraße** und gehen rechts noch 300 Meter bis zum Wasserturm. Es folgt der erste kurze Anstieg, Asphalt geht in Schotter über. Gleich sehen wir links Menzingen. Oben angekommen, nehmen wir rechts die Treppe hinauf zum **Wasserturm** ❶. Keine 10 Minuten waren es zur ersten Sehenswürdigkeit und zu einer Bank, um Beine und Seele baumeln zu lassen. Der Bankblick ist versperrt durch Grüngewächs, also öffnen wir unseren Blick für die Farbe der Hoffnung.

Der Wasserturm ist aus dem Jahre 1928 und wurde früher zur Wasserversorgung von Kraichtal-Menzingen genutzt. Vom Turm aus haben wir einen schönen Blick über das Grün hinaus nach Menzin-

Weilen in Idylle

Altehrwürdige Bauten Menzingen

gen und die Kraichtaler Hügellandschaft. Zudem kann man in den Kastanienbaum greifen. Die igeligen Höhlen wiegen sich im leichten Sommerwind, bevor sie der Herbstwind bald in die Hände basteln-der Kinder treiben wird. Wir verlassen die Ruhestätte wie wir gekommen sind. Auf der Steintreppe läuft uns der Schatten noch voraus. Wir hingegen haben

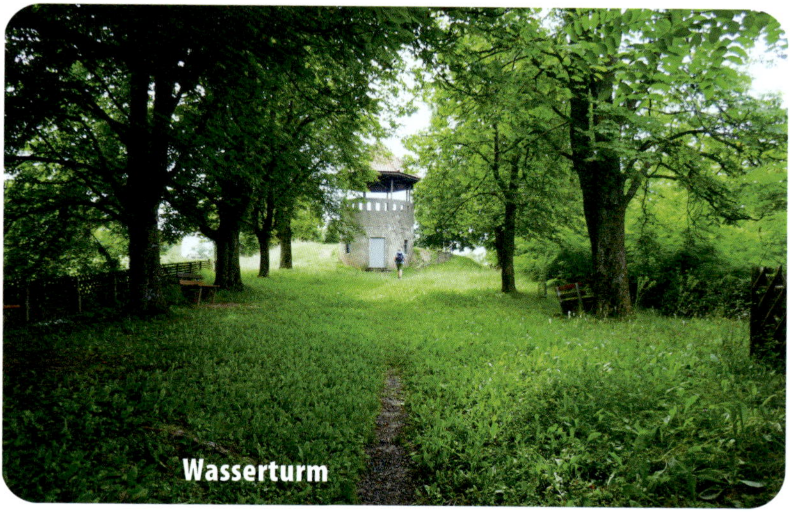

Wasserturm

Die Schwanenburg, immer im Besitz der Freiherren von und zu Mentzingen, wurde 1565 erbaut. Vorgängerbauten stammen wahrscheinlich aus dem 13. und 14. Jahrhundert. Die Familie, deren Stammreihe auf 1253 zurückdatiert ist, existiert noch heute.

1359 wurden Schwanenburg und Wasserschloss erstmals erwähnt. 1945 wurde das Renaissanceschloss bis auf die Grundmauern zerstört, aber 1990 durch Heimatverein und Eigentümer Dominicus Freiherr von und zu Mentzingen geräumt und gesichert.

es nicht eilig. Unten angekommen müssen wir rechts, dann scharf links abbiegen. Wir kommen die **Obere Schlossstraße** wieder in den Ort hinein und sehen rechter Hand die **Schwanenburg ②**, das erhaltene Hauptgebäude dient seit 1945 als Wohnsitz.

Wir überqueren die **Heilbronner Straße** und biegen gegenüber in die **Obere Schlossstraße** ein. Jetzt sehen wir rechter Hand ein besonderes Fachwerkhaus, das eine Säulenfachwerkbauweise aufweist. Am Ende der Straße erkennen wir rechts schon von Weitem die Wasserschlossruine. Wir laufen links, dann rechts in die **Untere Schlossstraße** und folgen der Beschilderung zur **Wasserschlossruine ③**. In einem großen Bogen nach rechts gelangen wir zur Ruine. Schon lugt sie links zwischen den Bäumen hervor. Linker Hand stoßen wir auf eine Sitzgelegenheit und eine Informationstafel. Begrünte Äste fungieren zwar wie ein Vorhang vor der Ruine, aber den Zauber des alten Gemäuers können sie nicht verbergen. Die im Grünen versteckte und sich im Wasser spiegelnde Wasserschlossruine liefert einen ganz besonders romantischen Anblick. So entschließen wir uns, noch eine Weile sitzen zu bleiben.

Zurück gehen wir wieder bis zur Unteren Schlossstraße. Anschließend biegen wir rechts ab und folgen dem Wanderschild in Richtung **Weierbachsiedlung,** dann rechts in die **Burgstraße.** Es geht auf Asphalt wieder hinauf und oben geradeaus weiter. Der Sommer schickt nun die typische deutsche Schwüle vorbei. Im Kornfeld bewegt sich kein Halm, aber Spatzen hüpfen über das Feld als sei es ein Trampolin. Wir biegen links ab und orientieren uns wieder am K2

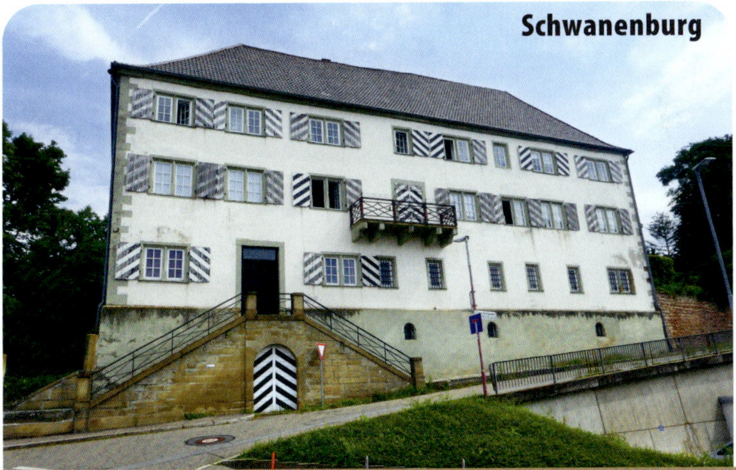

Schwanenburg

Für die Seele

Verzaubert von der Wasserschlossruine genießen wir in der idyllischen Landschaft, indem wir uns Zeit nehmen zu verweilen.

und an der Beschilderung. Die **Weierbachsiedlung** erreichen wir demnach in 1,8 Kilometern. Rechts liegt ein Hohlweg, dort gibt es für uns aber kein Durchkommen. Den Blick nach vorne gerichtet, haben wir im Kraichgau einmal mehr das Gefühl, in die Endlosigkeit zu wandern. Herausragende Sonnenblumenköpfe und peppige Ringelblumen erfreuen unser Auge. Oben biegen wir rechts ein. Von dieser Anhöhe aus haben wir einen wunderschönen Blick über Felder hinweg auf Menzingen. Als Nächstes stoßen wir links auf einen Hohlweg. Dort biegen wir ein. Endlich Schatten! Der Hohlweg endet und vor uns zeigt sich ein idyllisches Landschaftsbild mit grasenden Pferden und Ponys. Links weist uns ein Schild zu **Kellers Hofrast ④,** täglich offen. Gekühlte Getränke stehen bereit, Selbstbedienung auf Spendenbasis, Hühner laufen umher und begrüßen uns gackernd. Wer Platz im Rucksack hat, erwirbt im Hofladen Äpfel, Eier, Kartoffeln und vieles andere mehr. Gegenüber lockt ein Maislabyrinth. Nach einer kurzen Pause an diesem Wohlfühlort lassen wir das Maislabyrinth links liegen und gehen daran vorbei bergab zum **Hofcafé Häberle ⑤.** Für uns ist es an der Zeit, Mittag zu essen. Aber Achtung, die Teller sind prall gefüllt, hier muss

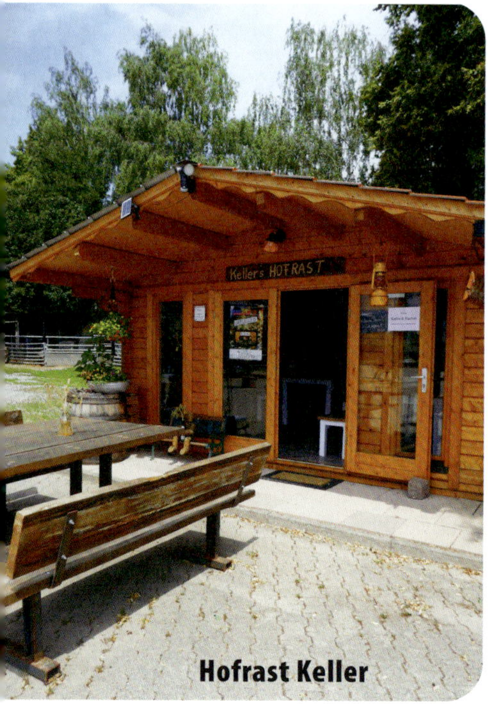

Hofrast Keller

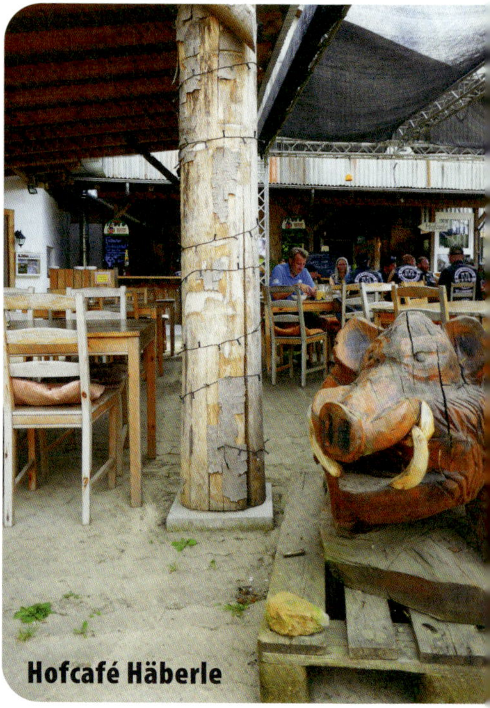
Hofcafé Häberle

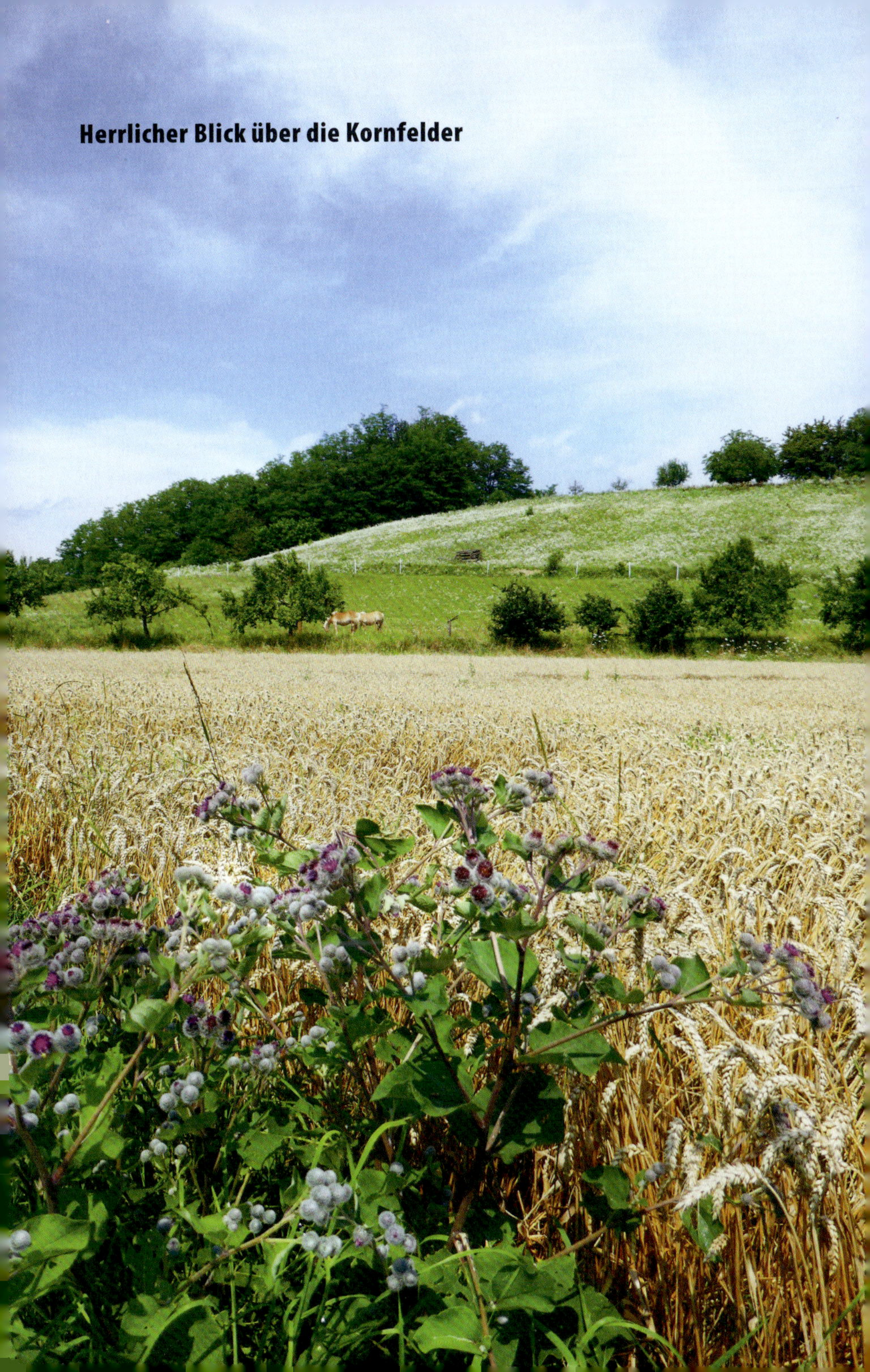

Herrlicher Blick über die Kornfelder

man wirklich Hunger mitbringen. Gesättigt marschieren wir die Straße **Weierbachsiedlung** bergab, rechts von uns plätschert der Weierbach. Vor dem letzten Hof biegen wir links ein, dem Wanderschild nach. Steil hinauf passieren wir erneut einen Hohlweg, an der Wegkreuzung verbirgt sich links eine Bank, die wir nutzen, um die Weite zu genießen. Wenn wir im Anschluss in Richtung Ortschaft laufen, sehen wir von Weitem schon die Kirchturmspitze der evangelischen Kirche. Bald überqueren wir die **L 553** und folgen dem Wanderweg nach links, biegen in die **Blumenstraße** ein, folgen rechts der **Schweizerstraße** und gehen vor der evangelischen Kirche rechts in die **Ahornstraße,** dann links in die **Schillerstraße.** Und schon sind wir zurück am Bahnhof.

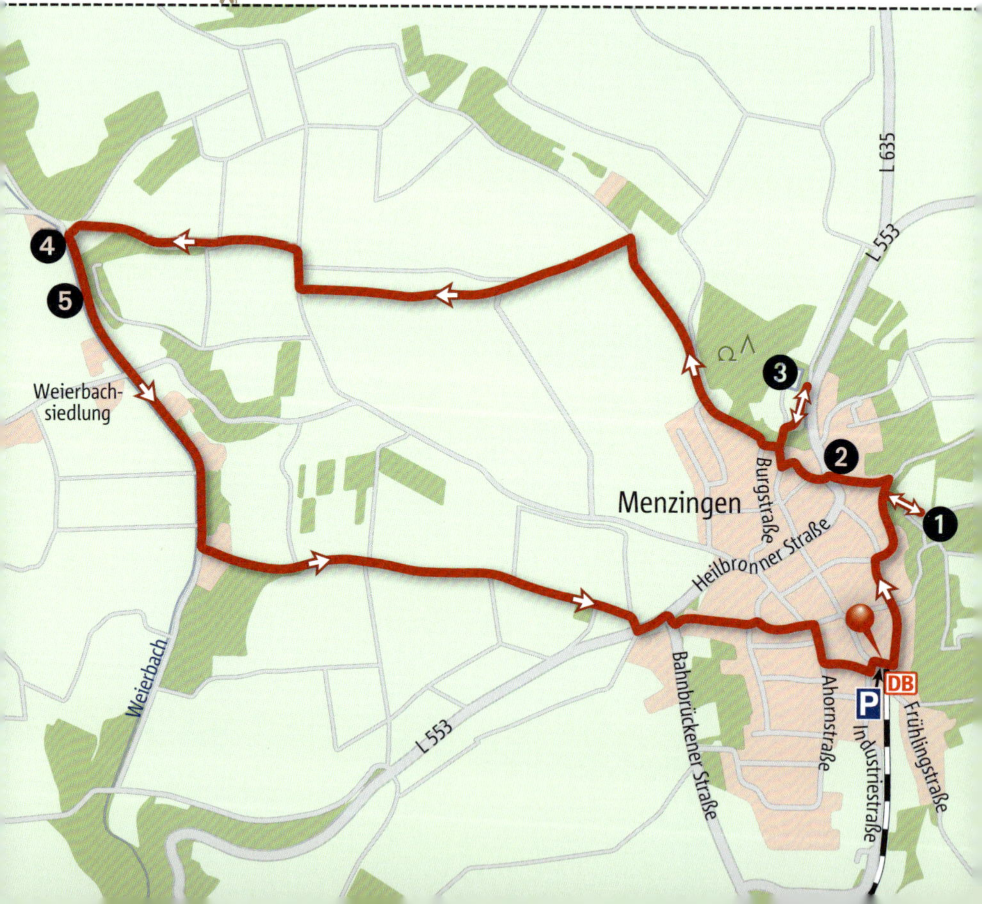

Alles auf einen Blick

WIE & WANN:
Breite Asphalt- und Schotterwege, wenige Treppen. Beste Wanderzeit ganzjährig

HIN & WEG:
Auto: Bahnhof Menzingen, Industriestraße, 76703 Kraichtal (GPS: 49.13648, 8.77486)
ÖPNV: Stadtbahn S 32 von Karlsruhe/Bruchsal bis zum Haltepunkt Kraichtal-Menzingen

ESSEN & ENTSPANNEN:
Kellers Hofrast ❹ Weierbachsiedlung 8, 76703 Kraichtal, Tel. (0 72 50) 9 38 7
Hofcafé Hof Häberle ❺ Weierbachsiedlung 7, 76703 Kraichtal, Tel. (0 72 50) 9 27 68 58

ENTDECKEN & ERLEBEN:
Wasserturm ❶
Schwanenburg ❷
Wasserschlossruine ❸

Entspannung ★★★★☆
Genuss ★★★☆☆
Romantik ★★★☆☆

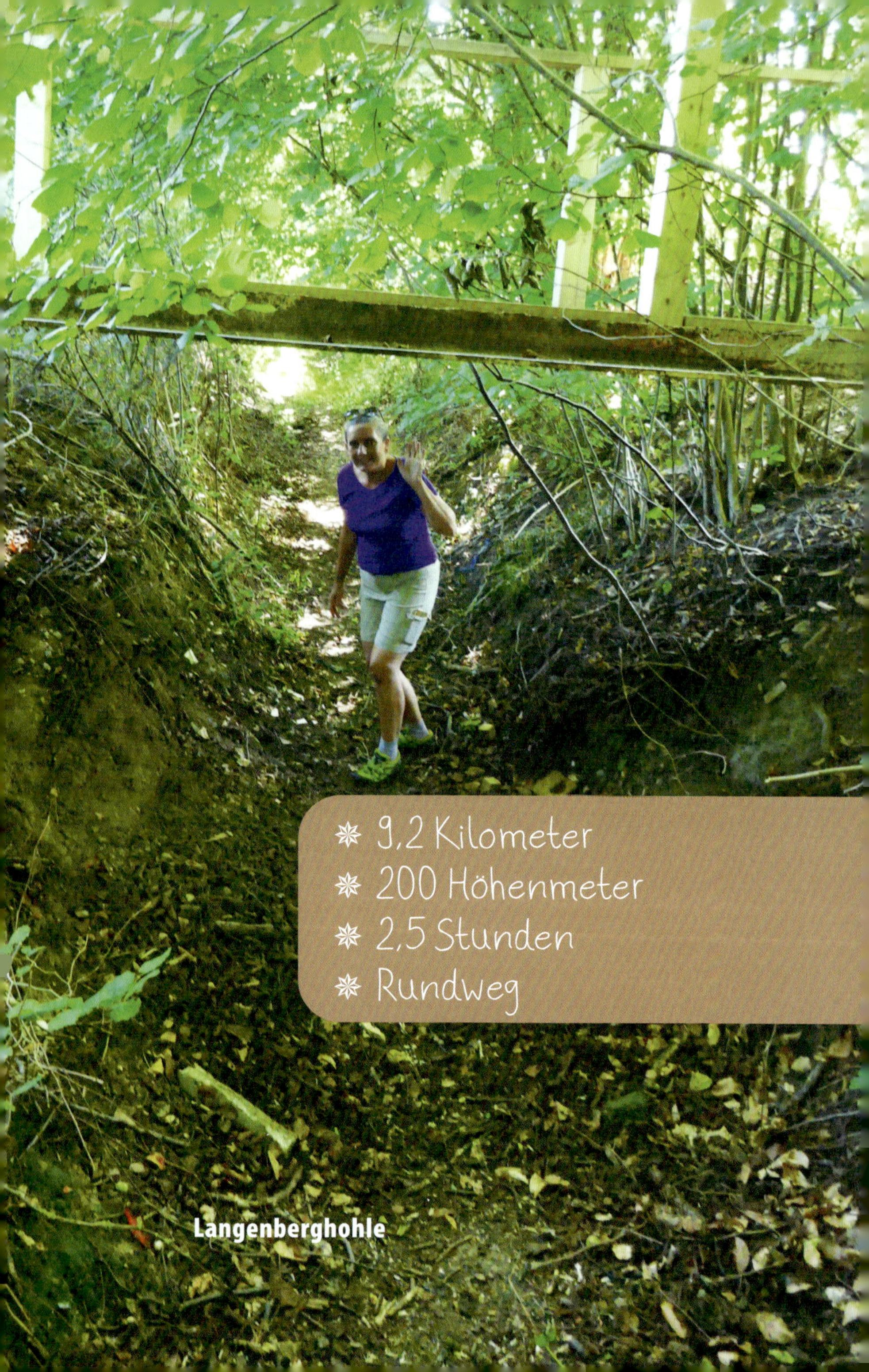

- 9,2 Kilometer
- 200 Höhenmeter
- 2,5 Stunden
- Rundweg

Langenberghohle

Frühmorgens wollen wir den Juli verabschieden und starten schon kurz nach 9 Uhr unsere Wanderung. Wir freuen uns jetzt schon auf den Spaziergang durch die Altstadtstraße in Eppingen mit ihren kulinarischen Verlockungen. Wie heißt es so schön: Der frühe Vogel fängt den Wurm. So hoffen auch wir als frühe Vögel heute auf eine erfolgreiche Tour, die uns vom Alltagsstress zu entspannen hilft und auf der wir unsere Wandung in einem schönen Restaurant beenden.

1695 begannen die Schanzarbeiten an der Eppinger Linie. Als der Pfälzer Erbfolgekrieg am 30.10.1697 mit dem Friedensschluss von Rijswijk endete, waren die Linien noch immer unversehrt. Die Langenberghohle, im engeren Sinne kein Hohlweg, ist heute Kulturdenkmal.

Startpunkt ist das Blumengeschäft Blattgold in der **Bismarckstraße.** Wir gehen die **Theodor-Storm-Straße** hinauf, dann müssen wir uns rechts halten und der **Waldstraße** folgen. Nach dem Friedhof gehen wir geradeaus weiter und bleiben auf der Waldstraße. Von links kommt die **Hermann-Hesse-Straße** – wie passend, denn wir sind in einer Gegend unterwegs, für die Hesse bestimmt poetische Worte gefunden hätte. Am Zebrastreifen biegen wir links in die **Wiesenstraße** ein. Geradeaus käme man nach 3,5 Kilometern zum Ottilienberg, zu dem es uns zwar hinzieht, den wir aber

Umwege zum Ziel

Auf der Linie in Eppingen

über eine andere Strecke erreichen werden. Wir wollen noch einen Hohlweg mitnehmen und laufen deshalb ein bisschen anders. Links begegnet uns ein Privatgarten mit lauter Skulpturen. Es geht jetzt bergauf. Wir stoßen auf ein Schild **Eppinger Linie – Langenberghohle** (1), an dem wir rechts in einen schönen und saftig grünen Schattenweg einbiegen. Von der Wehran-

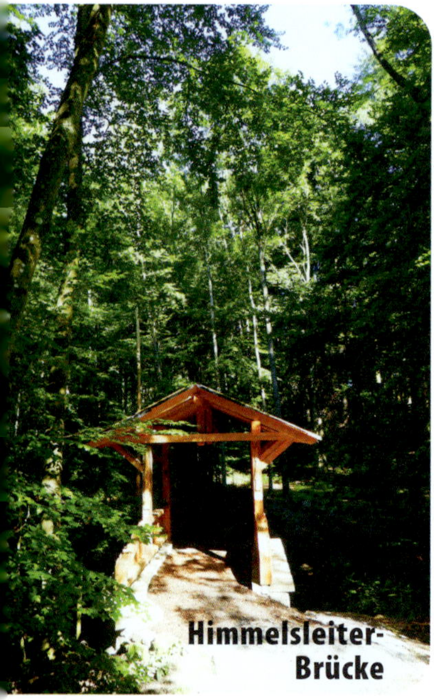

Himmelsleiter-Brücke

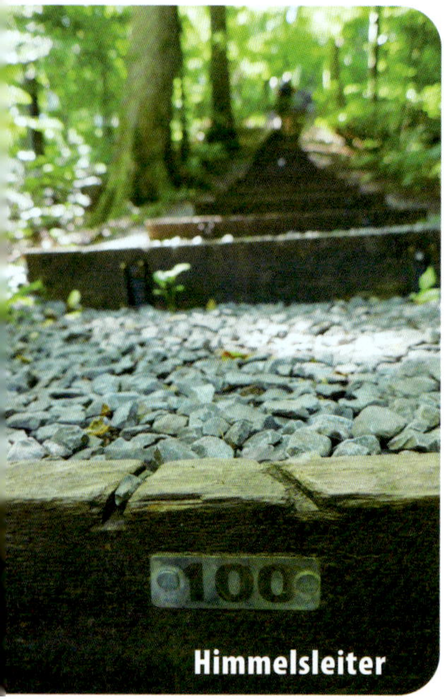

Himmelsleiter

lage gegen die Franzosen hören wir in unserem Wandergebiet immer wieder etwas (vgl. Tour 13).

Schon bald entlässt uns die Langenberghohle für einen Moment in die Freiheit, sodass wir nach links einen freien Blick über die Felder haben. Beim Blick zurück sehen wir Eppingen. Schon steht rechter Hand eine schöne Bank parat. Der Weg gabelt sich, wir gehen natürlich wieder durch die Hohle nach rechts. In beschatteter Hohle auf leiser Sohle – hätte Hesse es so formuliert? Auch Walnüsse und Mirabellen fallen beinahe geräuschlos herab. Wir kommen unter einer kleinen Brücke hindurch, verlassen die Langenberghohle und laufen parallel den Schotterweg, da der Hohlweg nun nicht mehr begehbar ist. Links in der Ferne sehen wir die **Ravensburg** herausragen. Dann verlassen wir die Felder und biegen rechts den Schotterweg in den Wald hinein. Es begleitet uns das typische Schild des **Eppinger Linienwegs.** Dem folgen wir nach rechts einen Pfad tiefer den Wald hinein. Nun laufen wir oberhalb des Hohlwegs – oder ist es ein ehemaliger militärischer Schützengraben? Wir stoßen an einer Kreuzung auf gelbe Schilder und gehen geradeaus Richtung Baumannshütte, die etwa 700 Meter entfernt ist. Wenige Meter rechts bergab können wir uns zuvor über die Schanzen der Eppinger Linien und über die Mühsal beim Bau belesen. Es ist die Rede von „Weiberschürzen“, in denen die Erde getragen werden musste. Ein Wegweiser weist uns zudem auf die **Himmelsleiter-Brücke** ② hin. Ob wir der begegnen? Ja! Denn schon überqueren wir den schnuckligen Holzbau nach rechts. Es ist nicht gelogen, wenn wir berichten, dass es hier Nacktschnecken gibt, die so lang wie Blindschleichen sind.

Nun gelangen wir an einen Rastplatz. Von dort geht es zur **Himmelsleiter** ③, die 202 Stufen und 86 Meter Länge aufweist. Nach einer kurzen Rast an diesem Pausenplatz gehen wir es an. In Zehnerschritten sind die Stufen markiert, so liest man, dass man trotz Anstrengung schneller hinaufkommt als man denkt. Schon steht da eine 100. Halbzeit! Oben angekommen, folgen wir dem Kraichgau-Stromberg-Wanderschild nach rechts. Dann gelangen wir an die schön ruhig gelegene **Baumannshütte** ④. Ein guter Ort, um sich vom Stufenlaufen zu erholen. Stufen, Hesse – war da nicht was?

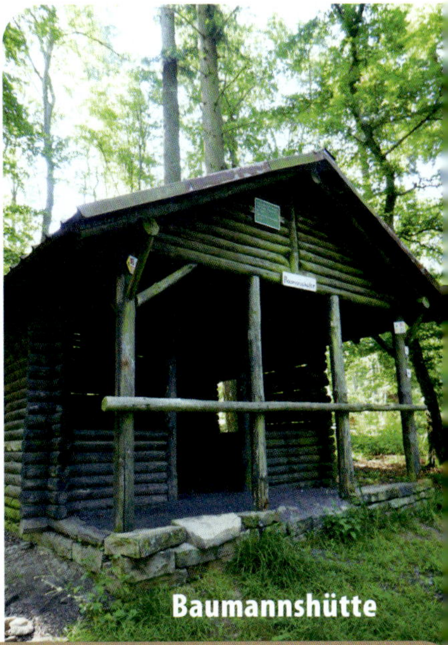

Baumannshütte

Nach der Hütte stoßen wir auf ein Schildermeer und folgen dem nach rechts unten Richtung Kraichgaustadion, denn so gelangen wir zum Aussichtspunkt Kraichgaublick. Um auch heute zu beweisen, dass sogar Umwege zielführend sind, nehmen wir zum wiederholten Male nicht den direkten Weg zum Ottilienberg. Im Mischwald geht es ziemlich bergab. Mitten in der

Für die Seele

Bewusst erklimmen wir mehr als 200 Stufen zum Ottilienberg und belohnen uns später in der Stadt mit Gaumenfreuden von herzhaft bis süß.

Rechtskurve müssen wir links in einen Pfad einbiegen, das Schild Kraichgaublick ist kaum zu erkennen. Es hat beinahe die gleiche Farbe wie der Baum, an dessen Stamm es hängt. In Serpentinen geht es nun kurze Zeit hinauf. Aber wer tief blicken will, muss hoch hinaus. Der Aufstieg lohnt. Der Schattenruheplatz **Kraichgaublick** ⑤ ist wunderschön mit seinem

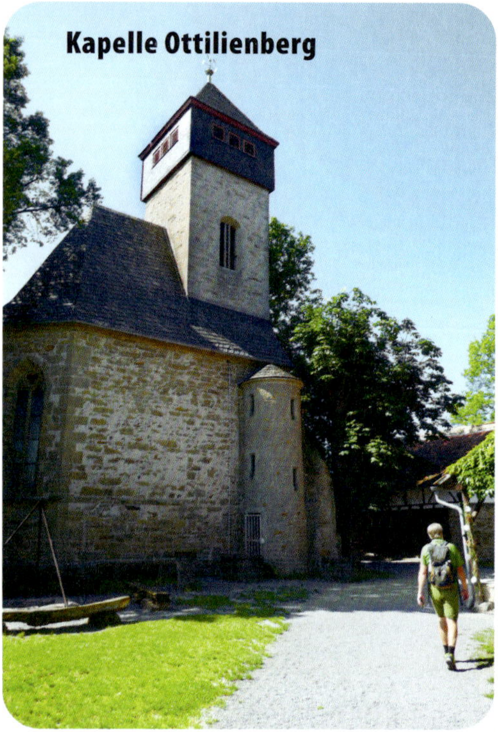

Kapelle Ottilienberg

Blick auf Eppingen und in der Ferne auf die Ravensburg. Diese Aussicht genießen wir im Stillen des Waldes sehr. Wir verlassen den wunderschönen Ort nach links und gehen dann rechts weiter hinauf. Bis hierhin sind wir etwas mehr als 4 Kilometer gewandert. An der Kreuzung müssen wir rechts. Ottilienberg 1,5 Kilometer. Nach einer Weile durch den Wald weist uns das gelbe Schild zur **Kapelle Ottilienberg** 6 nach rechts, noch 300 Meter. Wir hangeln uns an einem dicken Seil, das zwischen zwei Bäumen angebracht ist, abwärts, stoßen auf den Wanderparkplatz Ottilienberg und folgen der Beschilderung zum Berg nach rechts auf den breiten Asphaltweg. Linker Hand blicken wir auf eine schöne Streuobstwiese. Ein Stück weiter ragt die Kapelle links hervor. 2015 war sie Denkmal des Monats. Sieh an! Und das Hochplateau an sich soll schon sehr früh als Zufluchts- und Kultstätte gedient haben, man fand Spuren aus der Jungsteinzeit.

Auch über den Ottilienberg an sich erfahren wir hier oben einiges, zum Beispiel, dass er nahe der ehemaligen Grenze von Baden und Württemberg liegt und 1410 als „Sant Otilienberg" erstmals urkundlich erwähnt wird. 1976 nahm sich der Odenwaldklub eines früheren Stallgebäudes an und bewirtet hier – aktuell leider nur sonntags. So gehen wir dem gelben Schild nach die Treppen hinunter nach rechts und damit nach Eppingen zurück. Es sind noch 3,4 Kilometer bis dort. Die Treppe hinter uns gelassen, geht es links nach Eppingen, das steht gegenüber am Baum angeschlagen. Im Zickzack müssen wir einen

Zu Ehren der heiligen Ottilie baute das Adelsgeschlecht von Gemmingen 1473 eine Wallfahrtskapelle, einen Friedhof und kleine Wirtschaftsgebäude. 1945 wurde die Kapelle vollständig zerstört und in den Fünfzigerjahren wieder instand gesetzt.

Waldpfad abwärts. Wir entdecken einen südöstlichen Aronstab, er sticht aus dem Waldgrün heraus wie ein Marienkäfer auf grünem Maisblatt. Am Ende des Pfades gehen wir rechts auf den Waldwanderweg und gleich wieder links. Dann kommen wir aus dem Wald heraus und haben den Blick in die Freiheit der Weite nach links. Der Weg gabelt sich, wir bleiben rechts. Richtung Essigberg geht es einen schmalen Pfad weiter bergab, noch 2,6 Kilometer bis Eppingen. Nach dem Aufstieg geht es jetzt doch ziemlich steil bergab. Wir stoßen auf das Schützenhaus und lassen es links liegen. Gleich darauf sehen wir Eppingen vor uns. Eppingen, 2 Kilometer, sagt das Schild. Rechts von uns liegt das Familienhotel Villa Waldeck, außerdem sehen wir nun die Anhöhe, wo wir am Morgen gestartet sind. Und zum Schluss laufen wir noch

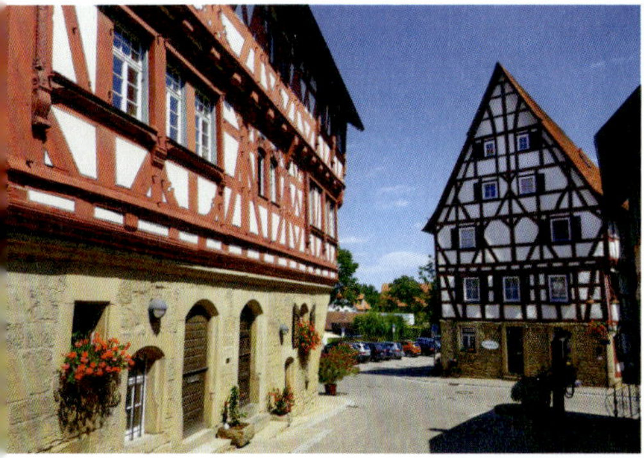

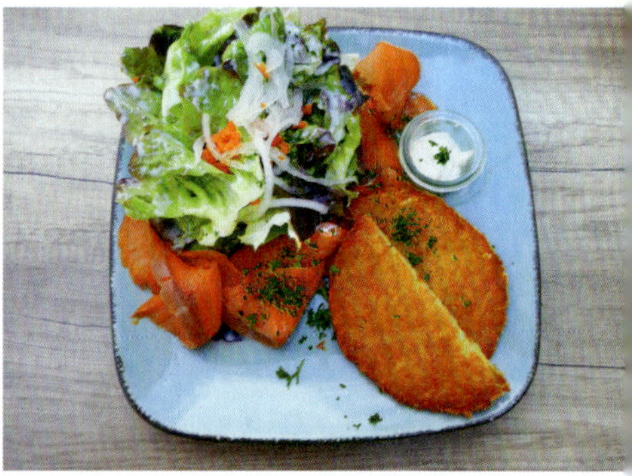

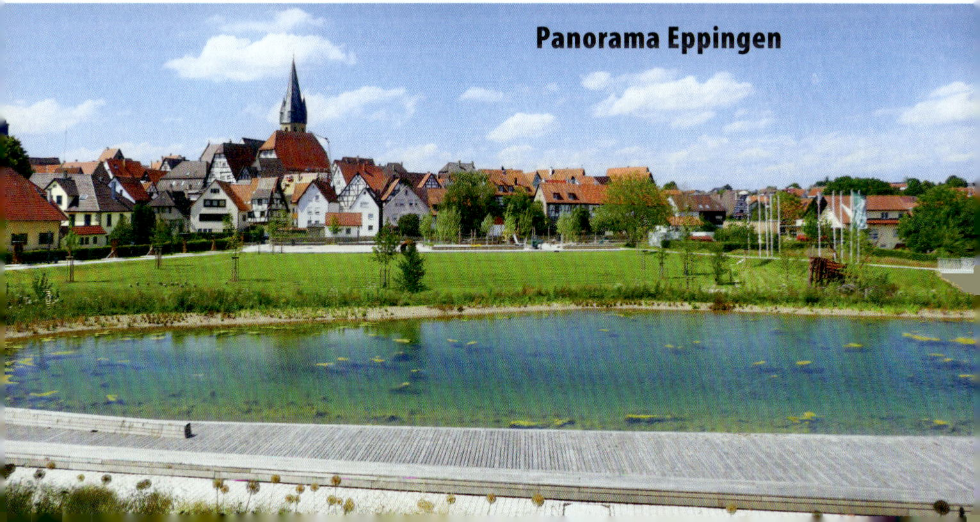

Panorama Eppingen

Am 20. Mai 2022 wird in Eppingen, der Fachwerkstadt mit Pfiff, die Landesgartenschau Baden-Württemberg eröffnet. Die Landesgartenschau ist das kleinere Pendant zur Bundesgartenschau. Eppingen präsentiert sich als grüne Kreisstadt im Herzen des Kraichgaus.

mal durch einen Hohlweg. Zurück im Wohngebiet richten wir uns wieder nach dem gelben Wanderschild, nach Eppingen sind es noch 1,4 Kilometer. Wir laufen erneut entlang der **Waldstraße,** wie zu Beginn der Wanderung. Und schon stoßen wir auf den Zebrastreifen, an dem wir vor wenigen Stunden vorbeigekommen sind. Geradeaus gehen wir nun in die Stadt, um bei **Helgets** 7 zu Mittag zu essen. Kartoffelrösti mit Räucherlachs munden sehr. Im Anschluss spazieren wir durch die sehenswerte Altstadtstraße und bleiben in der **Rösterei Kaffeefaktur** 8 auf eine sehr bekömmliche Tasse hängen. Das Eis auf die Hand später holen wir uns aus dem **Eiscafé Europa** 9 – da gibt es Sorten wie Sahne-Gries und Salz-Karamell, lecker – das rundet den Tag ab!

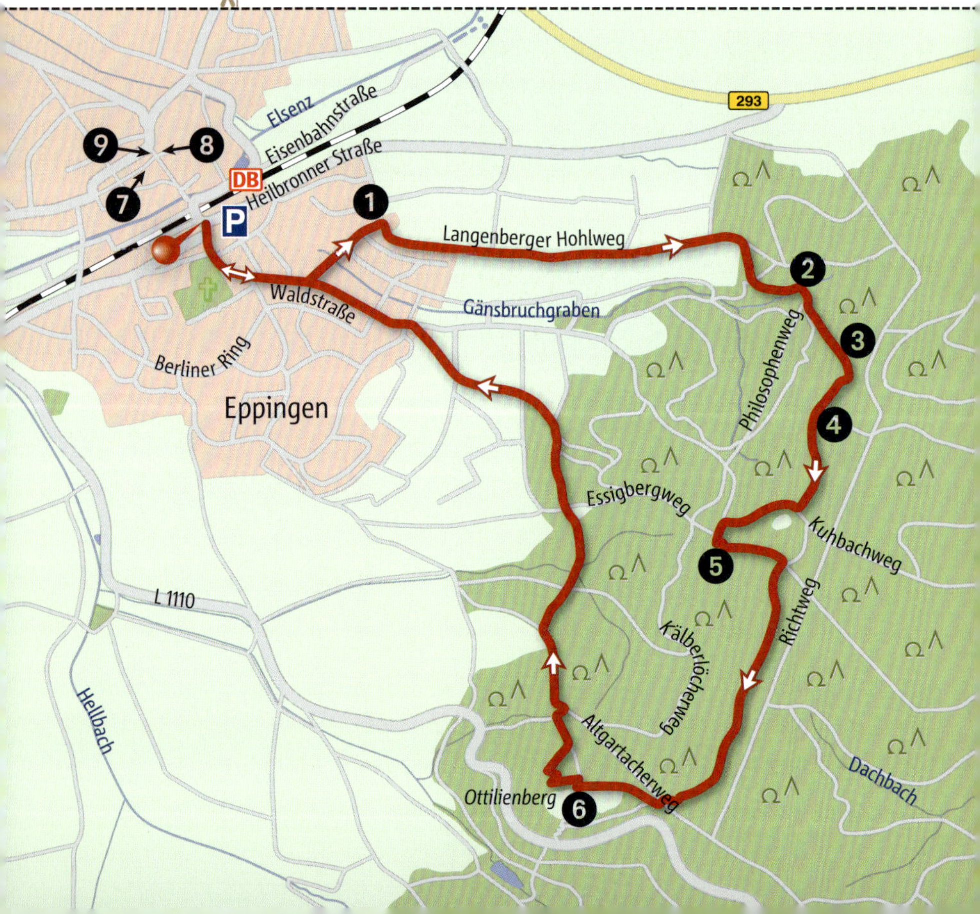

Alles auf einen Blick

WIE & WANN:

Wiesenwege, asphaltierte Wege, breite Schotterwege, Pfade, Treppen, beste Wanderzeit von März bis November

HIN & WEG:

Auto: Parkplatz Heilbronner Straße, 75031 Eppingen (GPS: 49.13507, 8.91287)
ÖPNV: S4, S5 bis Haltestelle Bahnhof Eppingen

ESSEN & ENTSPANNEN:

Helgets ❼ Brettener Straße 11, 75031 Eppingen, Tel. (0 72 62) 9 24 02 25, www.helgets-restaurant.de
Rösterei Kaffeefaktur ❽ Altstadtstraße 1, 75031 Eppingen, Tel. (0 72 62) 9 99 86 30, www.kaffeefaktur.com
Eiscafé Europa ❾ Am Marktplatz, 75031 Eppingen, Tel. (0 72 62) 92 40 22 59

ENTDECKEN & ERLEBEN:

Langenberghohle ❶
Himmelsleiter-Brücke ❷
Himmelsleiter ❸
Baumannshütte ❹
Kraichgaublick ❺
Kapelle Ottilienberg ❻

Entspannung ★★★★☆
Genuss ★★★★☆
Romantik ★★★★☆

Stausee Ehmertsklinge

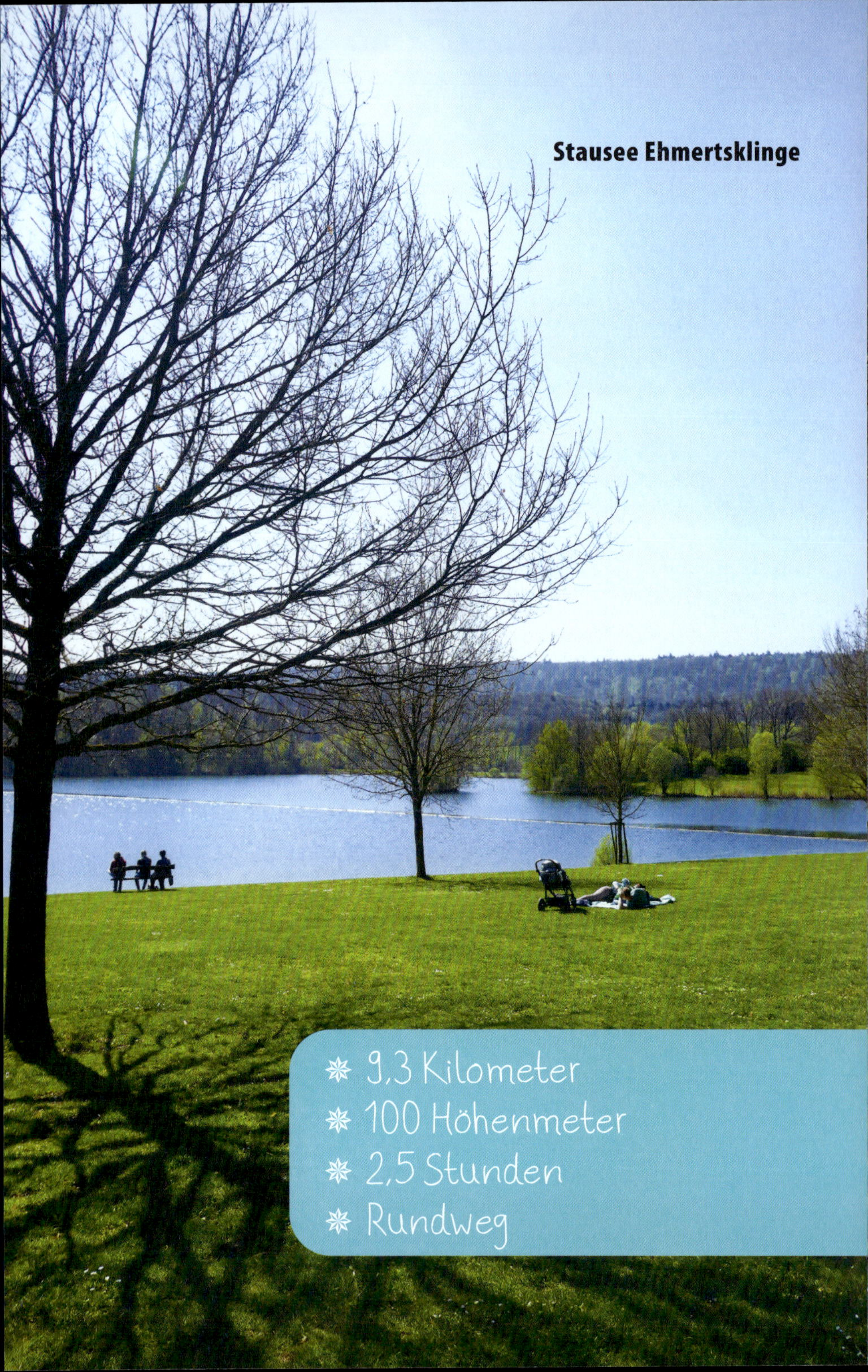

- 9,3 Kilometer
- 100 Höhenmeter
- 2,5 Stunden
- Rundweg

Zuerst schauen wir uns den Drei-Seenweg auf der Karte am Wanderparkplatz an, ZA 1 wird auf unserem Wegweiser stehen. Und schon stoßen wir auf die erste Sehenswürdigkeit, das **Naturparkzentrum am Stausee Ehmetsklinge** (1). Wir begutachten die Wildkräuterwelt und sehen darüber hinweg die Staumauer des Stausees. Am Schild mit dem Hinweis Seenwege gehen wir rechts, das **Wirtshaus am See** (2) liegt fantastisch am **Stausee Ehmetsklinge** (3), wo die Wiese schon gut belegt ist. Auch eine Seejungfrau – Wächterin aus Bronze des Bildhauers Darko Gol – sonnt sich ebenfalls. Nicht nur Enten schnattern, ausreichend Menschenmünder stimmen mit ein.

Wir laufen am See entlang und biegen am Ende des Schotterweges links ein, so bleiben wir in der Nähe des Sees. Auf dem gelben Wanderschild ist der Hinweis ZA 1 gut erkennbar. Das **Ehmertsklingenbächle** führt wenig Wasser, dennoch ist rundherum alles saftig grün. Wer will, informiert sich an einzelnen Schildern über die Bäume, die den Weg zieren. Unterwegs sind heute Wanderer, Spaziergänger, Gassigeher, Jogger, Radfahrer und Familien mit Kindern. Das erste Himmelssofa, das wir passieren, überlassen wir ihnen, wenngleich man gut liegt und einen wunderschönen Blick auf den See hat. Das Wasserglitzern steht in Konkurrenz zum Sonnenschein vom Blauhimmel. Gleich überqueren wir einen kleinen Bach nach links, machen aber einen kurzen Abstecher nach rechts und erlesen uns Wissenswertes über Lapidarium/Grenz-

Die Zaber durchfließt den zwischen 1968 und 1970 angelegten Stausee Ehmetsklinge, der seit 2001 dem Hochwasserschutz dient. Das Naturparadies lädt zum Baden, Tretbootfahren, Surfen und Angeln ein. Naturstrand, Liegewiese, Kiosk und Biergarten sind das Topping.

Seeidyllen

Drei-Seenweg Zaberfeld

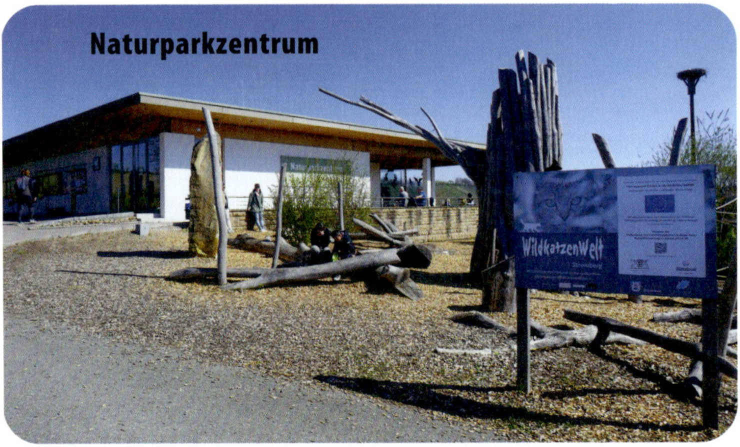

Naturparkzentrum

steinpfad Abendwaldweg Zaberfeld. Was würden wir nur machen, wenn uns die freundlichen Vogelstimmen nicht begleiten würden? Die Wiese rechts verführt fast, einen Strauß Blumen zu pflücken, aber wir erfreuen uns lieber an den Bienen, die das mit einem Summkonzert belohnen, und an der Sonne, die ihr Licht auf diese traumhafte Kulisse wirft. Wer das Glück in der Natur sucht, der findet es hier.

Um den Stausee gibt es immer wieder Sitzgelegenheiten. Etwa 35 Minuten ab Start lesen wir auf gelbem Wanderschild, dass es zum Katzenbachsee noch 2,6 Kilometer sind. Das Gänse- und Entengeschnatter macht die Naturmusik noch variantenreicher. Wir müssen mal rauf, mal runter, aber schwierige Steigungen sind es nicht wirklich. Wenn der geteerte Weg eine Linkskurve bergab macht, biegen wir rechts ein auf einen breiten Feldweg, der uns an einem Fischteich vorbeiführt. An der nächsten Bank setzen wir uns, weil wir es einmal mehr genießen wollen, die Weite des Kraichgaus zu bestaunen. Dann geht es auf die Straße zu – die vorbeifahrenden Motorradfahrer lassen wir ziehen –, überqueren die Straße an der nächsten Möglichkeit nach links, laufen auf einem Schotterweg weiter und biegen dann gleich wieder links ein. Zum Katzenbachsee sind es nun nur noch 1,1 Kilometer. Manchmal treffen wir auf Ausflügler, die ebenfalls die malerische Landschaft genießen.

Nach 1,5 Stunden erreichen wir eine Bank, die wir Summduschenbank taufen, weil wir in den Genuss eines Hummel- und Bienenkonzerts kommen. Der Wind weht und erfrischt uns im Blütenblätterregen. Wir werden nicht nass, sondern glücklich. Und weiter geht's, immer dem ZA 1 nach. Dem folgen heute viele. Wenn der Weg eine Biegung nach links macht, gehen wir geradeaus abwärts zum Katzenbachsee. Man sieht ihn gegenüber durch die Bäume. Derweil nehmen wir den würzigen Geruch von Bärlauch wahr – ja, Heimat kann man riechen, besonders in den Wäldern.

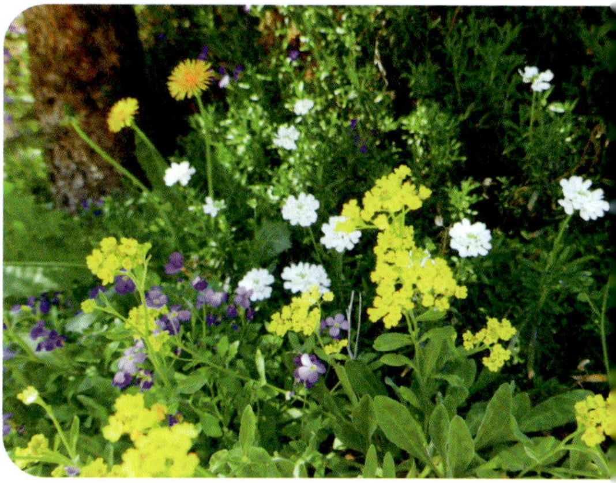

Unten biegen wir nach rechts zum **Katzenbachsee** 4 – einem Badesee – ab, was für ein herrliches Ausflugsziel! Ein Kiosk bietet Kleinigkeiten, außerdem gibt es eine Grillstelle und Toiletten. Für diese Tour sollte man im Hochsommer auf alle Fälle die Badesachen einpacken. Jetzt Ende April ist es zum Baden zu kalt. Wir schlendern um den See herum und am Ende verlassen wir ihn nach rechts, Richtung Pfer-

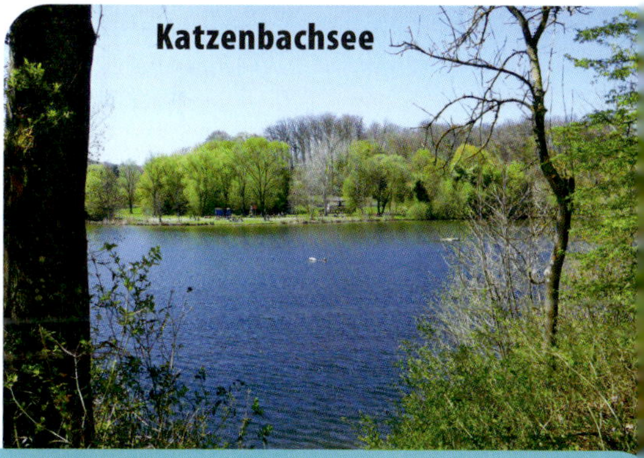

Katzenbachsee

Für die Seele

Im Blütenblätterregen sitzen, dem Geruchssinn ein Bärlauchbad bieten, Körper, Geist und Seele an den Seen erfrischen – eine Rundumwohltat.

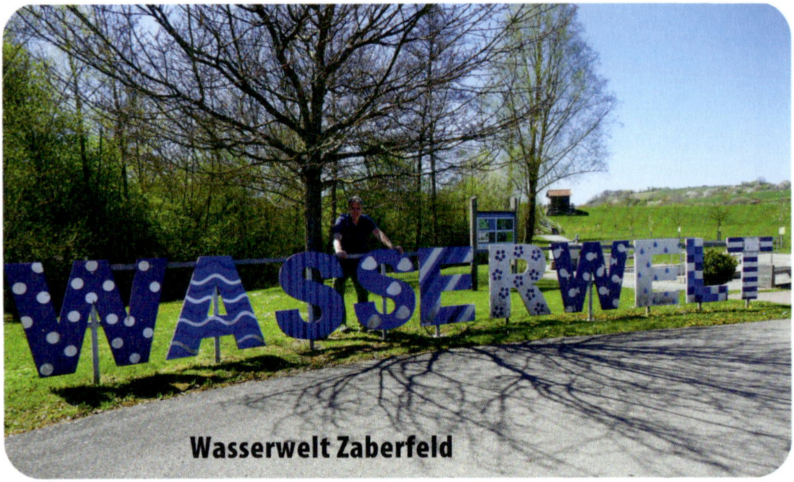

Wasserwelt Zaberfeld

dekoppel. Unser Weg führt nach links und geht bergab, anschließend verläuft er rechts, parallel zur Hauptstraße. An den Weinbergen, die wir links sehen, werden wir gleich entlanggehen. Kurz bevor es in den Ort Weiler an der Zaber geht, biegen wir links ein. Wir laufen über alte Schienen auf die Weinberge zu und biegen dem ZA 1 nach rechts ab. Auf dem gelben Wanderschild steht Naturparkzentrum 3,7 Kilometer. Da kommen wir her. Nun spazieren wir an der **Zaber** entlang, überqueren sie nach links auf der **Zaberstraße** und biegen dann gleich wieder links in die **Talstraße** ein. Und schon geht es wieder in die Natur, Pferde begrüßen uns wiehernd. Links liegt der Kleintierzüchterverein Weiler. Nun knallt die Sonne von oben und wir freuen uns auf den nächsten See. Wie die Leuchtlinien im Flugzeug leuchtet am Wegesrand das Scharbockskraut. Auch hier hört man viele Insekten summen. Wir erreichen den **Michelbachsee** ⑤, der sich in die Talsohle nordöstlich des Spitzenbergs bettet. Baden ist hier verboten, aber das Angeln ist erlaubt. Da wollen wir nicht stören und gehen weiter. An den Wohnhäusern weist uns der ZA 1 nach links. Ach was für eine farbenprächtige Blumen an den Gemäuern. Anwohner berichten, dass sich leider manch Ausflügler bedient und somit den schönen Anblick zerstört. Wie schade!

Unser Weg führt rechts abwärts und dann sogleich bei der ersten Möglichkeit nach links in die Straße **In den Weingärten** und danach wieder links in die **Hofäckerstraße.** Die Wege rechts und links von uns heißen Dornfelder-, Lemberger-, Portugieser- und Silvanerweg. Am Ende der Hofäckerstraße biegen wir links ab. An einer Tafel können wir uns über die Geschichte der Zabergäubahn belesen. Ein gelbes Wanderschild sagt, dass es bis zum Parkplatz Naturparkzentrum noch 1,3 Kilometer sind. Wir überqueren den Bach vor uns nicht, sondern überqueren die Hauptstraße vorher nach rechts und stoßen auf die **Wasserwelten Zaberfeld 6.** Würde man die Hauptstraße nach links gehen, käme man zur Bushaltestelle, die dem Startpunkt der Wanderung am nächsten liegt. Bei den Wasserwelten können wir kurz vor Schluss noch einmal Pause machen und uns etwas bilden. Leider ist dieser Ort direkt an der Hauptverkehrsstraße, sodass es einem etwas die Freude an der Pause raubt. Aber im Hochsommer lockt hier eine Kneippanlage, Waden und Füße zu kühlen. Wir besichtigen jetzt die kleine **Stauanlage 7.** Nach der Staustufe sehen wir schon bald den

Stauanlage

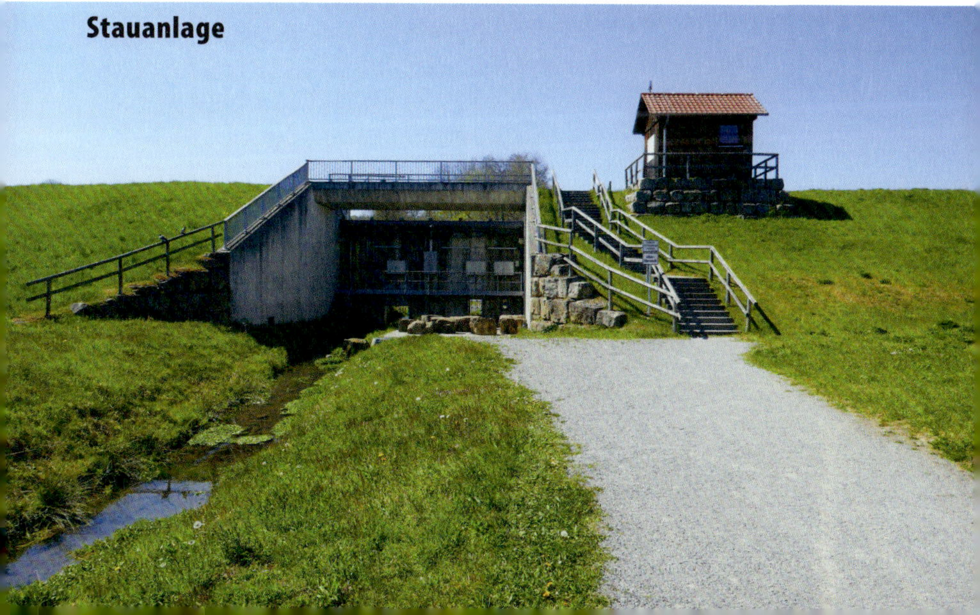

Seit 2003 gibt es die Patenbaumwiese, auf der nach altem Brauch bei der Geburt eines Kindes ein Baum gepflanzt wird. Eltern erhalten bei Geburt eines Kindes in der Gemeinde einen Gutschein. Die Aktion wirkt dem Verschwinden der Streuobstwiesen entgegen.

Parkplatz vor uns. Zauneidechsen fühlen sich hier wohl, sodass man manchmal das Glück hat, dass einem ein Exemplar über den Weg läuft, bevor es wieder im Gras verschwindet. Kurz vor Ende können wir Naturmemo spielen, denn linker Hand befinden sich Tafeln und Fragen.

Keine 3,5 Stunden nach unserem Wanderstart kommen wir wieder zurück, schauen aber auf dem Heimweg im **Stromberghof** ⑧ vorbei – denn was wäre eine Erfrischungstour ohne ein Eis? Oder doch lieber einer der leckeren Kuchen? Wir haben die Wahl. Als Letztes passieren wir rechter Hand noch eine **Patenbaumwiese** ⑨ und wer noch nicht eingekehrt ist, kann nun seine Wanderung im Wirtshaus am See beenden.

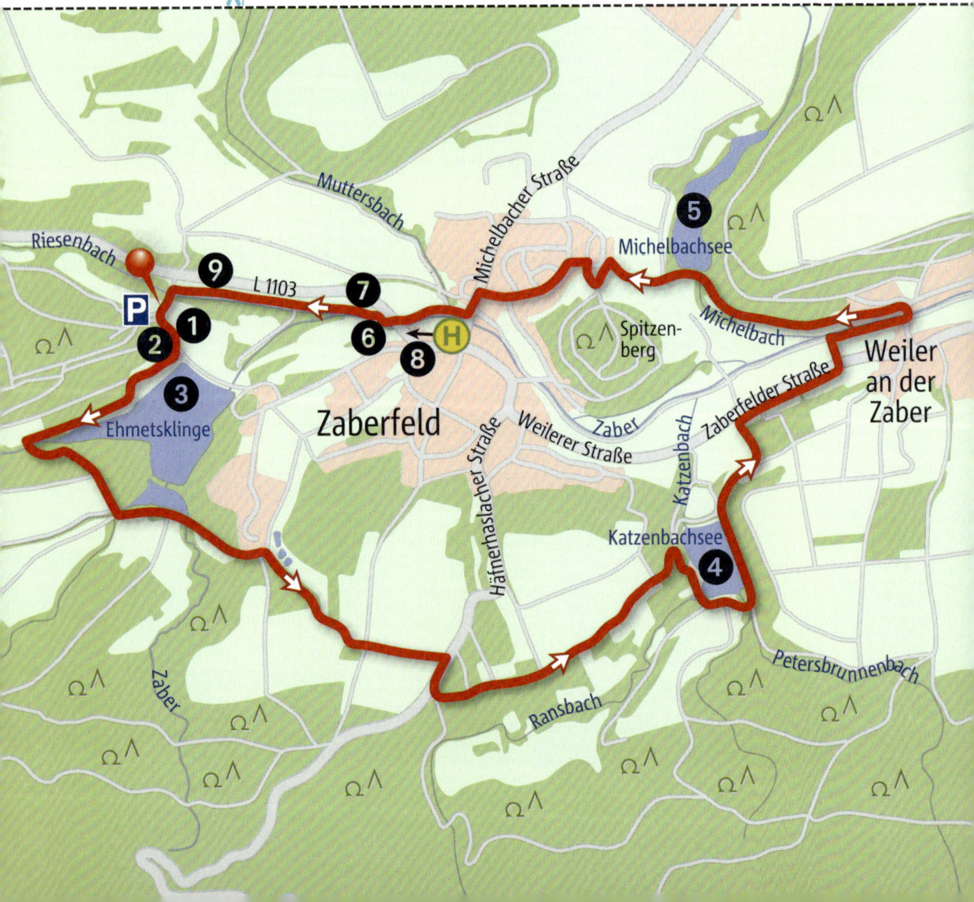

Alles auf einen Blick

WIE & WANN:

Breite Teer-, Wald- und Schotterwege. Beste Wanderzeit von März bis Oktober

HIN & WEG:

Auto: Wanderparkplatz am Naturparkzentrum, 74374 Zaberfeld, Ehmetsklinge (GPS: 49.05932, 8.91131)

ÖPNV: Buslinie 661, bis Haltestelle Leonbronner Straße, Zaberfeld

ESSEN & ENTSPANNEN:

Wirtshaus am See ❷ Fronhälde, 74374 Zaberfeld, Tel. (0 70 46) 88 11 95, www.wirtshaus-am-see.info

Stromberghof ❽ Schillerstraße 36, 74374 Zaberfeld, Tel. (0 70 46) 8 84 73-60, www.stromberghof.de

ENTDECKEN & ERLEBEN:

Naturparkzentrum am Stausee Ehmetsklinge ❶
Stausee Ehmetsklinge ❸
Katzenbachsee ❹
Michelbachsee ❺
Wasserwelten Zaberfeld ❻
Stauanlage ❼
Patenbaumwiese ❾

Entspannung ✱✱✱✱✱
Genuss ✱✱✱✱
Romantik ✱✱✱✱

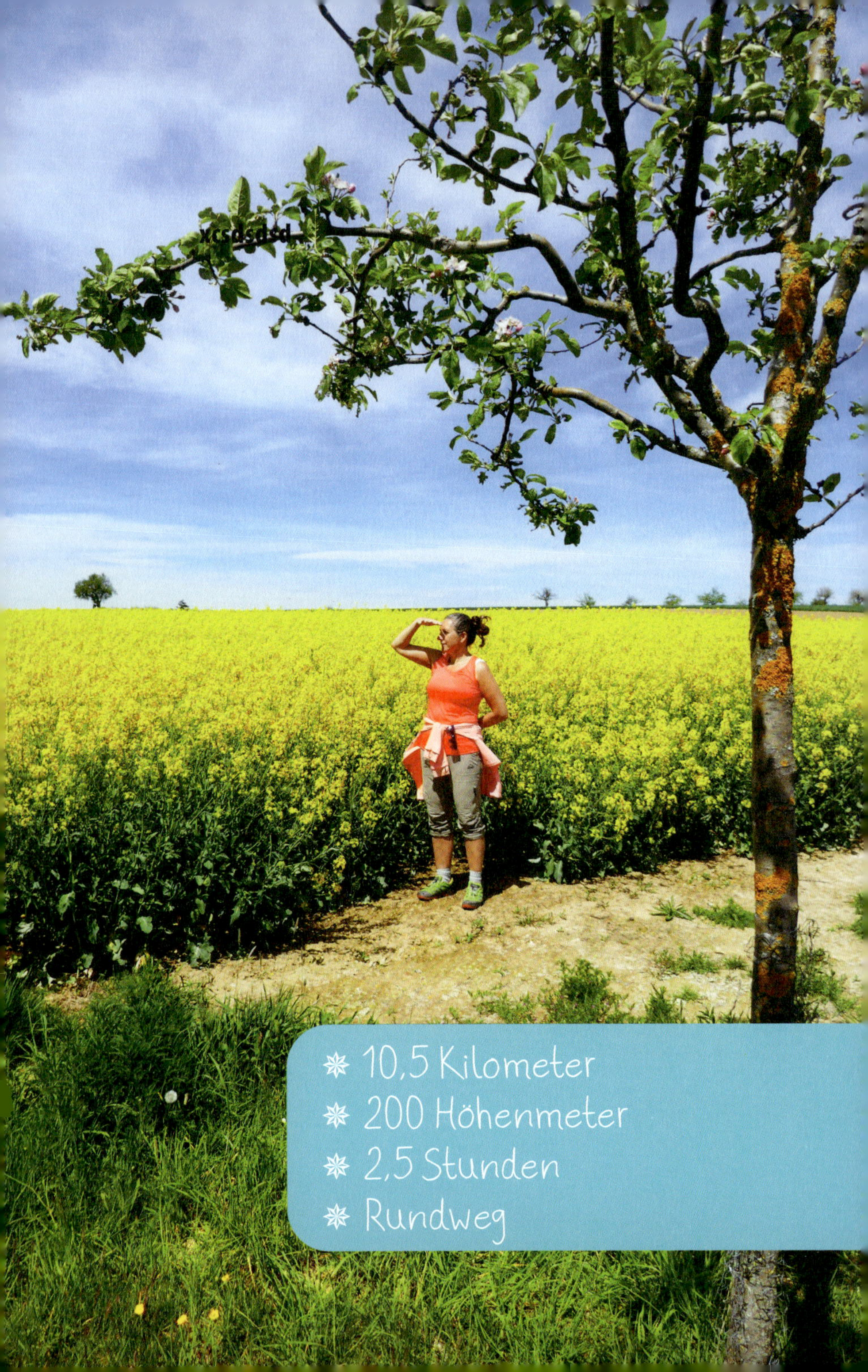

- 10,5 Kilometer
- 200 Höhenmeter
- 2,5 Stunden
- Rundweg

Wir machen uns zum Muttertag auf den Weg und Mutter Natur beschert uns warme Temperaturen. Verlockend ist es da, statt loszuwandern, direkt am Kürnbacher See – dem **Schlosswiesensee 1** – auf dem Himmelssofa sitzen zu bleiben. Aber wir gehen es an, lassen den See links von uns liegen und spazieren aufwärts den asphaltierten Weg entlang, der gerne von Radlern und Reitern genutzt wird. Die meiste Zeit werden wir dem Wanderweg KB 3 folgen. Eine grünhügelige Landschaft begrüßt uns, das satte, saftige Grün wird von Löwenzahn und Hahnenfuß frühlingsfreundlich erhellt, Pusteblumen gesellen sich ebenfalls schon dazu. 5 Minuten nach Start kommt rechter Hand ein Märchenwald, nach 10 Minuten lockt ein weiteres Himmelssofa an der **Grillhütte 2**, sich zu setzen. KB 3 ist sehr gut ausgeschildert und führt uns nach der Grillhütte an einer Wiese vorbei – vom Rasenmäher verschontes Gras bietet Wiesenblumen ein Zuhause, schön! Wir laufen einen breiten Schotterwaldweg und freuen uns über den erfrischenden Schatten der Bäume. Nachdem es aufwärtsgegangen ist, biegen wir oben nach rechts ab, ein gelbes Wanderschild gibt an, dass man den Sportplatz Leonbronn in 2,3 Kilometern erreicht. Dort werden wir vorbeikommen. Steinmira in Hülle und Fülle und auch der Gundermann gesellt sich am Wegesrand zum Hahnenfuß. Gerade laufen wir auf dem Eppinger Linienweg. Im Mischwald ist es dank Frühling schon sehr grün, gleichzeitig dringen noch sehr viele Sonnenstrahlen durch das Blätterdach, sodass wir immer wie-

Gelbes Meer

Zur Rapsblüte in Kürnbach

der auf Sonnenlichtlöcher stoßen. Der Bärlauch blüht in Hülle und Fülle und bekommt Besuch von so mancher Hummel. Wenn wir links eine Waldarbeiterhütte sehen, laufen wir rechts weiter dem KB 3 nach. Wir stoßen auf einen anderen Waldweg, der KB 3 führt links aufwärts, wir verlassen ihn nach rechts abwärts, weil wir einen Abstecher zum **Willi-Steiner-See** 3 machen möchten. Wenn der Weg aus dem Wald führt, biegen wir scharf links abwärts ab. Nachdem wir KB 3 verlassen haben, erreichen wir das Seeidyll. Wir sind nun insgesamt eine gute halbe Stunde unterwegs. Angler sitzen hier häufig am Seeufer. Wir können uns überlegen, ob wir den See umrunden möchten.

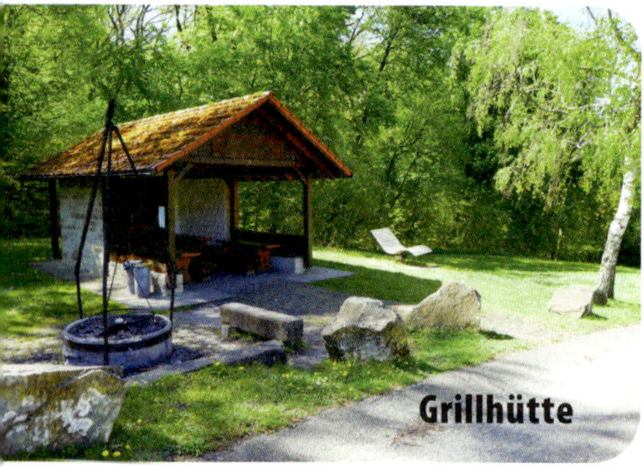
Grillhütte

Auf unserem weiteren Weg lassen wir den See rechts liegen und wandern durch das Naturschutzgebiet der **Seelachwiesen** 4, das im Mai auch Bärlauchwiesen heißen könnte. Sonntag, Traumwetter, außer uns scheinbar keine Menschenseele unterwegs, ein lautstarkes Vogelkonzert setzt immer wieder ein, dazwi-

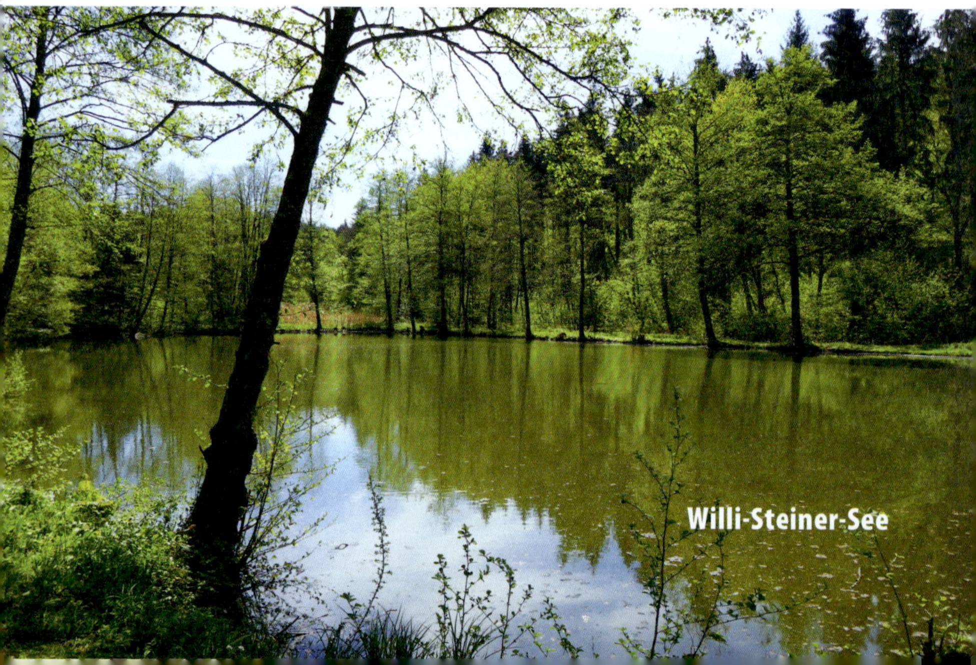
Willi-Steiner-See

schen hören wir Mäuse und Eidechsen am Wegesrand im vertrockneten Laub rascheln – es sind Naturtöne, die die Misstöne des Alltags verklingen lassen. Rechts schlängelt sich der **Schlangenbach** durch die Natur. Wenn dieser Teil des Kraichgau-Stromberg-Parcours 21 eine Biegung nach rechts macht, gehen wir links aufwärts. Achtung, wenn es zuvor stark geregnet hat, kann es hier sehr matschig und somit rutschig sein. Wir kommen an eine Lichtung und genießen einfach nur dieses satte Grün, umrandet von Laub- und Tannenbäumen. Am Ende folgen wir einer Linkskurve in den Wald und nach etwa 1,5 Stunden stoßen wir wieder auf den KB 3, dem wir nach rechts aufwärts folgen. Was im Schwarzwald die Heidelbeerteppiche sein mögen, sind hier die Bärlauchteppiche zu Füßen der Bäume. In der Hitze erfrischt uns der Waldschatten. Das können wir brauchen, müssen wir doch eine Steigung von 11 Prozent bewältigen. Dann liegt die blaue Weite vor uns. Auch Rapsfelder leuchten uns entgegen und machen einfach gute Laune. Das Summkonzert in den Blüten ist einzigartig. Wer sich hier nicht glücklich schaut, der kann es nirgendwo. Eine Erfrischung fürs Auge. Das gelbe Meer des Kraichgaus. Links, in nicht allzu weiter Ferne, sieht man Ochsenbrunn, rechts befindet sich der Fußballplatz von Leonbronn. Unser Weg führt uns links abwärts. Auf dem gelben Wanderschild steht, „Beim Riesenhof“, 0,7 Kilometer. Wir kommen kaum vorwärts, weil wir immer wieder nur schauen müssen. Da vergessen wir die Hitze zum Glück, denn auf diesem Teilstück verliert die Wande-

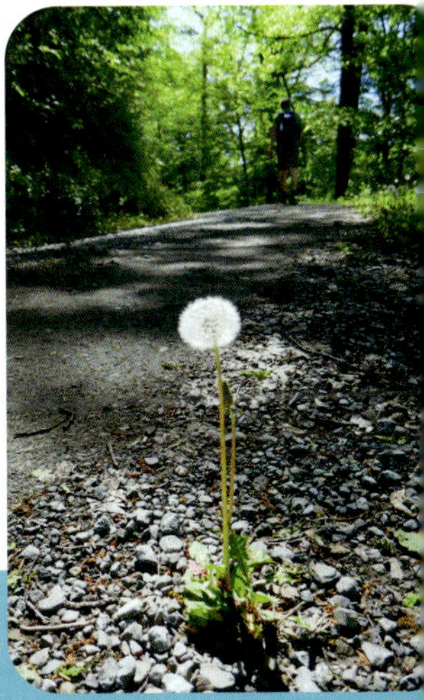

Für die Seele

Bärlauchwiesen erfreuen das Auge ebenso wie die Rapsblüte – ein gelbes Meer. Wir schauen uns glücklich in der duften(den) Natur.

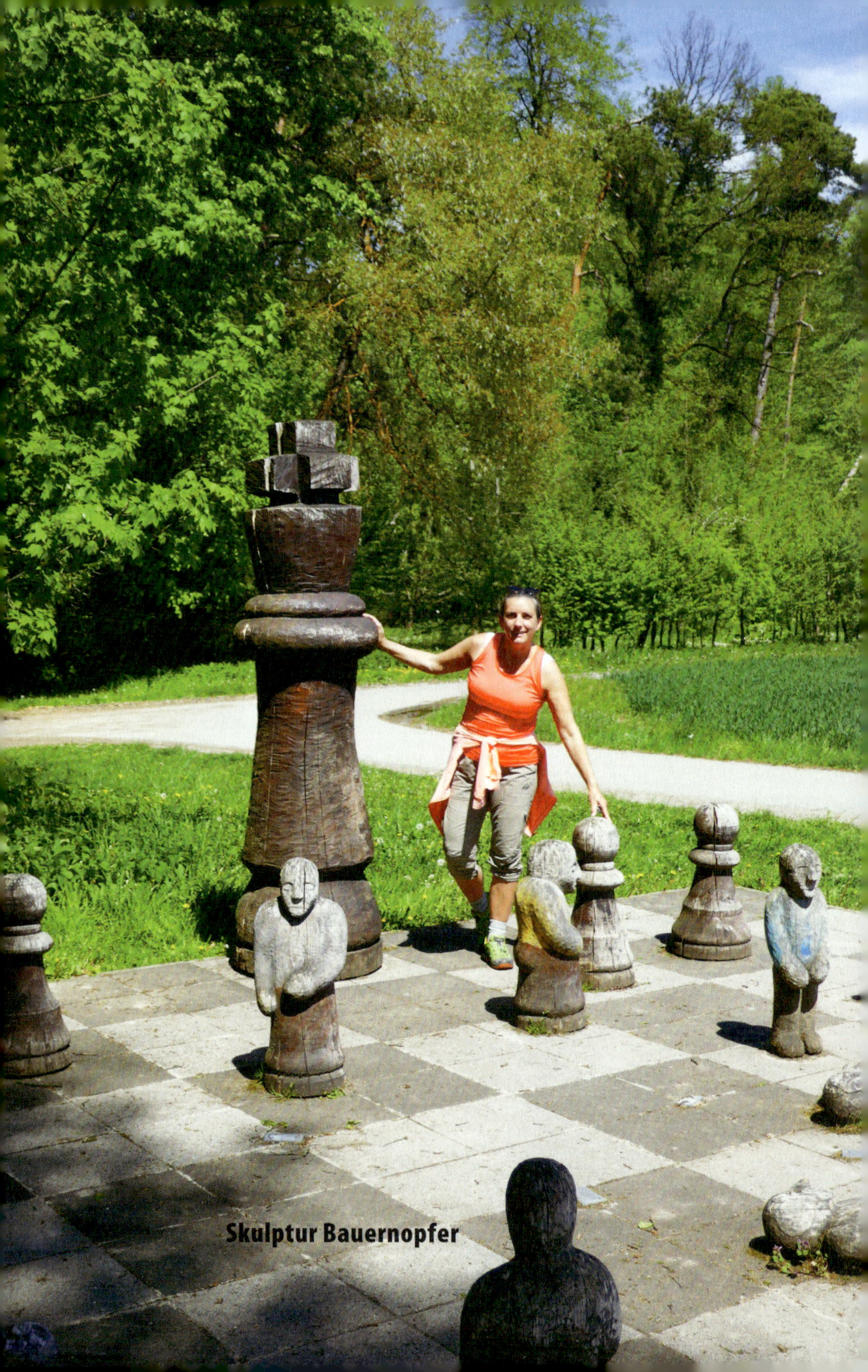

Skulptur Bauernopfer

rung den Charakter einer Erfrischungstour etwas. Nach etwa 2 Stunden und 6,5 Kilometern nutzen wir Picknickbank und Tisch „Beim Riesenhof", machen Mittagspause und schauen die schöne Landschaft an, die trotz wärmender Strahlen von Joggern genutzt wird. Nachdem wir uns gestärkt haben, visieren wir mit dem Bauernopfer unser nächstes ausgeschildertes Ziel an, es sind nur 900 Meter bis dorthin. Ein laues Lüftchen kühlt verschwitzte Haut. Rechter Hand ragt auffällig ein Steinkreuz aus der grünen Wiese hervor. Auf der anderen Seite erinnert ein Baum am Wegesrand an die Peitschende Weide aus Harry Potter. Heil erreichen wir die Skulptur **Bauernopfer 5.**

Nach dem Bauernopfer geht es links in den Wald hinein. Auf dem gelben Wanderschild steht an dritter Stelle Kürnbach, 3,4 Kilometer. Wir sind froh, wieder gut beschattet laufen zu können. Hier verläuft auch der **Waldlehrpfad,** der zum Beispiel über den Orkan Wiebke im Jahr 1990 und dessen Folgen berichtet. Hier gibt es Blindschleichen, die, wenn sie den Weg der Wanderer kreuzen, sich im Dickicht schnell in Sicherheit zu bringen scheinen. An einem der vielen Hochsitze auf dieser Tour folgen wir dann dem KB 3 rechts abwärts, am Ende lesen wir **Hesseneichenweg.** Von unten kommt ein Weg hoch, wir gehen weiter geradeaus, dann die Serpentinen bergab. Wenn es auf dem Wanderschild heißt, noch 1,7 Kilometer bis Kürnbach, könnte man auch nach rechts die Eppinger Linien zur Skulptur Weitblick (vgl. Panoramatour 5) wandern. Wir aber gehen daran vorüber. Am Wanderschild „Wandern im Land der 1000 Hügel" richten wir uns nach dem gelben Wanderschild zum Parkplatz See. Bis dort sind es noch 1,3 Kilometer. Somit verlassen wir den KB 3 wieder einmal, weil wir um den See herumlaufen wollen. Außerdem kommen wir so zum **Restaurant Weiß 6,** wo wir einkehren möchten.

Nach dem gelben Schild mit dem Hinweis zum Parkplatz See, der nun noch 1 Kilometer entfernt ist, biegen wir die nächste Möglichkeit links und dann

Zu Zeiten des Barocks hatte es das normale Fußvolk nicht leicht, es stand den Herrschenden schlichtweg zur Verfügung. Die Skulptur Bauernopfer von Hinrich Zürn widmet sich auf einem 40 Quadratmeter großen Schachbrett diesem Dasein.

gleich wieder rechts ein, immer dem schwarzen V auf gelbem Grund nach. Einige Menschen liegen nun am See und schicken die Alltagslast baden. Auch wir genießen den Seeblick noch ein wenig. 3,5 Stunden waren wir unterwegs. Zum Abschluss besuchen wir die **Aussichtsplattform Kürnbacher See** 7. Der Kürnbacher See dient als Regenrückhaltebecken, die Staumauer hat die Form eines Schiffsbugs, inmitten des als Schiff gestalteten Gebildes steht ein Steuerrad und erfreut Kinder. Aber auch Erwachsene finden die Gestaltung schön. Denn wie sagen zwei Menschen, die nahe auf einer Bank sitzen: „Des isch wirklich schee worre gegenüber früher. Des gibt was her, saare se." (Das ist wirklich schön geworden gegenüber früher. Das gibt was her, sagen sie.)

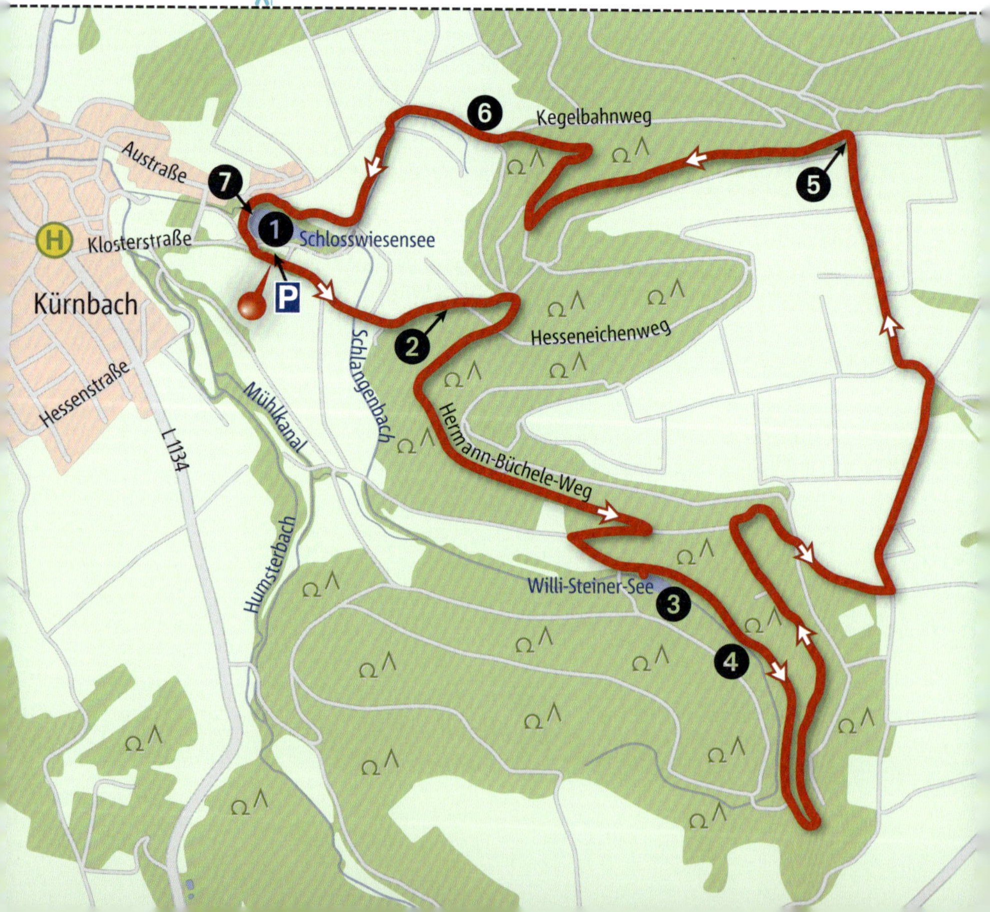

Alles auf einen Blick

WIE & WANN:
Breite asphaltierte Wege, Waldwege, Schotterwege.
Beste Wanderzeit März bis November

HIN & WEG:
Auto: Wanderparkplatz Schlosswiesensee, Klosterstraße,
75057 Kürnbach (GPS: 49.07614, 8.85394)
ÖPNV: Buslinien 144 und 145 bis Haltestelle Oberer-Tor-Platz in Kürnbach, von dort die nächste links über die Klosterstraße direkt zum Ausgangspunkt Wanderparkplatz Schlosswiesensee

ESSEN & ENTSPANNEN:
Restaurant Weiß ❻ Austraße 63, 75057 Kürnbach, Tel. (0 72 58) 65 60

ENTDECKEN & ERLEBEN:
Schlosswiesensee ❶
Grillhütte ❷
Willi-Steiner-See ❸
Seelachwiesen ❹
Bauernopfer ❺
Aussichtsplattform Kürnbacher See ❼

Entspannung ✱✱✱✱✱
Genuss ✱✱✱✱✱
Romantik ✱✱✱✱✱

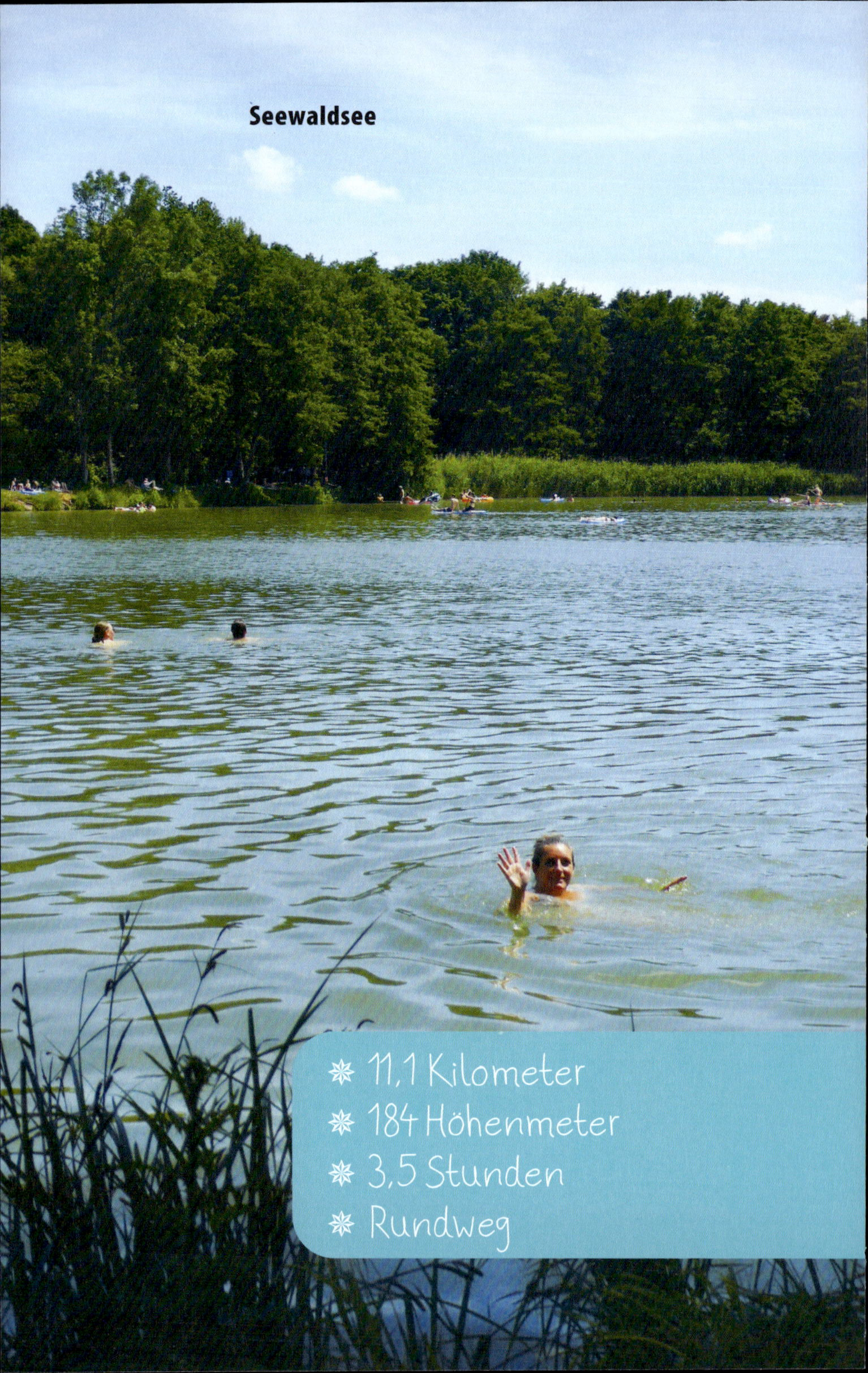
Seewaldsee
11,1 Kilometer
184 Höhenmeter
3,5 Stunden
Rundweg

Nur 400 Meter vom **Seewaldsee** entfernt starten wir in sommerlicher Wärme unseren Rundweg und bewegen uns trotz Lust auf den Sprung ins Kalte erst mal vom See weg. Wie herrlich erfrischend wird es wohl sein, nach der Wanderung zu schwimmen? Wir freuen uns darauf und begeben uns auf den als See- und Wald-Rundweg gekennzeichneten fantastisch ausgeschilderten Weg. Das gelbe Wanderschild in der Nähe des Parkplatzes besagt, dass wir den **Hamberger See** in 4 Kilometern erreichen werden. Auf einem breiten asphaltierten Weg laufen wir an einem saftig grünen Maisfeld entlang. Hier wird gewalkt, gewandert und geradelt. Nach ein paar Minuten überqueren wir den **Steinbach** und dürfen leicht aufwärts in den Waldschatten laufen. Allein das Plätschern kühlt uns ab. Hunde nehmen hier ihr erstes Bad auf der Tour. Aus dem Wald heraus hat man sogleich einen schönen Blick über die Felder. Schleierwolken sehen aus, als würde

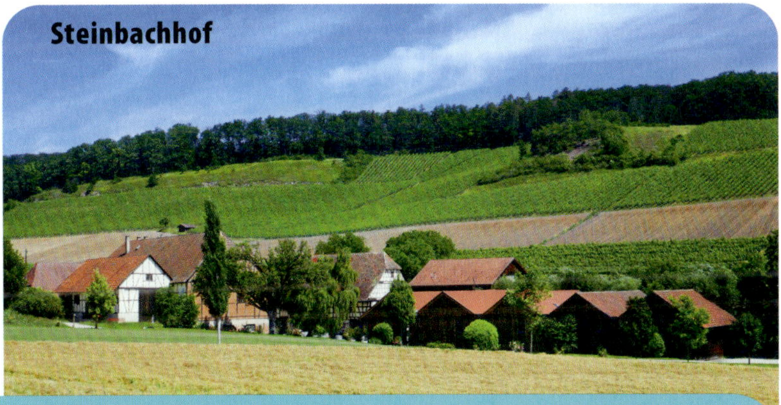

Steinbachhof

Sprung ins Wasser

Zum Seewaldsee Horrheim

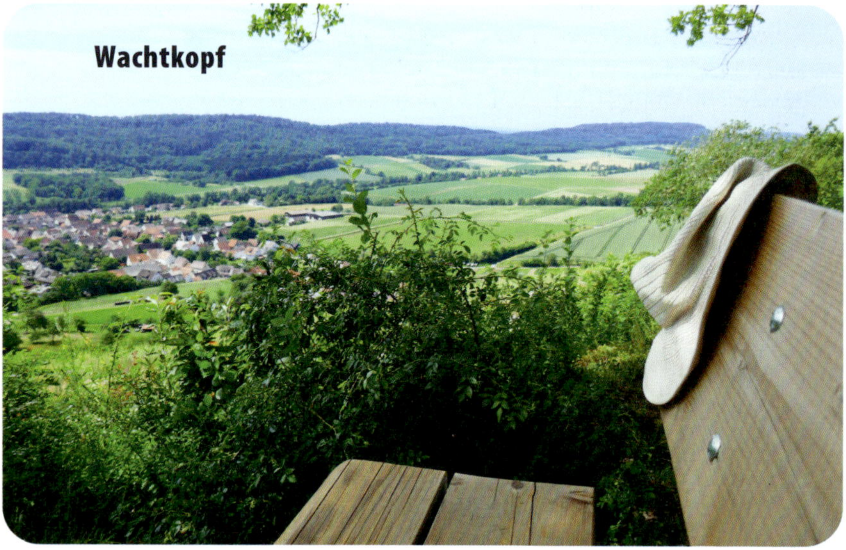

der Himmelsmaler seinen Pinsel reinigen und dem Weizenfeld sieht man an, dass der Wind mit ihm gespielt hat. Rechts von uns hören wir fröhliche Stimmen vom Seewaldsee, es baden wohl schon einige. Nach 20 Minuten erreichen wir den **Steinbachhof 1**, der traumhaft zwischen Hügeln vor uns liegt. Das Weingut hat sonntags geschlossen, aber wir merken es uns für einen anderen Tag. Wir lassen den Hof rechts liegen und wandern links den Hügel hinauf. Kurz nach dem Hof begegnet uns aufwärts wieder ein gelbes Wanderschild, dem wir folgen. Es sind nur noch 1,6 Kilometer bis zum **Hamberger See.** Die Weinberge links von uns glänzen durch Ordnung in den Reihen. Uns steht ein Anstieg bevor. Bestimmt ist es Sinn und Zweck der Bank rechts, sich vor der kurzen Anstrengung zu setzen und Energie zu tanken. Wir genießen den Blick übers Feld zum Wald und zu den Weinbergen. Dann stellen wir uns der **Wachtkopfsteige,** das kurze Stück zum Aussichtspunkt bietet regelmäßig Sitzgelegenheiten. Nach einer Dreiviertelstunde sind wir am höchsten Punkt der Wanderung, dem **Wachtkopf 2**. Von hier aus sehen wir links die Autostraße, auf der wir gekommen sind, und Gündelbach. Schmetterlinge flattern über den Weg, ob sie verantwortlich sind für das nette laue Lüftchen, das uns ein ganz klein wenig abkühlt? Punkt zwölf erreichen wir den Aussichtspunkt, der eine Grillstelle, einen Spielplatz und Bänke mit herrlicher Weitsicht bietet. Wir schaukeln und sehen dabei ins **Mettertal.** Weiter geht es auf dem **Hambergerseeweg** rechts hinauf den Schotterweg in den Wald hinein, links liegt ein Parkplatz. Die Infotafel dort sagt, dass wir gleich am See sind. Wir freuen uns über die Verdunstungskälte durch die Fotosynthese der Bäume und Pflanzen im Wald. Und dann liegt der **Hamberger See** ③ vor uns, schon der Blick auf das Wasser erfrischt. Aber es muss reichen, denn Baden ist hier verboten. Nach dem Besuch laufen wir den Hambergerseeweg weiter. Wir orientieren uns

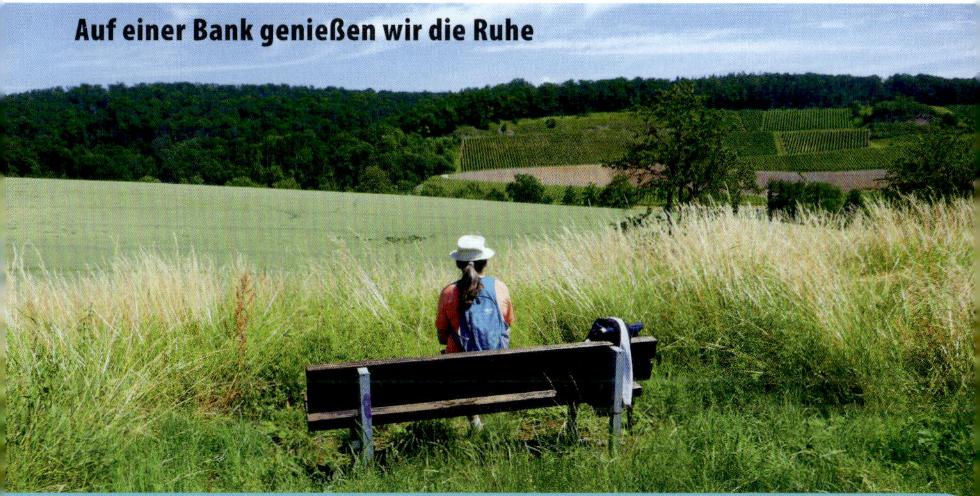

Auf einer Bank genießen wir die Ruhe

Für die Seele

Am Wachtkopf schaukeln wir egal welchen Alters leicht und beschwingt mit Blick ins Mettertal.

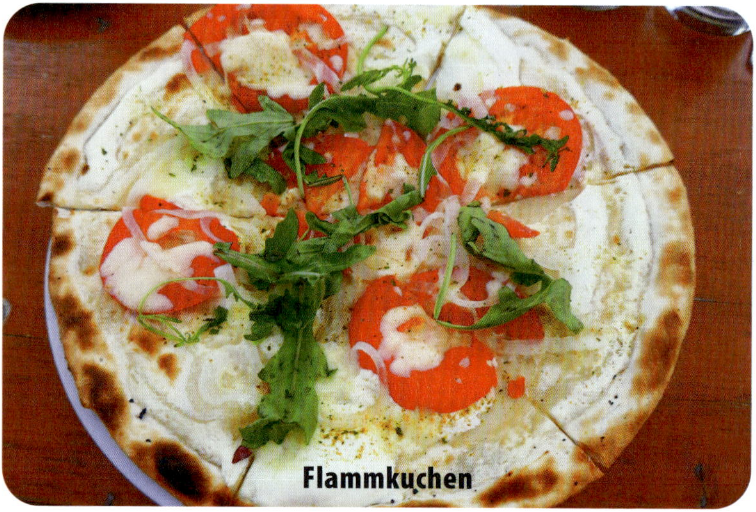

Flammkuchen

am gelben Wanderschild mit dem Hinweis, **Bei der Salzeiche** ist sie noch 0,6 Kilometer entfernt. Im Wald regiert Rot-Grün, aber Grün überwiegt, wenngleich die Walderdbeeren alles geben. Rechter Hand imponiert ein entwurzelter Baum und eine Infotafel erzählt Interessierten etwas über Habitat-Baumgruppen. Unterwegs erfreuen wir uns nun an einem riesigen Fingerhutfeld, dann erreichen wir die **Alte Salzeiche** ④, ein ehemaliges Naturdenkmal, von der nur noch ein hohler Baumstumpf übrig ist. Dafür steht hier eine schöne Sitzgruppe, auf der man die Waldruhe besonders gut genießen kann. Am nächsten gelben Schild folgen wir der Richtung Unterm Tiergarten, kurz darauf heißt es schwarz auf gelbem Grund „Seewaldsee, 5 Kilometer“. Die meiste Zeit marschieren wir nun durch den Mischwald. Die **Tiergartenstraße** geht in die **Sulzstraße** über. Kurz bevor wir die **Stromberghütte** ⑤ erreichen, erfrischt uns das Plätschern eines Baches. Die Hütte mit Grillstelle liegt linker Hand. Ein paar Meter weiter können wir am **Lauerbrunnen** ⑥ alle stofffreien Körperstellen erfrischen. Der Brunnen sieht aus wie ein Gesicht, auf dem rechten Auge steht „Schone mich, ich erfrische dich!“ geschrieben, das Wasser läuft aus

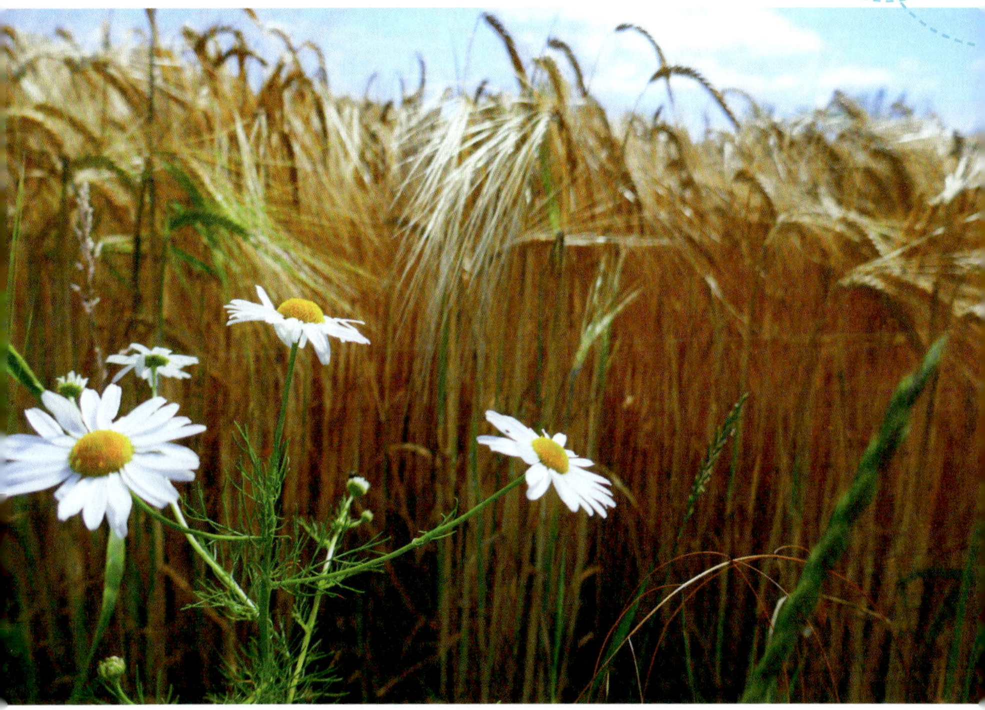

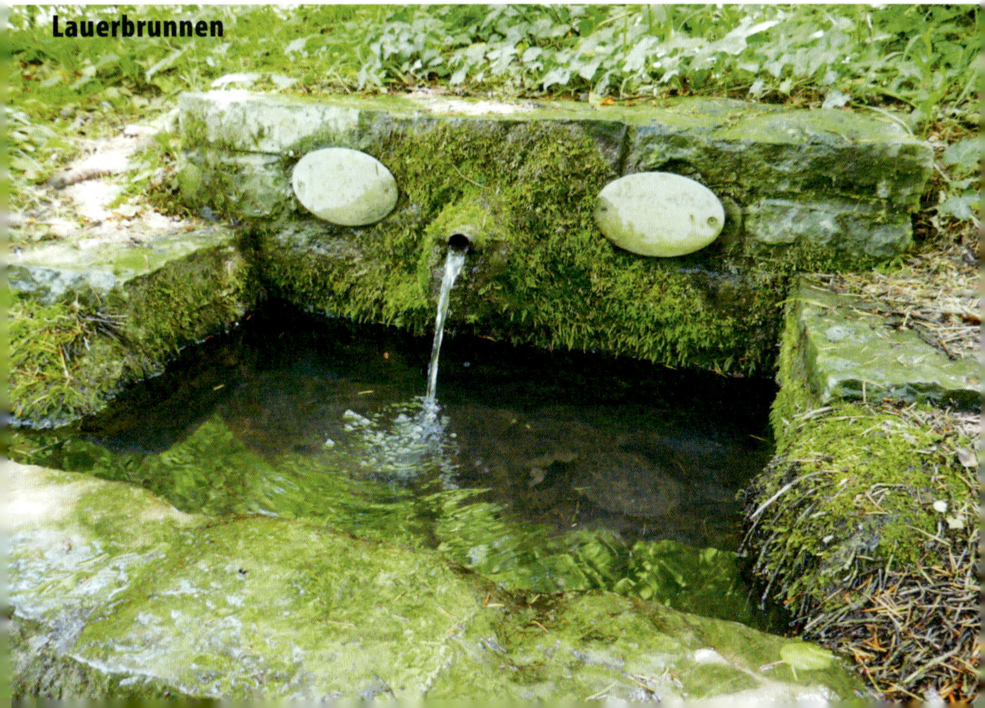

Lauerbrunnen

Es gibt den oberen und den unteren Seewaldsee, am oberen ist FKK erlaubt. In beiden Seen wird auch geangelt.

seiner Nase. Es klingt als würde der Brunnen selbst schlucken und das Wasser nicht ausspucken. Wasser – apropos. Wir kommen den **Seewaldseen** (7) immer näher, 500 Meter trennen uns laut Beschilderung vom Badespaß. Dann endlich, nach 11 Kilometern Rundweg, erreichen wir sie. Sie sind sehr gut besucht, aber wir finden eine Stelle, an der wir uns einen Seeblick gönnen können. Der Sprung ins Wasser ist obligat!

Gut erfrischt kämen wir nun noch einige Kilometer weiter, aber es sind nur wenige Meter, die wir heute bewältigen wollen. Wir biegen links in den **Schneckenhäldenweg** ein, denn im **Weingut Allmendinger** (8) ist Besenzeit. Weinschorle, Sauerbraten mit Knödeln und vegetarischer Flammkuchen munden und runden die Wanderung ab.

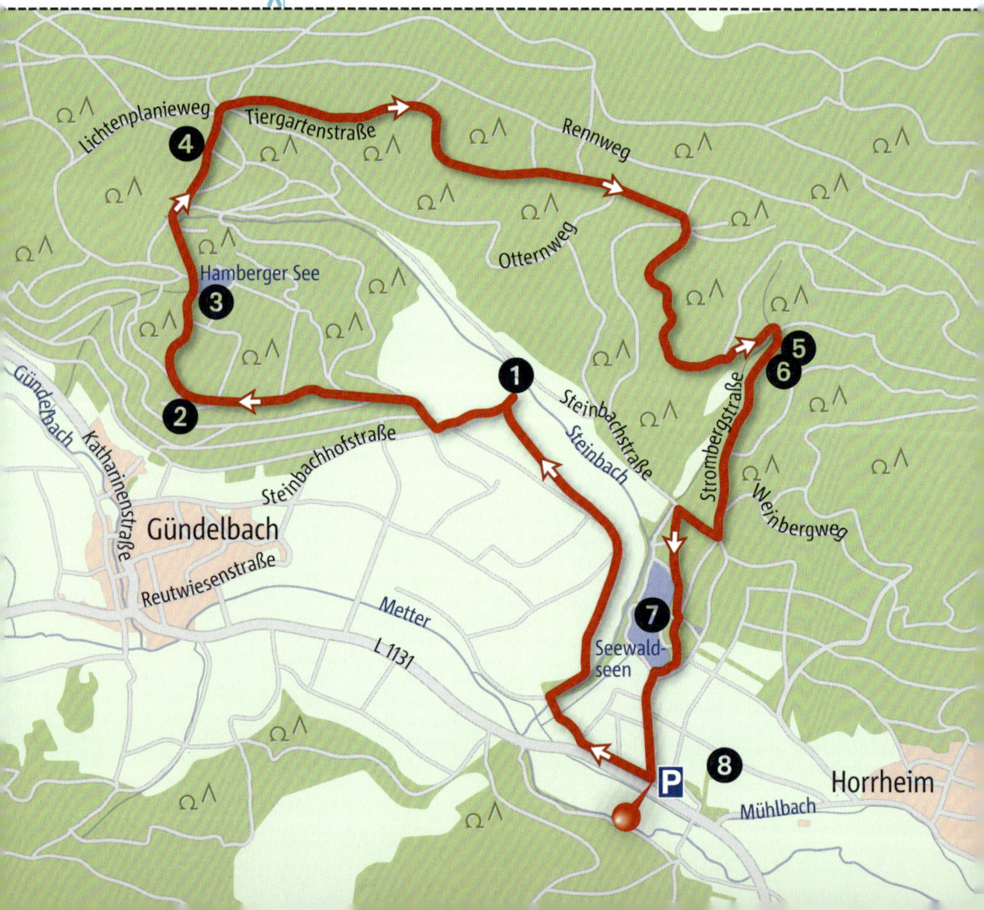

Alles auf einen Blick

WIE & WANN:
Breite asphaltierte Wege, Schotterwege und Waldwege, beste Wanderzeit von März bis Oktober

HIN & WEG:
Auto: Seewald Parkplatz an der L1131, 71665 Vaihingen an der Enz-Horrheim (GPS: 48.98566, 8.96952)
ÖPNV: keine Möglichkeit

ESSEN & ENTSPANNEN:
Steinbachhof ❶ Hofgut Steinbachhof 1, 71665 Vaihingen an der Enz, Tel. (0 70 42) 3 70 58 70, www.steinbachhof.de
Weingut Allmendinger ❽ Schneckenhäldenweg, 71665 Vaihingen an der Enz-Horrheim, Tel. (0 70 42) 3 31 40, www.weinbau-allmendinger.de

ENTDECKEN & ERLEBEN:
Wachtkopf ❷
Hamberger See ❸
Alte Salzeiche ❹
Stromberghütte ❺
Lauerbrunnen ❻
Seewaldseen ❼

Entspannung ★★★★☆
Genuss ★★★★☆
Romantik ★★★★☆

Die GPS-Daten zu jeder Tour gibt es auf
www.droste-verlag.de

Konzeption/Satz: Droste Verlag, Düsseldorf
Einbandgestaltung: Britta Rungwerth, Düsseldorf, unter Verwendung von Bildern von © Fotolia.com: Andrey Kuzmin, undrey, dabost, niroworld; © Markus Braun – stock.adobe.com
Fotos: Gudio Hakenes und Birgit Jennerjahn-Hakenes, außer:
S. 50: Uwe Gruen – stock.adobe.com; S. 105/106: Tom Rebel;
S. 127: Ingrid Janssen Emami
Karten: Thorsten David, Bochum
Druck und Bindung: LUC GmbH, Greven

ISBN 978-3-7700-2291-5
www.droste-verlag.de